KB232357

마가, 예수의 길을 가다

마가의 예수이야기

세계복음화문제연구소

(The World Evangelization Research Center)는
한국 교회가 세계 복음화를 위하여
한 모퉁이를 담당해야 된다는 사명으로 사역하고 있습니다.

마가, 예수의 길을 가다

지은이   이승문
발행인   홍성철
초판 1쇄   2008년 12월 5일
발행처   **도서출판 세 복**
주소   서울특별시 종로구 신문로2가 1-70
전화: (02) 2066-5562
홈페이지: http://www.saebok.net
E-Mail: werchelper@hanmail.net
등록번호   제1-1800호 (1994년 10월 29일)
총판처   미스바출판유통
전화: (031) 955-4433, 팩스: (031) 955-4432
ISBN   978-89-86424-99-7   03230
값   9,000원
ⓒ **도서출판 세 복**

마가, 예수의 길을 가다

- 마가의 예수 이야기

이승문 지음

도서출판 세 복

들어가는 말

마가는 예수께서 묵묵히 걸어가시는 '그 길'을 포착하고 그분을 재촉하여 뒤따른다. 예수께서 앞서 가신 그 길은 바로 '수난의 길'이었다. 마가는 바로 '그 길'을 따라 걸어간다.

마가복음서에서 수난은 중요한 주제라 할 수 있다. 일찍이 켈러(M.Kaehler)와 같은 학자는 "마가복음을 확대된 서론을 가진 수난 이야기"라고 보았고, 막센(W.Marxsen)은 "수난 이야기는 예수 전승에서 가장 먼저 정형화된 기록물을 대표하며, 마가는 그의 복음서를 수난 이야기 전승으로부터 역으로 구성했다"고 까지 말한다. 이러한 언급에 대해 슈바이처(E.Schweizer)도 지적한 바와 같이, "마가복음서를 확대된 서론을 가진 수난 이야기로 보는 것이 적절하지는 못하나, 이러한 명칭은 우리가 마가복음을 이해할 때 비평적인 중요성을 알게 한다".

마가가 본 예수께서는 외롭게 '수난의 길'을 걷고 있다. 우리에게 잘 알려진 예수의 '열두 제자'는 예수의 길이 수난의 길임을 깨닫지 못할 뿐만 아니라, 오히려 수제자인 베드로의 경우 예수의 가시는 그 길을 가로 막으려 한다(9.32,33). 바로 그 때 예수의 '그 길'을 인식하고 그 길을 따르는 대상이 등장한다. '디매오의 익명의 아들'(10.46), '옥합을 깨뜨리는 익명의 한 여인'(14.3-9), '예수를 가장 가까이서 따르는 익명의 한 청년'(14.51,52), '십자가의 자리까지 따르는 익명의 많은 여인들'(15.41)이 바로 그들이다.

이러한 익명의 사람들의 뒤를 따르는 이 시대의 참된 제자들이 있기에 예수께서 이 땅의 마지막 그 길을 걸어가신 지 이천 여 년이 지난 지금도 여전히 '그 길'을 알 수 있다. 그래서 희망이 있다. 절망과 좌절을 경험하는 이 시대에 소망의 불꽃이 다시 타오른다. 본 저서를 통해 그 불꽃을 따라 예수의 길을 가는 이들이 계속하여 줄을 지어 일어나기를 기대해 본다.

오늘에 이르기까지 제게 학문과 신약학의 새로운 지평을 열어주신, 학문의 아버지이신 서중석 연세대 부총장님과 유상현 교수님께 깊은 감사를 드린다. 늘 헌신적인 학원사역과 영성적 삶의 모델로 친히 많은 감화를 주시는 명지대의 유병진 총장님, 유병우 선교실장님, 이웅상 목사님, 구제홍 교목실장님 및 명지 가족들께도 감사를 드린다. 북미에서 담임목회자로 섬길 수 있었던 길벗교회의 정원근 장로님과 오선주 장로님 및 여러교우님들, 신촌교회에서 이상적인 목회자상의 모델을 가까이에서 배울 수 있도록 인도해주신 이정익 목사님과 목사안수식 기도를 해주셨던 정진경 원로목사님 및 교회 가족들께 감사를 드린다. 일찍기 학부시절 세상의 많은 책들보다 성서를 더 사랑하고 깊게 연구하도록 지도해 주신 김희성 교수님, 권혁승 교수님, 노세영 교수님, 윤철원 교수님, 복음의 본질을 잃어버리지 않고 성서의 깊은 연구를 지속할 수 있도록 통찰력을 가지시고 지도해주신, 최종진 전 총장님, 배종수 교수님, 조갑진 교수님, 목창균 총장님을 비롯한 서울신대의 교수님들, 스승님들께서 베푸신 그 사랑과 은혜에 감사를 드린다.

지금까지 함께 많은 시간을 갖지 못했던 남편과 아빠를 인내해준 사랑하는 아내 박진희와 딸 정주와 아들 정우의 사랑, 아버지 이성율 집사님과 어머니 고 서차례 집사님, 형 이승만 집사님과 두 동생 숙경, 서진이의 희생적인 후원이 없었다면 이 결실은 불가능했을 것이다. 무엇보다도 장인 박수언 장로님과 장모 지순남 권사님의 헌신과 사랑에 존경을 담아 부족한 이 책을 헌정하고자 한다.

끝으로 부족함이 많은 이 책을 어려운 환경에도 불구하고 출판해 주시기로 결정해 주신 도서출판 세복의 대표이시며 세계적인 전도학자이신 홍성철 교수님과 섬세하게 마지막 원고를 검토 해 주신 김정숙 편집부장님, 그리고 책의 커버 및 내용 전체를 감동적으로 디자인해 주신 최재중 전도사님께 깊이 감사를 드린다.

2008년 11월
이 승 문

목 차

마가,
예수의 길을 가다

제 1장 광야에서 시작된 그리스도의 복음

막 1.1-8

1 하나님의 아들 예수 그리스도의 복음의 시작은 이러하다. 2 예언자 이사야의 글에 기록하기를, "보아라, 내가 내 심부름꾼을 너보다 앞서 보낸다. 그가 네 길을 닦을 것이다." 3 "광야에서 외치는 이의 소리가 있다. '너희는 주님의 길을 예비하고, 그의 길을 곧게 하여라'" 한 것과 같이, 4 세례자 요한이 광야에 나타나서, 죄를 용서받게 하는 회개의 세례를 선포하였다. 5 그래서 온 유대 지방 사람들과 온 예루살렘 주민들이 그에게로 나아가서, 자기들의 죄를 고백하며, 요단강에서 그에게 세례를 받았다. 6 요한은 낙타 털옷을 입고, 허리에 가죽 띠를 띠고, 메뚜기와 들 꿀을 먹고 살았다. 7 그는 이렇게 선포하였다. "나보다 더 능력이 있는 이가 내 뒤에 오십니다. 나는 몸을 굽혀서 그의 신발 끈을 풀 자격조차 없습니다. 8 나는 여러분에게 물로 세례를 주었지만, 그는 여러분에게 성령으로 세례를 주실 것입니다."(표준새번역 개정판)

마가복음서는 대부분의 신약학자들에 의해서 공관복음서 가운데 가장 먼저 기록된 복음서로 분류된다. 마가복음서를 깊이 있게 연구하기 위해서는 내용을 살펴보기 전에 먼저 마가복음서가 기록된 동기와 상황을 살펴볼 필요가 있다. 마가복음서의 기록 동기는 단순한 기록 보존보다는 훨씬 절박한 것이었다. 당시에는 위기가 만연해 있었다. 그것은 성전의 파괴나 거룩한 성 예루살렘의 멸망, 그리고 첫 제자들 세대의 감소뿐만이 아니었다. 공동체의 일부 멤버들은 무기력증에 빠져 있었다(막 13.36). 어떤 사람들은 예수의 특별한 메신저임을 자처하는 사람들에게 미혹 당하고 있었다(13.6). 신실한 그리스도인들은 환난과 박해에 시달렸으며 자연히 그들은 하나님이 자신들을 버린 것은 아닌지 의심하게 되었다(13.9-11,19). 공동체의 구성원들 사이에 서로를 밀고하는 사태도 일어났다(13.12). 공동체는 심각한 공포와 무력감에 빠져 있었다. 마가의 예수 이야기는 전기와는 거리가 멀다. 마가는 예수의 탄생이나 성장에 관해서는 아무 말도 하지 않고 단지 죽음으로 끝을 맺는 예수의 짧은 공생애에 대해서만 묘사할 뿐이다. 마가복음서는 최후의 승리를 약속한다. 한편, 마가가 본 예수는 하나님의 능력의 전형이며 동시에 위로자, 죽기까지 충성하는 자의 전형이다.

1절의 '복음' 이란 영어로는 Gospel인데 그 의미는 좋은 소식(Good News)이다. 즉 사신이 가지고 오는 좋은 소식을 의미한다. 이사야서의 헬라어 역은 하나님이 그분의 백성을 회복시키시며 하나님 나라를 시작하신다는 좋은 소식을 언급하면서 이와 관련된 동사를 사용했다. (사 40:3; 말 3:1). 이사야 40장 3절에서는 자기 백성을 회복시키러 오시는 하나님을 위한 길을 예비하는 것에 대해 말하고, 말라기 3장 1절에서는 하나님이 자기 백성을 공정하게 심판하러 오시는 것에 대해 말한다.

복음은 논쟁을 해야 하는 명제인가? 변론되어야 할 교설인가? 선포되어야 할 소식인가? 복음은 신학의 무덤 속에 파묻힐 종교적 신조가 아니다. 그것은 선포되어야 할 영광스러운 기쁜 소식이다. 그것은 널리 전파되어야 할 어떤 것이다. 복음의 내용은 하나님의 아들, 예수 그리스도 (그리스도이신 예수, Jesus the Christ-메시아)이다. 달리 표현하면, 하나님의 아들이 예수 그리스도로 오셨다는 것이 복음이다. 예수의 신성이 복음이다. 복음은 오래 전에 하나님에 의해서 계획되었던 것이었다.

4절에 등장하는 '세례요한' 은 누구인가? 그의 부친은 사가랴이며, 모친은 엘리사벳이었고, 제사장의 가정에서 태어나 성경을 많이 배웠으며, 광야에서 주로 생활하였으며 금욕생활을 하였다. 그의 거처는 유대 광야였고, 그의 음식은 메뚜기와 석청이었으며, 약대털옷과 가죽 띠를 착용하며 생활했다. 그는 "메시아의 나타나심을 고대한 선지자", "주의 길을 예비한 광야의 소리", "선지서에 예언되었던 선지자", "회개의 복음을 전함으로써 주의 길을 예비한 선지자", "세례를 베푼 자(예수님에게도)", "죽음을 두려워 않고 초월한 증거자" 였다.

세례요한이 섰던 '광야' 란 어떠한 곳인가? 이 광야에 대해서 마가는 우리에게 주의 길을 예비하고 평탄케 하는 장소, 회개의 세례를 전파하는 장소, 성령의 인도함을 받는 장소, 먹을 것이 없어서 굶주리는 장소로 소개한다. 마가복음서에 등장하는 광야의 구절은 다음과 같다.

가. 광야는 주의 길을 예비하고 평탄케 하는 장소이다.
　막 1:3 "광야에서 외치는 이의 소리가 있다. '너희는 주님의 길을 예비하고, 그의 길을 곧게 하여라'" 한 것과 같이,
나. 광야는 회개의 세례를 전파하는 장소이다.
　1:4 세례자 요한이 광야에 나타나서, 죄를 용서받게 하는 회개의 세례

를 선포하였다.

다. 광야는 성령의 인도함을 받는 장소이다.

　1:12 그리고 곧 성령이 예수를 광야로 내보내셨다.

라. 광야는 시험을 받으시나 천사들이 수종을 드는 장소이다.

　1:13 예수께서 사십 일 동안 광야에 계셨는데, 거기서 사탄에게 시험을 받으셨다. 예수께서 들짐승들과 함께 지내셨는데, 천사들이 그의 시중을 들었다.

마. 광야는 먹을 것이 없어서 굶주리는 장소이다.

　8:4 제자들이 예수께 말하였다. "이 빈들에서, 어느 누가, 무슨 수로, 이 모든 사람이 먹을 빵을 장만할 수 있겠습니까?"

　'광야'는 구약과 신약 성서의 시대에서 '하나님의 사람들'이 섰던 자리이다. 그렇다면 "광야에 선다"는 것은 오늘날 우리에게 무엇을 의미하는 것인가? "광야에 선다"는 것이 무엇을 의미하는지, 각자의 생각을 함께 나누어 보는 것도 매우 유익하다. 그것은 때로는 외로움, 두려움, 배고픔, 헐벗음, 추위와 더위라는 의식주의 빈곤과 같은 경우에 처하게 된다는 것을 의미한다. 이것은 단지 육적인 부분뿐만이 아니라 영적인 부분에서도 그러하다. 또한 광야의 자리란, 그 어느 누구도 그를 환영해 주기 위해서 기다려 주지 않는 곳, 아무도 그와 상종해 주지 않는 곳, 모든 좋은 환경과 관계로부터 단절된 곳이라고 할 수 있다. 오늘 그러한 광야에 선 자가 있다. 누구인가? 세례자 요한이다. 그렇다면, 세례 요한은 누구를 위해서, 무엇을 위해서 광야에 서 있는가?

　요즈음 많은 사람들이 자신의 이기적인 행동이나 처신 때문에 광야에 서 있는 경우가 있지만, 대부분 강한 자들, 다수결이라는 집단의 이익을 위해서 짓밟히는 약한 자들, 소수가 불가항력적인 대세에 밀려 광야에 서 있는 경우도 적지 않다. 그러나 우리는 어떠한 이유든지 간에 그 광야에 선 사람에게 희망의 말을 전하는 것이 필요하다.

　우리가 함께 읽은 본문 말씀 가운데 등장하는 세례요한은 예수님을 위해서, 하나님의 뜻과 나라를 위해서, 바로 예수님을 우리에게 전해 주기 위해서 광야에 서기로 작정한 것이다. 오늘 우리는 무엇 때문에 광야에 서 있는가? 자신만의 이익을 챙기기 위해서, 다른 사람들에게 노출되지 않는 자리에 서 있기 위해서인가, 아니면 또 다른 그 무엇이라는 욕심과 이기심 때문에 광야에 서 있는가? 누군가 하나님의 자녀가 되었다는 것은, 항상 광야에 서기 위해 준비된 자라는 것을 잊지 말자. 무엇보다도 주 예수 그리스도를 위해, 예수님을 전하기 위해서 광야에 서기로 작정해 보자는 말이다. 우리는 어떻게 할 수 없다. 하지만, 주님은 우리가 광야에 서 있을 때 우리를 도우실 것이다. 또 하나 기억해야 할 것은, 하나님의 시각에서 볼 때, 광야는 하나님의 자녀된 우리의 희망의 자리라 할 수 있다. 인간에게 불가능한 것이 주 안에서 가능하게 되는 자리이다. 우리가 새롭게 세움을 입고 변화되는 자리이기도 하다. 우리가 서야 할 자리는, 늘 광야라는 것을 잊지 않아야 하리라.

　45절을 보면, 유대인들은 하나님께 뭔가 잘못했을 때, 하나님의 용서를 구하고 변화될 것을 결심하면서 회개했다. 여기서 마가는 "죄로부터 돌아선다"는 히브리 개념을 사용했다. 여기서 사용된 헬라어의 문자적 의미인 단순한 마음의 변화 이상을 포함한다.

요단강에서 세례 요한이 세례를 베풀었다. 요단강은 세례하기에 적합한 장소였다. 또한 요단강은 이스라엘의 구원역사를 환기시켰다(수 3-4장). 요한이 광야에서 나타나는 것 역시 이스라엘의 역사를 환기시킬 수 있었다. 특히 이사야 40:3은 광야에 새로운 출애굽의 소식을 전하는 자가 나타날 것이라고 예언했으며, 따라서 많은 유대인들이 메시아가 광야에서 새로운 모세로 올 것이라고 예상했기 때문이다.

광야에서 세례 요한이 살아간 방식은 당대에 어떻게 인식되었을까? 당시 일부 가난한 사람들은 요한처럼 옷을 입었고, 메뚜기와 석청을 먹었다. 하지만 여기서 가장 중요한 것은, 구약성경에서 엘리야가 이런 식으로 옷을 입었다는 것과, 사회에 의지하여 생계를 꾸려 나가지 않았음을 강조한다는 사실이다(왕상 17:4,9). 사람들은 엘리야가 종말이 되기 전에 다시 올 것이라고 기대했다(말 3:1; 4:5-6).

많은 유대인들은 말라기 이후로는 참된 선지자가 없었으며, 종말이 다가오기까지 다시는 선지자가 나타나지 않을 것이라고 믿었다. 하지만 마가는 요한이 분명히 선지자라는 것을 우리에게 알려 주고 싶어 한다.

1장 7절에서 요한이 메시아의 '신들메'를 풀 자격조차 없다고 생각했다는 것은 무엇을 말하는가 제자들은 종종 종이 주인을 섬기는 것과 똑 같은 식으로 선생을 섬겼다. 주인의 신발을 벗기는 것과 같은 가장 비천한 허드렛일만 하지 않았을 따름이다. 요한은 심지어 자신이 메시아의 종이 될 자격조차 없다고 생각한다. 예수께서는 마가복음서에서 세례자 요한에 의해서(1:1-8), 세례를 받음으로써(1:9), 성령을 받음으로

써(1:10), 하나님의 부르심으로써(1:11), 시험 받음으로써(1:13) 준비되
셨다.

제 2장 준비된 사람, 하나님의 사람
죽음의 경험과 성령의 인도에 순복하기

막 1.9-13

9그 무렵에 예수께서 갈릴리 나사렛으로부터 오셔서, 요단강에서 요한에게 세례를 받으셨다. 10예수께서 물속에서 막 올라오시는데, 하늘이 갈라지고, 성령이 비둘기같이 자기에게 내려오는 것을 보셨다. 11그리고 하늘로부터 소리가 났다. "너는 내 사랑하는 아들이다. 내가 너를 좋아한다." 12 그리고 곧 성령이 예수를 광야로 내보내셨다. 13예수께서 사십 일 동안 광야에 계셨는데, 거기서 사탄에게 시험을 받으셨다. 예수께서 들짐승들과 함께 지내셨는데, 천사들이 그의 시중을 들었다.

1. 무의 경험, 죽음의 경험
- 새 시대의 길을 열기 위해 우리의 내면을 철저하게 죽여야 한다 (1.9-11)

9절에 의하면 예수께서도 요한에게 세례 받기 위해서 나오신다. 예수께서 회개의 세례를 받기 위하여 요한에게 나아온 것으로 보기는 어렵지만, "정해진 의식을 갖추고자 순종하는 가운데" 요한의 세례를 받으셨다. 이를 통하여 새로운 시대를 열어 가신다. 마가는 예수의 출생을 "갈릴리의 나사렛으로부터"라고 표현함으로써 "모든 유대 고을들과 예루살렘 거주민들"과 예수를 대조시키고 있다. 마가는 예수와 다른 유대인들의 "기원"을 대조시킬 뿐 아니라 죄의 고백과 그에 수반되는 세례의 내용까지도 극적으로 대조시키고 있다. 다른 유다인들은 "요단강에서" 그들의 죄를 고백하면서 세례를 받는다(막 1:5). 그런데 예수는 그들과 달리 "요단강 속으로"(잠입하여) 세례를 받는다. 이렇게 en과 eis라는 두 다른 전치사를 사용하여 마가는 두 가지 전혀 다른 세례의 형태를 지시하고 있다. 10절에서는 예수가 "물 밖으로 올라왔다"고 표현함으로써 eis와 ek의 대조를 분명히 할 뿐더러 그의 물속의 잠입을 부연한다.

여기서 이렇게 두 가지 다른 세례의 형태는 무엇을 의미하는가? "요단강에서" 세례 받는 유대인들은 물속에 완전히 잠입하지 않음으로써 새 시대를 위한 급격한 전환에 전적으로 자신들을 맡기지 않았음을 시사 받는다. 곧 입술로만 죄를 고백하면서 삶 자체의 완전한 방향전환을 경험하지 못하는 모습을 본다. 그러나 예수만은 그들과는 달리 세례의 본래적 의미를 구현한다. 예수는 요단강 물속에 잠입함으로써 철저하게 "죽음"을 경험하기 때문이다. 예수는 이러한 잠입함을 통하여 완전하게 "무의 경험"을 한다. 웨첸(Waetjen)의 설명처럼, 이 "무의 경험", 즉 죽음의 경험은 사회의 구조나 가치로부터의 이탈을 의미한다. 이 예수의 죽음의 경험은 그로 하여금 모든 의무와 부담, 그리고 기존 사회가 가르쳐 준 그 해소의 처방으로부터 해방시켜 주었다. 그래서 그는 전적으로 어느 누구에게도, 그리고 그 무엇에도 얽매이지 않는 자유인이다. 오직 예수만이 참 세례의 의미를 구현한 것이다. 삶의 방향의 완전한 전환을, 과거의 모든 가치관이나 세계관을 죽여 버리고 떠남으로써 경험한다.

이러한 예수가 "물속에서 막 올라오시는데, 하늘이 갈라지고, 성령이 비둘기같이 자기에게 내려오는 것을 보셨다." 하늘이 갈라짐으로써 하나님의 결정적이고도 직접적인 개입, 또는 도래가 실현된다(비교. 사 11.2; 겔 1.4). 여기서 "하늘이 갈라진 것"은 하나님 나라가 가까웠음을 나타내는 것일 수도 있다(사 64.1; 65.17). 고대 저자들은 비둘기를 다양하게 상징적으로 사용하긴 했지만, 이 단락에서는 새로운 세상에 대한 하나님의 약속을 암시하는 것인 듯하다(창 8.10-12). 하나님의 영이 "비둘기처럼" 내림으로써 "종말적 재창조"가 실시된다. 이런 예수에게 내린 소리, "너는 내 사랑하는 아들이다. 내가 너를 좋아한다." 는 하늘의 음성을 듣는다. 유대 교사들은 하나님이 더 이상 선지자들을 통해 말씀하시지 않고, 이제는 하늘에서 나는 소리(bat kol)를 통해 말씀하신다고 믿었다. 그러나 그 음성은 예언처럼 중요한 것으로 간주되지는 않았다. 여기서 마가는 하늘에서 나는 소리 그리고 요한의 예언, 둘 다가 예수를 증거한다는 것을 보여준다.

이렇게 예수만이 하나님의 도래를 경험한다. 예수에게서 하나님의 도래가 이루어진다. 그리고 성령으로 예수에게 세례를 베푼다. 이제 예수는 새 시대의 길의 건설자로 등장하게 된다. 새 시대의 길을 열기 위해 죽을 각오가 되어 있는가? 준비가 되어 있다면, 놀라운 일이 일어날 것이다. 한번 우리 자신이 죽었다고 간주해 보자. 죽음 이후에도 내게 가장 소중한 것으로 남을 만한 것은 무엇인가? 그것이 나의 죽음 이후에 어떤 의미를 갖게 되는가? 지금까지 나에게 가장 소중한 것은 무엇인가? 내가 죽은 이후에 나에게 가장 소중한 것은 무엇인가? 오늘 우리는 죽을 준비가 되어 있는가? 이러한 일련의 질문에 우리는 어떻게 답할 수 있을까.

2. 성령의 인도에 순복하기

- 광야로 이끄시는 성령에 순복하라(1.12-13)

도래할 새 시대의 길을 건설하기 위해 성령은 새로운 사람으로 창조된 예수를 빈들인 광야로 내어 쫓는다. 때때로 광야는 지루한 자리이다. 혼돈의 자리이다. 시련의 자리이다. 광야는 이스라엘이 시험받은 자리이며 마귀들의 자리이기도 하며 저주의 자리이기도 하다. 당시 사람들은 마귀들이 특히 목욕탕, 묘지, 광야 등의 장소를 좋아한다고 믿었다. 따라서 독자들은 예수께서 사탄의 세력권인 광야에서 사탄과 싸우실 때 긴장감을 느낀다. 예수께서 들짐승들 사이에서도 안전하셨다는 것은 하나님이 보호하셨음을 의미한다(겔 34.25;단6.22).

여기서 예수께서 들짐승들과 함께 하셨다는 사건을 강조하는 것은, 아담처럼 그리스도도 들짐승들과 함께 광야에서 평화롭게 지내시는 가운데 시험을 받으셨다는 것을 제시하려는 것으로서, 아담-그리스도 유형론(typology)일 수 있다. 예수께서 광야에서 만나야 했던 사탄과 들짐승의 위협은, 곧 영적인 시험과 육체적인 시험 모두를 직면했다는 것을 지적하는 것이다.

또한 "천사들이 그의 시중을 들었다"는 것은, 엘리야의 삶(왕상 19.1-8)과 비슷한 것으로 볼 수도 있지만, 에덴동산에서 천사들이 아담과 하와를 시중든 것에 대한 유대인들의 언급들(Adam and Eve 4, cf.2; b.Sahn. 59b)로부터 온 것과 유사하다. 천사들이 함께 한 것은, 제 2의 아담이 오신 것과 새로운 창조의 사건에 대한 강력한 증거가 되기도 한다.

이 단락이 중심을 두는 부분은, 예수께서 광야에서 시험을 이기신 것에 대한 승리의 소식을 전하는 것에 있는 것만은 아니다. 오히려 마가복음서의 이 단락은 광야와 같은 상황에 노출되어 있는 마가의 일차적인 독자들과 청중들을 "격려하기 위하여" 기록된 것으로 볼 수 있다. 어떻게 나아갈 바를 알지 못하게 되는 곳이기도 하다. 혹시 우리네 삶이 그러한 상태에 있다면, 이때야말로 우리가 성령의 강한 인도하심에 순복할 수 있는 기회로 삼자. 주께서 왜 나를 광야로 이끄시려고 하시는지 잘 생각하며 그것을 받아들이자. 분명히 하나님은 우리를 그냥 우리의 안전지대에서 머물게 하지 않으시고, 당당하게 신앙지대로 나아갈 수 있도록 도우실 것이다. 주님의 도우심을 바로 깨닫고 받아들여서 힘차고 당당하게 감당해 나가는 것이 필요하다. 나의 삶의 영역에서 나아가야 할 광야의 영역은 어디인가? 하나님께서 우리에게 맡겨주신 광야와 같은 곳에서 감당해야 할 막중한 사명을 제대로 감당하기 위해서 준비해야 할 사항이 있다. 본문에서 제시된 바와 같이,

가. 당당하고 확고한 사명의식을 소유하면서도 겸허히 하나님의 뜻에 순종하는 삶을 산다.

먼저 그 누가 뭐라고 해도 당당하고 강한 사명의식을 가지면서도 하나님의 뜻이라면, 기꺼이 낮아짐으로 순종하는 삶으로 겸손하게 서야 한다. 주님을 위해 우리 자신의 자존심도 내려놓을 수 있는 그러한 용기가 필요하다. 예수께서도 하나님의 계획과 뜻을 이루기 위해 자신의 피조물인 요한에게 세례를 받으셨다. 예수께서는 세례 요한을 만드신 창조주이시다. 그럼에도 불구하고 그에게 물세례를 받으시기 위해서

머리를 숙였다. 우리는 우리보다 연약하거나 부족한 사람에게 머리 숙이지 못하는 경향이 있다. 그러나 하나님의 나라와 의를 위해서 우리의 머리를 과감하게 숙이는 훈련을 할 필요가 있다.

나. 성령의 인도하심을 받는 자로 선다.

예수께서도 성령의 강력한 인도하심이 있으셨다. 그를 광야로 내 몰아가실 정도였다. 하나님의 자녀 됨에 대한 확신이 명확할 때만이 성령의 음성을 들을 수 있다. 그것이 선행되지 않고는 성령의 인도하심을 받기란 어렵다. 성령과 악령을 구분하지도 못하기 때문이다. 성령의 인도하심은 하늘을 바라보는 자에게 주시는 은총이다.

다. 동역할 수 있는 대상들을 찾는다.

혼자서 어떠한 사명을 감당한다는 것은 곧 그 일을 자신의 세대에서 그만두겠다는 것과 다름 아니다. 하나님 나라의 비전은 주님이 다시 오시기까지 영원하다. 우리는 이 시대에 나 자신이 주의 사명을 감당하는 것도 중요하지만, 함께 동역할 대상을 선정하고 그를 위해 기도하며 그들을 동역할 수 있는 대상으로 불러내는 것이 중요하다. 그렇게 불러낸다면 그 사람은 또 다시 동역할 대상을 찾게 될 것이다. 여기서는 2명씩 2번, 4명을 해안가에서 부르신다. 예수께서 보시기에 가장 적합한 동역자였을지라도 세상 사람들의 관점에서는 전혀 준비가 되지 않은 미천하기 그지없는 대상들이었다. 그러나 예수께서도 그 중대한 하나님의 사역의 기초를 잡아야 할 제자들 조차도 백지 상태에 순박하고 신실한 사람들을 세웠다. 그 중에서도 혈기가 많은 베드로와 같은 이도 있었지만, 하나님의 뜻에 민감한 사람이었고 리더십도 있었다.

첫째, 찾아가신다. 동역자가 우리에게로 다가오는 경우도 있지만, 대부분 우리가 찾아나서야 만날 수 있다. 예수께서 동역자를 구하시기 위해서 찾아갔듯이, 이 시대에도 찾아가야한다. 우리는 항상 우리가 익숙한 곳만을 찾는 경우가 허다하다. 하지만, 예수께서는 동역자를 찾기 위해서 자신은 목수 출신이었지만, 자신과 다른 직업을 가졌던 어부들에게 주저함이 없이 다가가셨다. 또 하나는 당시에 유식하고 학식이 높거나 사회적 지위가 높은 사람만을 동역자로 선정한 것이 아니라, 레위마태와 같이 세리들도 부르시고, 본문에서처럼, 어부 출신들조차도 동역자로 삼을 수 있다는 열린 마음으로 동역자를 찾아 나섰다.

둘째, 살펴보신다. 어느 곳에 있는 사람이냐가 중요한 것이라기보다는 그 사람이 얼마나 신실한 사람이며 매사에 성실하게 자신의 직무를 수행하는가를 살펴보는 것이 중요하다는 것이다. 동역자에게 가장 소중한 부분인, 그 사람이 스스로 자신의 위치, 자신의 직업, 자신의 모든 일에 충실한 사람인지를 보는 것이다. 예를 들면, 어부들에게 요구되는 것은, 바다로 그물을 던지는 일과 그물을 수선하는 일이라 할 수 있고, 학생들의 경우라면, 공부를 매우 잘한다는 것보다는 공부를 하기 위해서 얼마나 성실하게 준비하고 임하는가가 더욱 더 중요하다. 우리 크리스천들에게 요구되는 것은, 복음을 전하는 복음 전파의 사명이다. 그렇다면, 복음을 전하기 위해서 얼마나 열심을 다하여 임하느냐가 중요하다는 것이다.

셋째, 부르신다. 우리도 이와 비슷한 사명을 위해 부름을 받았다. 지금 우리도 동역자를 회복하는 일을 할 필요가 있다. 우리 모두가 동역자로 굳게 설 수 있어야 한다. 우리가 모두 겸손하며, 성령의 인도하심을 받을 때, 하나님의 일을 감당하는 동역자들을 만나고 그들과 함께 사역을 감당할 때 하나님께서는 하늘의 소리를 들려주실 것이다. 나의 사랑, 나의 기쁨의 소리를 듣는 분들로 서시기를 바란다.

제 3장 복음의 선포

막 1.14-15

14요한이 잡힌 뒤에, 예수께서 갈릴리에 오셔서, 하나님의 복음을 선포하셨다. 15" 때가 찼다. 하나님의 나라가 가까이 왔다. 회개하여라. 복음을 믿어라."

본문의 위치는 신약학자인 귈리히에 따르면, 1.16-16.8에서 수행되는 예수 사역의 기사는 1.14-15에서 제시된 예수의 설교와 같은 의미를 갖는다. 1.16-16.8에서 예수의 사역과 말씀들은 약속된 시간의 도래를 공포하고 하나님의 나라를 선언한다. 1.14-15는 어느 정도는 마가복음의 대표적인 요약이지만, '프로그램화된 요약(a programmatic summary)' 이나 '하나의 여는 진술(an opening statement)' 이 아니다.

마가가 본 예수께서 이동하셨던 자리를 잠시 살펴보자. 예수께서 갈릴리로부터 요한에게로 오셨고(1.9), 이제 예수께서 복음을 증거하시기 위해 갈릴리로 들어가셨다(1.14-15; 참고 마 4.12-17; 눅 4.14-15; 요 4.1-3, 43-46a). 14절은 Meta de, "but after" 로 시작한다. 이는 하나의 단절음을 뜻한다. 여기서 de(but)는 광야에서 갈릴리로 이동함을 지적한다. 1장 44절에서 de는 회당으로부터(39절) 외딴 곳으로 이동함을 나타낸다. 7장 24절에서는 두로의 이방 지역으로, 10장 32절에서는 여행의

한 목적지로서 예루살렘으로, 14장 1절에서는 수난(Passion)의 자리로, 15장 16절에서는 십자가 처형의 자리로, 15장 40절에서는 부활의 자리로 이동하는 것을 드러낸다.

마가는 갈릴리 =〉 요단강(유다) =〉 사막(시험) =〉 갈릴리라는 지리적 기호를 표명하고 있으며 그것은 앞으로 전개될 갈릴리 =〉 예루살렘(유다) =〉 시험(수난, 죽음) =〉 갈릴리(부활 후)라는 예수의 여정을 예시한다.

1장 14절에서 세례 요한의 활동에 이어 예수의 공적 활동이 시작된다. 이 시간적인 교체는 구원사적인 도식을 보여준다. 선구자가 무대에서 퇴장하기 전에는 예수께서 활동을 시작할 수 없었다. 폭력에 의한 요한의 최후는 이미 희미하게나마 예수의 운명을 암시한다.

"넘겨지다"(paradidonai)란 말에 의해 마가는 양자 즉, 세례요한과 예수의 운명을 서로 동화시킬 가능성을 얻게 된다. 수동태 동사 "넘겨지다"의 배후에서 하나님의 행동을 보아야 한다. 수난 예고들에서는 이 말이 사람의 아들의 운명도 나타내준다(9.31; 10.33; 14.41). 하나님 통치의 가까움은 때가 참으로써 가능해졌다. 15절의 전반부에 대한 이해는 연대기적인 시간인 크로노스(Chronos: 시기, 시간의 지속)와 여기서 사용된 때인 카이로스(Kairos: 확정된 시간, 시점)를 구별하는 데 달려 있다. 약속된 시간에 해당된 용어인 카이로스는 일반적으로 어떤 시기의 시간보다는 오히려 시간에 있어서 어떤 결정적인 시간, 하나의 약속된 시간, 하나의 고정된 시즌(cf. 11.13; 12.2)을 의미한다. 즉, 카이로스는 하나의 우호적인 시간이나, 기회의 시간이나, 또는 중요한 시간을 뜻한다. 마가는 여기서 하나님 그 자신의 약속의 성취를 위하여 하나님에 의해서 지정된 그 시간을 언급하였다. "때가 찼다"는 표현의 배후에는 하나님이 각 시대를 확정 짓는다는 지식이 놓여 있다(단 7.22; 겔 7.12; 애 4.18; 계 1.3; 벧전 1.11; 납달리의 유훈서[Test. N] 7.1). 그러므로 하나님은 예수께서 등장하는 시기를 미리 정하셨다. 시대의 전환이, 종말의 때가 동터오는 일이 예수와 더불어 이루어진다.

마가의 3막으로 구성된 우주적 드라마는 다음과 같다. 마가복음에서 과거, 현재, 미래는 모두 함께 나타난다. 갈릴리와 유다에서의 옛 사역과 마가의 교회 안에서 교회를 통하여 계속되는 예수의 현재적 사역과 인자로서 예수가 오는 때 일어날 예수의 미래적 사역은 마가복음의 이야기에 모두 함께 나타나 있는 것이다. 이 같은 방식으로 복음서 저자는 그가 전수받은 전승과 그 문학적 관례를 절정에 이르게 하는 것이다. 마가는 3막으로 펼쳐지는 우주적 드라마를 본다. 각 막은, "전파하는" 사람과 "넘기어지는" 사람들을 등장시키고 있다. 마가복음 1장 7절에서 요한은 "전파하는" 자로 1장 14절에서는 "넘기어지는" 자로 묘사된다. 예수는 "하나님의 복음의 전파자"(1.14)로 온다. 그리고 그는 "넘기어지는 자"가 될 것이다(9.31 RSV는 "사람의 손에 넘기어진"; 10.33 RSV는 "제사장에게 넘기어진"). 예수가 "넘기어진" 후에는 그리스도인들이 "전파한다"(즉 1.1 "예수 그리스도의 복음의 시작"은 마가는 예수가 하나님의 복음을 전파한 것처럼 예수 그리스도의 복음을 전파하려 한다는 것을 암시한다. 더 나아가 13.10에서는 "먼저 복음이 모든 민족들에게 전파되어야 할 것"이라 한다). 그리스도인들은 다시 "넘기어지는 자"(13.9)가 될 것이다. 우리는 다음과 같은 마가의 기본적 착

상을 제시할 수 있을 것이다.

가. 세례자 요한은 "전파하였고"(1.7) 그리고 "넘기어졌다"(1.14)

나. 예수는 "전파하였고"(1.14) 그리고 "넘기어졌다"(9.31;10.33)

다. 그리스도인들은 "전파하고"(1.1; 13.10) 그리고 "넘기어질 것이다"(13.9)

이 3막이 완성될 때 드라마는 인자로서 예수가 도래하는 그 절정에 도달하게 될 것이다(13.26). 마가가 이렇게 그의 복음서를 쓸 수 있었던 것은 그가 이런 식으로 사고한 까닭이다. 마가에게 있어서 과거, 현재, 미래는 함께 계속 되어 왔고, 세례자 요한이 전파했을 때 시작되었고, 예수의 선포에서 계속되었으며, 예수의 선포를 따르는 자들과 함께 더욱 지속되어 왔으며, 그리고 인자로서 예수가 도래할 때에 끝날 일련의 계속적인 사건들을 통해서 지속되고 있는 것이다.

마가복음서에서 갈릴리는 어떤 곳이었는가. 마가복음서에서는 갈릴리에 중심적 위치를 주고 있는 데 반하여 예루살렘에는 주변적 위치밖에 주고 있지 않을 뿐만 아니라 비판적인, 거의 적대적이라고 할 수 있는 눈으로 예루살렘을 바라보고 있다. 그것은 상식적인 초기 기독교 이해에서 생각하면 꽤 기이하고 묘한 것이다. 예루살렘은 종말론적 기쁨의 중심 위치를 빼앗기고(3.8), 거기는 논적들의 출신지이고(3.22; 7.1), 거기에 예수께서 가서서 논쟁을 행하게 되며(11장 이하), 그리고 특히 거기는 예수의 수난지이다(10.32-3). 요컨대 예언자들의 말씀처럼, 예수의 지상 사역에 있어서 역시 갈릴리는 구원의 빛이 도래해야 할, 속박 상태에 있는 '하나님의 백성들' 을 상징한다.

그 이름의 유래와 위치를 살펴보자. 히브리어 갈릴(=영역, 또는 권)이라는 말에서 유래한 것으로 추측되는 갈릴리는 팔레스틴의 세 지방 가운데 가장 북쪽에 위치했으며 한 때 스불론, 잇사갈, 아셀 그리고 납달리 지방에 속해 있었다.

갈릴리 사람들의 성향에 대해서 요세푸스는 갈릴리 주민의 용기와 호전성을 찬양하였다. 탈무드에 의하면, 그들은 재물보다 명예를 더 높이 평가하였다.

'갈릴리' 는 어떤 의미의 자리인가? 그 곳은 예수의 출신지(1.9)이며 예수의 최초의 설교가 있었던 곳이며(1.14), 두루 다니시며 전도한 곳이고 명성이 신속히 퍼졌던 복음의 고향(1.28,39)이기도 하다. 갈릴리 바다에서 예수께서는 그의 첫 제자들을 부른다(1.16). 갈릴리와 그 주위의 지방에서 큰 무리가 그에게 몰려든다(3.7-9). 그 다음에 고난을 받기 위해 갈릴리에서 예루살렘에로 행진하는 예수를 우리는 본다(7.31; 9.30; 15.41). 여기서 특이한 점은, 예수께서 항상 갈릴리를 떠나 다른 지방으로 나가도 곧 다시 갈릴리로 돌아왔다가 다시 갈릴리에서 다른 지방으로 출발한다. 갈릴리가 예수 활동의 근거지이다. 예수께서 갈릴리와 헤어져서 다시 돌아오지 않은 때는 십자가의 죽음을 향하여 예루살렘으로 갈 때뿐이다(그 때조차도 부활한 예수께서는 갈릴리로 돌아오신다!). 부활하신 분은 그가 수난당할 때 흩어졌던 제자들을 갈릴리에서 다시 모으기 위해 그들보다 앞서 갈릴리로 간다(14.28; 16.7).

마가는 왜 '하나님의 복음' 을 전파하였을까? 마가가 본 예수는 '그리스도의 복음' (euangelion christou)이 아니라 '하나님의 복음' (euangelion theou)을 전한다. 하나님의 왕적 통치와 결부되어 이 복음의 배경은 이사야로부터 가장 잘 이해된다. 이사야 52장 7절과 61장 6절에는 "복음을 전한다"(euangelizesthai)란 동사가 나온다. 52장 7절 이하에서 하나님의 왕권과 결합되어 있는 점이 중요하다. 이미 유대교 신학에서 이 사상은 계속 발전되어왔다. 예수께서는 하나님의 복음의 담지자, 혹은 전령(사 52.7) 그 이상의 존재이다. 이사야가 약속된 분으로 선언하셨던 바로 그 "위대한 분"(Greater One)이시고 하나님으로부터 온 복음 그 자체이시다. 마가복음서에 사용된 '복음' 의 용어 유래-신약성서에서 사용되는 '복음' 이라는 용어는 구약성서의 헬라어 역본인 70인 역에서 오지 않은 것이 분명하다. 왜냐하면 신약성서에서는 복수단어를 갖고 있거나 보상의 의미를 갖고 있지 않기 때문이다. 마가는 '복음' 이라는 명사단어를 8번사용하고, 마태는 4번 사용한 반면, 누가는 전혀 사용하고 있지 않다.

"선포하다"는 선교용어인데 마가가 의식적으로 채택하였다. 예수께서는 갈릴리에 나타나서 새 시대의 도래를 선포함으로써 그 "소리"가 된다. "선포하고 있었다"는 현재 분사형으로 이제부터 그가 요한의 뒤를 이어 계속해서 있게 될 "소리" 임을 암시해 준다. "하나님의 복음을 선포하다"는 헬레니즘적 선교용어에 일치한다(살전 2.9; 갈 2.2). "하나님의 통치가 가까웠다" 는 선언은 팔레스틴 전통에로 소급된다(마 10.7; 눅 10.9).

"하나님의 나라"(Kingdom of God)란 표현이 마가에서 14번 나타난다 (1.15; 4.11,26,30; 9.1,47; 10.14,15, 23,24,25; 12.34; 14.25; 15.43). 공관복음서에서 이 용어는 예수의 메시지의 주요 주제였다. 마가복음서에

서 이 용어는 1세기 유대교가 하나의 미래의 지상적인 나라를 묘사한 것과 달리, 오히려 하나의 현재, 영적인 나라(a present, spiritual kingdom)에 가깝다. 따라서 그 표현은 하나님께서 백성들의 마음 가운데 왕적 통치(kingly rule), 지배하시는 것에 강조점이 있다. 아마 Reign(통치, 지배)이라는 용어가 가장 적절한 번역일 것 같다. 하나님의 나라는 내재적이며 초월적인 요소를 아울러 표현할 수 있으며 "정치적이고 교회적인 절대주의에 대한 지극히 비판적인 상징"이다. 하나님의 나라를 계시하기도 하고 은폐하기도 하는 하나님 나라의 대표자인 교회 또는 교회들에게 하나님 나라의 현재와 그 나라의 기대에 대한 동시적인 의식을 생생하게 유지하는 과제가 주어진다.

마가가 의미하는 바는, 하나님의 나라는 하나님의 통치를 의미한다. 하나님의 통치는 성령 안에서 예수의 세례를 받은 사람들을 통하여 그 자체가 보여지기 시작한다는 것이다. 하나님의 나라는 "회개, 돌아섬(metanoia)"과 "믿음(pistis)"을 요청한다(막 9.47; 10.15, 23-25). 예수 자신이 세례받음에서 경험하였던 바처럼 옛 채무적 부담-기존 가치관, 세계관, 인간관 등의 여하한 이념들이 안겨 주는-으로부터 완전히 벗어나서 전혀 새로운 자유한 존재로 돌입하는 철저한 전환, 곧 죽음/재창조 또는 부활, 그리고 그 전환을 향한 믿음이 요청된다. 그럴 때 그 하나님 나라는 단순한 미래적 실체, 곧 기다림의 대상만이 아니라 현재적 실체로 경험되는 신비의 영역(4.11)이 된다. 따라서 하나님의 통치는 '회개'와 '믿음'이 있는 그 자리에 도래한다. 달리 표현하면, 회개가 있고 믿음의 고백이 있는 곳에 진정한 하나님의 통치가 이루어지며, 하나님의 통치가 있는 곳에는 항상 회개가 있고 참된 믿음이 고백되어진다.

'회개한다' 는 것은 어떻게 하는 것을 말하는가? 회개하라는 요청은 하나님의 계획을 수행함에 있어서 연속성을 제공하기 위해 요한의 회개의 세례(1.4)와 연결시킨다. 여기서 회개는 구약적인 개념인 수브는 "다시 돌아가는 것, 뒤돌아가는 것(to go back again, return)" 을 뜻한다. 즉, "야웨 하나님께로 (자신의 모든 존재)를 돌이키라"(Turn to Yahweh with all one' s being)는 예언적인 요청에 가깝고 "하나님께 전적인 항복자"(total surrender to God)가 되라는 의미에 가깝다. 마가복음서의 '회개' 의 의미는 헬라어인 메타노우에인(metanouein)이 뜻하는 "자신의 마음의 변화, 후회, 슬퍼함"을 의미하는 것을 훨씬 뛰어 넘어서는 것이다. 요컨대 회개란, 인생의 길을 근본적으로 바꾸려 하고 당연히 사상의 영역도 포함하면서 실천적인 삶 속에서 결과가 나타나야 하는 삶의 방향전환을 의미한다.

제4장 사람을 낚는 어부

막 1.16-20

16.예수께서 갈릴리 바닷가를 지나가시다가, 시몬과 그의 동생 안드레가 바다에서 그물을 던지고 있는 것을 보셨다. 그들은 어부였다. 17. 예수께서 그들에게 말씀하셨다. "나를 따라오너라. 내가 너희를 사람을 낚는 어부가 되게 하겠다." 18. 그들은 곧 그물을 버리고 예수를 따라갔다. 19. 예수께서 조금 더 가시다가, 세베대의 아들 야고보와 그의 동생 요한이 배에서 그물을 깁고 있는 것을 보시고, 20. 곧바로 그들을 부르셨다. 그들은 아버지 세베대를 일꾼들과 함께 배에 남겨 두고, 곧 예수를 따라갔다.

마가는 예수께서 하나님 나라의 도래를 선포하고 바로 이어서 갈릴리 바닷가에서 제자들을 불러 그의 뒤를 잇게 하는 이야기를 서술한다. 예수께서는 하나님의 나라를 선언하시자마자, 사람들로 하여금 그곳으로 들어가도록 하기 위해서("follow me"), 다른 사람들을 그곳으로 들어가도록 초청하기 위해서("I will make you becomes fishers of men") 사람들을 부르신다.

왜 예수께서는 그 많은 표현 중에 제자들을 "사람을 낚는 어부"가 되게 하시겠다고 말씀하셨을까? 이는 바다에서(사탄, 죽음, 아비소스의 상징) 고기를 끌어 올리듯이 이제부터는 바다와 같은 세력으로부터 의무와 부담의 무거운 짐으로부터 사람들을 끌어 올려주겠다는 약속이다.

우리를 흥미롭게 하는 세부적인 설명이 부재하기 때문에, 오히려 복음서의 주요한 관심사를 기억하도록 돕는다: 예수의 권위, 제자들의 반응. 예수께서는 부르시고 그들은 따랐다.

어부로서 그들은 밤낮으로 둥근 투망을 가지고 일했다. 이들은 나를 따르라는 예수의 부름에 삶의 안정을 위하여 매달려 있던 모든 것들을-시몬과 안드레는 그물을, 그리고 야고보와 요한의 경우는 그들의 아버지와, 함께 일하던 일꾼들을-즉시 버리고 따라 나선다. 이러한 즉각적인 반응은 그들이 앞에 서술된 하나님 나라 도래의 선포를 이미 접하였을 가능성을 암시하는 것일 수 있다. 여기서 언급된 하나님 나라의 개념은 하나님의 주권에 강조점이 있다. 그러나 비록 처음으로 만남을 가졌다고 하더라도, 주님의 부르심에 즉각적인 순종을 할 수밖에 없는 무엇인가 알 수 없는 권위를 감지하였기에 그렇게 따랐을 가능성도 배제할 수 없다.

비록 뷜너와 같은 학자는 복음서에 나타난 어부들의 사회적 위치가 중산층이었다고 분류하지만, 마가는 시몬과 그 형제 안드레가 배를 소유한 이들이 아니라 "물속에 몸을 담그고 그물을 던지고 있었다"고 서술함으로써 하류층에 속한 이들이었음을 시사한다(1,6). 물론 세베대의 두 아들 야고보와 요한은 그들의 아버지가 배를 소유하였고 일꾼들을 고용할 정도의 중산층의 사람들로 제시된다.

요컨대 어부들에 대한 당시의 평판에 대해서는 정확히 알 수 없으나

상이한 판단들이 있다. 예컨대 Qid(미슈나, 토세프타, 탈무드의 문서) 4장 13절에 의하면 그 평판은 좋지 않으며, 반면 랍비 예후다(Jehuda: 150년 경)에 의하면 경건한 부류로 여겨졌다. 또한 버질의 melam. 3.585 이하에 의하면 그들은 가난한 계층에 속한다. 예수는 그들에게 뒤따르라고 말한다. 시몬이 뒤따르는 일에서 탈락할 위험에 처했을 때, 그는 다시한번 부름을 듣게 된다(8.33). 두 사람에게 있어서 뒤따름(nachfolge)은 예수와의 개인적인 결속을 그리고 그의 삶에 참여함을 의미한다. 이와 유사하게 이미 학생도 자신이 선택한 랍비와 결속되었다. 이 이야기는 예수를 조건 없이 뒤따르는 데 있어서 돌이킴과 믿음이 어떻게 실현될 수 있는지를 분명히 보여준다.

이 이야기는 마태복음과 마가복음에 거의 똑같이 기록되어 있다(마 4.18~22). 그런데 한 가지 마가복음의 특이한 내용은 세배대의 집에서 일하는 삯꾼에 대한 언급이 나온다는 것이다. 야고보와 요한은 예수를 따르기 위해 어부라는 직업을 포기하고 떠날 때, 그들의 아버지를 혼자 남겨둔 것이 아니라 삯꾼들과 함께 남겨두고 떠났다

우리가 주님의 부르심을 받을 때, "버리고 떠나야 할 것"이 있다면 무엇이 있을까? 혹시 신앙생활 도중에 어떠한 일이나 계기로 중도에 교회 생활을 하지 않았던 적이 있으셨나요? 혹시 있으셨다면 그러한 과정도 나누어볼 필요가 있다.

이 단락은 첫 네 제자들의 부름으로 시작된다. 처음부터 복음서 저자의 관심은 제자들에게 있다. 첫 형제들의 활동인 고기잡이는 야간에 하

는 작업인 반면 그물 수선은 낮에 한다. 예수의 직접적인 부름말은 첫 부름에만 주어지며, 두 번째 부름에는 "그들을 부르셨다" 라는 말만이 나오고 있다. 첫 부분에서는 중요한 말인 "뒤따르다" (nachfolgen)가 빠져있는데, 둘째 부분에서는 "떠나다" (aperchesthai)란 말이 나온다. 예수는 낯선 자들인 그들을 부른다. 이 만남은 첫 만남이다. 그가 전체를 결정하는 주체이다. 부름 받은 자들은 복종하여 부름에 따름으로써 마지막 문장에서 비로소 주체가 된다. 부름은 일상적인 일을 하는 그들에게 공동으로 주어진다.

우리는 어떻게 주님의 부르심을 받았는가? 자신의 삶 속에서 최초로 교회에 나오게 된 경위에 대해서 나누어볼 필요가 있다. 어떻게 부르심에 대한 확신을 갖게 되었는가? 주님이 나를 부르셨다는 확신을 언제 어떻게 갖게 되었는지 생각해 보고 나누어 볼 필요가 있다.

예수께서 계신 곳이 하나님의 나라이다. 왜냐하면 그는 왕이시기 때문이다. 그의 권위적인 현존은 그의 단어에서 드러난다. 이러한 권위를 가지신 예수께서 제자들을 부르실 때는 언제나 예수 그리스도의 보심과 부르심이 함께 나타나고 있다(1.16; 2.14; 10.21). 특별히 "보시니" (eiden)라는 동사는 예수께서 어떤 사람에게 무한한 사랑과 은혜의 선택을 나타낼 때, 또한 어떤 기적을 일으키시고자 할 때 자주 사용되었다(눅 7.13; 13.12). 그리고 사랑과 은혜로 선택된 사람들에게는 언제나 "나를 따라 오라"는 구체적인 말씀이 주어진다. "나를 따라 오너라" 에서 "따르다" 라는 말은 공관복음에서 '제자직' 을 나타내는 전문 용어이다. 그러므로 그리스도를 따른다는 것은 곧 그리스도의 제자가 되는 것을 말하는 것이다.

랍비들이 제자들을 부르는 방식과 예수께서 부르신 방식에는 어떠한 차이점이 있나요? 그리스도께서 제자들을 부르신 것은 그 당시 랍비가 제자들을 부른 것과는 완전히 다르다: 1. 랍비는 자기의 제자가 찾아 올 때까지 기다리지만, 예수께서는 먼저 제자들을 찾아다니고 계시고, 2. 랍비는 자기를 따르는 것보다 계명을 지키고, 부모를 장례하고, 가족들에게 인사함을 우선시 했으나, 예수께서는 자기를 따르는 것을 우선시 했고(막 10.21; 마 8.19이하), 3. 랍비는 그의 제자들과 논쟁했으나, 예수께서는 그런 논쟁을 벌리지 않으셨고, 4. 랍비는 회당에서 가르쳤으나, 예수께서는 들, 산, 길, 그리고 호숫가 등 어느 곳에서나 가르치셨고, 5. 랍비는 오직 자격이 있는 사람만을 제자로 삼았으나, 예수께서는 누구나, 심지어는 세리와 죄인들까지도 자신의 제자로 택하셨던 것이다.

제 5장 회복을 향한 행진

막 1.21-28

21 그들은 가버나움으로 들어갔다. 예수께서 안식일에 곧바로 회당에 들어가서 가르치셨는데, 22 사람들은 그의 가르침에 놀랐다. 예수께서 율법학자들과는 달리 권위 있게 가르치셨기 때문이다. 23 그 때에 회당에 악한 귀신 들린 사람이 하나 있었는데, 그가 큰소리로 이렇게 말하였다. 24 "나사렛 사람 예수님, 왜 우리를 간섭하려 하십니까? 우리를 없애려고 오셨습니까? 나는 당신이 누구인지 압니다. 하나님께서 보내신 거룩한 분입니다." 25 예수께서 그를 꾸짖어 말씀하셨다. "입을 다물고 이 사람에게서 나가라." 26 그러자 악한 귀신은 그에게 경련을 일으켜 놓고서 큰 소리를 지르며 떠나갔다. 27사람들이 모두 놀라서 "이게 어찌된 일이냐? 권위 있는 새로운 가르침이다! 그가 악한 귀신들에게 명하시니, 그들도 복종하는구나!' 하면서 서로 물었다. 28 그리하여 예수의 소문이 곧 갈릴리 주위의 온 지역에 두루 퍼졌다. (마가복음 1장 21-28절).

우리 주변에는 예수에 대해서 지식적으로는 나름대로 많은 정보를 갖고 있지만, 그 예수와 상관이 없는 인생을 살아가고 있는 이들이 많다. 예수께서 하나님의 거룩한 자라는 것을 귀신들도 알아본다. 그러나 그 귀신들은 구원과는 전혀 상관없는 대상이다. 결국 예수와 자신의 상관관계를 맺지 못하는 대상들은 진정으로 주님이 주시는 은총의 삶을 누릴 수 없다.

1. 회당(교회, 성전)의 회복(21-23)

예수께서 처음 마귀를 만난 장소는 마가복음을 읽은 독자들에게 충격을 줄 수 있었다. 그 곳은 종교 기관인 회당 안이었다. 대부분의 회당은 지역사회의 중심지였으며 기도와 연구를 하는 장소였다. 방문교사가 있을 때면 회당 지도자들은 그들을 불러 특히 안식일에 강의를 하도록 했다. 고고학자들은 가버나움 회당이 있던 자리를 발견했는데, 그 회당은 현무암 석재로 지어져 있었다. 후대의 회당들은 더 잘 꾸며져 있었지만, 이 1세기의 갈릴리 회당에서는 대부분의 사람이 바닥에 깔린 깔개 위에 앉았을 것이다.

우리는 여기서 다음사항에 주목할 필요가 있다. 예수님이 가장 먼저 회복하신 것은, 회당의 회복이었다는 것이다. 왜 예수는 가장 먼저 회당을 회복하셨는가? 이를 통해서 우리는 무엇을 알 수 있는가? 이는 어느 시대를 막론하고 먼저 세대를 이어주는 신앙의 가르침의 장이 회복되어야 한다는 것을 알 수 있다. 이 시대는 학교교육과 교회교육의 문제로 씨름을 하고 있다. 아니 벌써 포기에 가까운 소리를 많이 하고 있다. 안 된다고 말하는 부류들이 늘어가고 있는 실정이다. 하지만, 주님은 회당, 교회를 포기하지 않으셨다. 그곳을 찾아가셨다. 그런데 왜 포기하는가? 포기하려는 사람들은 자신들이 바로 회당에 거룩한 자로 서야 함에도 불구하고 그렇게 서지 못하기 때문이리라! 바로 우리가 그곳에 설 필요가 있다. 당신이 거룩한 자로 선다면, 주님께서 회당의 주로 서신다면, 가르침의 자리가 거룩한 곳으로 변화될 것이다.

주지하듯이, 회당은 성경을 가르치는 장소이다. 그 시대에도 성경의 권위는 있는데, 성경을 가르치는 자의 권위가 땅에 떨어진 상황이었다. 주님께서는 오늘날 우리의 교회에서 성경을 가르치는 자의 권위가 땅에 떨어져 있는 것을 보시고 안타까워하시리라 본다. 가장 먼저 회복하시고 싶으신 것은 회당의 기능, 지금의 교회의 가르침의 회복이다. 성경을 가르치는 모든 분들, 목회자와 교사들, 신앙의 선배들의 가르침의 참된 권위가 회복되어야 한다. 이를 어떻게 회복할 수 있는가? 간단하다. 우리가 하나님의 거룩한 자로 변화되는 것이다. 예수님이 이 땅에 오신 이후로 지금에 이르기까지 하나님의 거룩한 자가 서는 곳마다 성경의 가르침의 역사가 일어났다. 오늘 우리에게 그러한 일들이 일어나리라 본다.

2. 영혼의 거룩함의 회복(24-28)

마귀들은 종종 마술과 연관되었으며, 마술사들은 다른 영적 세력의 이름을 불러서 그 세력을 진압하려 했다. 몇몇 학자들이 주장했듯이, 마귀들이 이런 식으로 예수님을 진압하는 것이라면("나는 당신이 누구인 줄 아노니"라는 말은 마술에서 영적 세력을 진압하는 데 사용되었다), 이러한 책략은 통하지 않는다. 고대인들은 보통 마귀들이 초자연적 지식을 가질 수 있음을 인정했다. 백성들은 아직 예수님의 참된 신분을 깨닫지 못하는데 마귀들이 그것을 파악하고 있다는 것은 놀라운 일이 아니다. 더러운 귀신은 주문을 외듯이 자기의 지식을 알림으로써 예수를 지배하려 한다. 그는 예수를 하나님의 거룩한 자로 인식한다.

여기서 '거룩한 자' 라는 말은 통상 하나님을 가리키는 호칭이었다. 하지만 여기에 나오는 '하나님의 거룩한 자' 란 아마도 '하나님의 믿을 수 있는 대행자' 와 같은 의미를 지닐 것이다. 유대 문헌을 보면 마귀들은 하나님과 동행하는 사람들에게는 해를 끼칠 수 없음을 알고 있었다. 구약성서에서는 모세, 경건한 자(시 15.10), 이스라엘 백성(신 7.6; 14.2,21;26.19등)도 거룩한 존재로 불릴 수 있다. 하나님의 거룩한 자라는 말은 부름말로서 귀신축출에서 드러나는 예수의 카리스마적인 전권을 지시하고 있음이 분명하다.

여러분들이 예수를 주로 모신 자라면, 마귀들이 여러분을 볼 때, 하나님과 동행하는, "하나님의 거룩한 자" 인 것을 알게 될 것이다. 하나님의 거룩한 자가 머무는 곳에서는 더러운 마귀들이 함께 머물 수 없다. 마귀들의 정체가 드러나고 그곳에서 떠나고자 할 것이다. 결국 하나의 어떤 특정한 자리가 과거에는 더러운 영들인, 마귀들이 머무는 자리였다고 하더라도, 하나님의 거룩한 자인, 여러분이 그곳에 선다면, 그곳은 거룩한 곳으로 변화될 것이다. 우리는 크리스천을 무엇이라 일컫는가? Saint라고 칭하지 않는가! 이는 '성도' 를 의미하며, 곧 하나님의 거룩한 자를 의미한다. 우리는 성도라는 이름을 부르면서도 하나님의 거룩한 자라는 것을 잊고 살아갈 때가 많다. 오늘 주님께서는 우리에게 명하신다. "너는 하나님의 거룩한 자로 서라! 더러운 귀신들도 거룩한 자인 당신이 선 자리에서 굴복하게 될 것이다!'

귀신, 마귀들을 쫓는 사람 역시 이따끔씩 '누구누구에게서 나오라'
와 같은 문구를 사용하긴 했지만, 정교한 마술 주문의 일부로서 그 문
구를 사용한 것이었다. 그들에게는 귀신을 쫓아내는 주된 방법이 두 가
지 있었다. 그것은 1. 마귀를 불쾌하게 하거나 겁나게 해서 내쫓는 법
(귀신들린 사람의 코앞에 냄새가 지독한 나무뿌리를 갖다놓는 식)과,
2. 약한 영을 제거하기 위해 더 강한 영의 이름을 불러내는 것이다. 그
래서 사람들은 예수께서 그저 마귀에게 떠나라고 명령만 했는데 마귀
가 떠나는 것을 보고 놀랐다.

유대 전통은 율법에서 특별한 통찰을 끌어낼 수 있는 교사들을 칭찬
했으며, 때로는 인기 있는 교사들에게는 기적을 수행하는 권능이 있다
고 생각했다. 갈릴리의 마을들은 서로 인접해 있었고, 긴밀하게 연결되
어 있어서 소문이 빨리 퍼졌을 것이다. 회당에 있던 사람들이 거룩한
것(numinose)이 그들의 세계에 돌입한 것을 보고 나타낸 반응은 놀라
움이었다. 군중이 확증해야만 하는 권위있는 새로운 가르침은 더러운
귀신들이 예수의 명령에 복종하는 사건에서 알려진다. 마가는 귀신들
에 대한 승리에서 관철되는 하나님의 통치가 동터오는 데서 새로움을
인식한다. 예수의 명성이 주변지역 전체에로 퍼졌다는 말도 선교적 언
급으로 평가되어야 한다.

'하나님의 거룩한 자'가 머무는 곳에서는 소문이 퍼지게 되어 있다.
2천 년 전 크리스천들이 모이는 곳에서는 놀라운 역사가 있었고, 그 역
사는 오늘 우리에게까지 이르렀다. 이제 당신을 통한 그 역사의 소식이
후대에 전해질 때이다.

하나님의 거룩한 자가 이동하여 머무는 자리마다 하나님의 역사가 일어났다. 혹시 당신은 그러한 일은 나와 상관없는 일이고, 단지 예수께만 있는 일이라고 단정 짓고 생활하고 있지는 않은가? 그러나 예수와 동행하는 당신의 삶 속에서 이러한 기적의 역사와 같이 아름답지 못한 것으로부터 자유하게 될 것이며, 다른 이들을 자유롭도록 돕는 일을 할 수 있을 것이다.

제 6장 온전한 회복

막 1.29-34

"만일 내가 1년만 더 산다면,

도우면서 1년,

베풀면서 1년,

사랑하며 1년,

축복하며 1년,

세상을 좀 더 밝게 하기 위해 노래하며 1년,

웃으면서 1년,

창조주 하나님을 찬양하며 1년

그리고 장차 주님 앞에 설 때 상 받을 수 있도록

하루하루를 보내렵니다.

저 멀리서 날 부르는 소리가 들려오기 때문이니까요.

그러므로 내가 1년을 더 살 수 있다면

아니, 단 하루만이라도 더 살 수 있다면

바로 이것이 나의 할 일입니다.

정성을 다해 은혜로우신 하나님을 섬기는 것 말입니다."

- Mary Davis Leed, "만일 내가 1년만 더 산다면"

지금 우리의 인생의 시계는 몇 시입니까?

1. 육적 질병의 회복(29-31)

29 그들은 회당에서 나와서, 곧바로 야고보와 요한과 함께 시몬과 안드레의 집으로 갔다. 30 마침 시몬의 장모가 열병으로 누워 있었는데, 사람들은 그 사정을 예수께 말씀드렸다. 31 예수께서 그 여자에게 다가가서서 그 손을 잡아 일으키시니, 열병이 떠나고, 그 여자는 그들의 시중을 들었다.

혹시 개인이나 가정이나 친척 가운데 육적 질병으로 고통당하시는 분이 계십니까? 계시다면, 그러한 고통을 당하거나 당하시는 분을 보면서 어떠한 느낌이 드십니까?

본문에서는 시몬과 안드레가 주를 위해 헌신함과 아울러 시몬의 장모가 질병 가운데 있다는 것이 보도된다. 독자들에게는 그녀의 위독함이 충분히 암시되는, 질병에 관한 묘사에는 잘 사용되지 않는 "누워 있다"(katakeimai, 1.30; 2.7)라는 동사에 의해 강조된다. 요한복음 4장 52절에 의하면 열병은 죽을 병의 징조이다. 그 여인은 병상에서 일어나지 못한다. 고대에는 열병이 기괴한 열로 규정되었다.

그러나 이제 주의 일에 헌신한 당신의 제자들의 삶 속에 치료와 회복의 역사가 일어난다. 제자뿐만 아니라 그 제자의 가정조차도 회복된다. 여기서 독특한 부분은, 시몬의 장모의 열병을 예수께 말씀드린 대상이 시몬 베드로가 아니라는 것이다. 30절에서는, '사람들' 이 말씀을 드렸다고 나와 있다. 이것은 중보 사역이라고 볼 수 있다. 그들 가운데는 서로의 어려운 일을 가족처럼 서둘러 알아봐주고 돌봐주는 모습이 있었다. 나나 나의 가족의 문제가 아니지만, 서로 동료의 문제뿐만 아니라 동료의 가족의 문제까지도 염려해주고 돌봐주는 아름다운 동역의 모습이 있다. 이것은 우리가 한번 정도 깊이 생각하고 실천해야 할 부분이라고 볼 수 있다. 요즈음 세상 사람들은 자신의 가족조차도 제대로 챙겨드리기가 힘이 드는 데 어떻게 다른 친구, 그것도 친구의 장모까지 챙겨줄 수 있느냐고 반문할지 모른다. 그러나 오늘 우리는 이 본문을 보면서, 이웃의 사생활 침해가 아닌 차원에서, 이웃의 가정이나 교우의 가정을 염려해줄 수 있는 따뜻한 사랑이 필요한 것 같다.

하나님께서 하나님의 거룩한 자, 여러분의 인생을 통해서 여러분의 가족들의 어려운 일들이 치료될 것을 믿는다. 그에 먼저 주님께 헌신하는 일이 먼저 선행되어야 한다. 우리는 1장 16-18절에서 보았다. 시몬과 안드레는 갈릴리 해변에서 바다에 그물을 던지다가 주님의 부르심에 순종하기 위해서 그물을 버려두고 따르는 일로 인하여 생계의 수단을 내려놓았다. 어찌 보면 그의 장모님도 집에 계시게 하고 나왔다. 하지만 하나님은 당신의 거룩한 자와 같이 헌신한 자들의 어려움을 알고 있다. 주님은 그들의 처지와 상황을 아시고 치료하신다. 회복하신다. 여러분이 주를 위해 헌신하였다면, 주님은 여러분의 가정을 회복시키실 것이다. 여러분이 주를 위해 일할 때, 주님께서는 여러분을 위해서 일하실 것이다. 여러분이 자신의 일이 아닌, 주님의 일에 헌신하였을 때, 주님은 여러분의 일을 최고의 것으로 회복하실 것이다.

2. 영적 질병의 회복(32-34)

영적, 정신적 질병으로 인하여 고통당하시는 분이 계시다면 그 분들을 보시면서 어떠한 느낌이 드시며 어떻게 돕고 싶은가?

또 하나의 회복의 역사는 하나님의 거룩한 사람이 머무는 곳에서는, 온갖 병든 것들이 회복되어진다. 단지 육체의 질병의 문제만이 아니라, 귀신들린 자들도 치료가 된다. 오늘도 하나님의 거룩한 자가 머무는 곳에 병자와 귀신 들린 자들이 다가올 수 있다.

32 해가 져서 날이 저물 때에, 사람들이 모든 병자와 귀신 들린 사람을 예수께로 데리고 왔다. 33 그리고 온 동네 사람이 문 앞에 모여들었다.

많은 시간 중에 왜 하필 날이 저물 때에 사람들을 데리고 왔을까? 우리는 아마도 이렇게 상상해 볼 수도 있을 것이다. 낮에는 기다리는 사람이나 모여 있는 사람이 너무 많기에 해가 져서 사람들이 돌아 갈만한 때에 온 것으로 가정하는 것이다. 또 하나는 소문을 듣고 모여든 시간이 이 시간이었기 때문이라고 생각할 수도 있다. 그러나 이 모든 것들은 성경배경 지식이 결여된 억측에 불과하다.

"안식일은 토요일 일몰에 끝났다. 마가는 (안식일)이 끝났다는 것을 알려 주기 위해 "해가 져서 날이 저물 때에"라고 언급한다. 안식일에 어떤 사람을 데려오는 것은 안식일을 범하는 일이 될 것이기 때문이다."

성경은 온 동네 사람이 "문 앞에" 모여들었다라고 보도한다. "가버나움 주변의 대부분의 집들에는 방이 하나밖에 없었으며, 좀 더 큰 집이라도 많은 사람을 수용할 수는 없었기 때문에, 온 동네가 '문 앞에' 모였다. 갈릴리 성읍의 집들이 종종 그렇듯이 현관은 거리로 향해 있거나 다른 집들과 공동으로 쓰는 안뜰로 향해 있었다."

마가가 흔히 사용하는 어구이지만, 적어도 우리가 알 수 있는 것은 하나님의 거룩한 자된 예수께서는 기적을 행한다고 널리 알려진 교사였기에 그곳에 많은 사람들이 소문을 듣고 몰려들었던 것으로 볼 수 있다.

참된 능력 그 자체이신 예수께서 머무는 자리에 세상 사람들이 모여들었다. 이는 무엇을 말하는가? 예수께서 머물 수 있는 교회, 신앙공동체에는 하나님께서 영혼들을 불러 모아 주신다는 것이다. 더 나아가 그리스도를 주로 모시고 주님과 동행하는 사람들이 머무는 자리마다 많은 영혼들이 모여든다는 것이다. 믿음의 사람들을 통해서 세상 사람들과의 만남이 이루어지고, 회복의 역사가 일어난다는 것을 예측하게 하는 부분이기도 하다.

또한 병을 치료하는 역사의 표본을 믿음의 가정에서 시작하신다는 것이다. 왜 믿음의 가정에 이러한 질병으로 인한 고통이 있는가라고 하소연하는 분들이 있는가? 바로 믿음의 가정을 통해서 그 역사를 보이시기 위함이심을 기억하라! 하나님께서는 온갖 질병의 치유와 더불어 많은 세상 사람들도 치료하시리라.

34 그는 온갖 병에 걸린 사람들을 고쳐 주시고, 많은 귀신을 내쫓으셨다. 예수께서는 귀신들이 말하는 것을 허락하지 않으셨다. 그들이 예수가 누구인지를 알았기 때문이다.

이제 "구원"(Erloesung)은 신체적인 영역에서도 구체화되며, 귀신들에게 기인하는 것으로 파악되었던 위협의 뿌리마저도 사로잡았다. 그 이상으로 마가 저자는 예수 안에서 주어진 하나님의 계시를 전달하려고 노력한다. 34절에서 보면, 온갖 병을 고쳐주시고, 그 이후에 귀신을 내쫓으셨다는 것에 주목할 필요가 있다. 귀신을 내쫓으시면서 사람들의 병을 고치는 경우만 있는 것이 아니다. 모든 질병을 귀신들림과 연결 짓는 어리석음을 범하지 않아야 할 것이다. 하나님의 거룩한 자를 귀신들도 알아보고, 떠들어댄다. 하지만, 귀신이 언급하는 것을 예수는 금하고 계신다. "귀신들이 말하는 것을 금하시고 그들을 쫓아낸 단락은 흔히 후에 마가가 '메시아의 비밀' (a Messianic Secret)의 차원에서 행한 것이라기 보다는, 예수께서 귀신들을 축출하는 과정과 방법으로서 행하신 것으로 지적한 것으로 보인다." 여기서 사용된 '귀신들' 이라는 용어는 흔히 헬라 크리스천의 전승으로 간주된다. 그러나 여기서 사용된 것은 단지 '악한 영들' 이라는 유대 크리스천의 전승과의 차이에서 온 것이라기보다는 언어의 습관에서 흔히 말줄임의 차원의 것으로 볼 수도 있다. 오늘날 우리가 일상 속에서 만나는 귀신들은 다른 종류의 것일 수도 있다(Demons we encounter in our daily lives may be of different sorts)

이 단락에서 우리의 삶 속에 적용할 수 있는 교훈은 무엇인가? 바로 귀신들은 작은 하나의 일을 가지고 하나님의 일꾼들을 교만하게 만들려고 한다. 그러나 예수께서는 그러한 유명세를 물리치셨다. 중요한 것은, 우리가 유명해지려는 유혹을 물리칠수록 더욱 더 참된 명성을 갖게 하시는 하나님의 손길을 보게 하신다. 우리가 낮아지면 낮아질수록 우리를 높이시는 하나님의 역사를 볼 수 있다. 예수께서 주의 사명을 감당하는 우리에게 보여준 훌륭한 본보기이다. 주의 사명을 감당하는 우리가 우리 자신을 드러내지 않아도, 주님께서 단지 우리의 이름만이 아니라 하나님 앞에, 사람 앞에 진정으로 명성이 높은 이로 세우시리라!

예수의 권위는 그가 수행하시는 기적들에서, 제자들을 부르심에서, 그리고 종교지도자들과의 만남에서 밝히 드러난다.

혹시 내가 주님과 사람 앞에서 겸손한 자세를 취할 때, 주님께서 나를 오히려 더 높여 주셨던 경험이나 기억이 있는가? 있다면 그것을 함께 나누어본다.

이제 우리는 다음의 찬양 "지금은 엘리야의 때처럼"의 가사처럼, 우리가 선 자리가 회복의 자리가 되며, 거룩한 땅이 되리라는 확신을 가지고 하루하루를 임할 수 있기를 바란다.

1. 지금은 엘리야 때처럼 주 말씀이 선포되고 또 주의 종 모세의 때와 같이 언약이 성취되네 비록 전쟁과 기근과 핍박 환난 날이 다가와도 우리는 광야의 외치는 소리 주의 길을 예비하라

〈후렴〉 보라 주님 구름타시고 나팔 불 때에 다시오시네 모두 외치세

이는 은혜의 해니 시온에서 구원이 임하네

　2. 에스겔의 환상처럼 마른 뼈가 살아나며 또 주의 종 다윗의 때와 같
이 예배가 회복되네 비록 추수할 때가 이르러 들판은 희어졌네 우리는
추수할 일꾼 되어 주 말씀을 선포하리

제 7장 이 땅에 온 이유

막 1.35-39

35아주 이른 새벽에, 예수께서 일어나서 외딴 곳으로 나가셔서, 거기에서 기도하고 계셨다. 36그 때에 시몬과 그의 일행이 예수를 찾아 나섰다. 37그들은 예수를 만나자 "모두 선생님을 찾고 있습니다" 하고 말하였다. 38예수께서 그들에게 말씀하셨다. "가까운 여러 고을로 가자. 거기에서도 내가 말씀을 선포해야 하겠다. 나는 이 일을 하러 왔다." 39예수께서 온 갈릴리와 여러 회당을 두루 찾아가셔서 말씀을 전하고, 귀신들을 쫓아내셨다.

우리는 무엇에 삶의 중심을 두며 살아가고 있는가? 즉, 우리는 무엇을 위해서 살아가고 있는가? 우리는 어떠한 목적을 이루기 위해서 이 땅에서 살아왔는가?

"나는 지금까지______________________을 위해서 살아왔다."

바로 본 단락에서 마가가 본 예수의 상을 통하여 그 중심을 발견할 수 있기를 바란다. 예수께서 이 땅에서 무엇을 위해 살아야 하는지를 아셨던 분이다. 또한 예수는 삶의 중심과 삶의 목적을 향하여 매진하신 분이다. 더 나아가 이를 성취하기 위해 언제나 기도하신 분이다. 본문에서 예수께서는 새벽 오히려 미명에 외딴 곳을 향하셨다고 보도한다. "그는 가버나움 군중들의 환호에서 물러나 광야로-예수께서 처음 사탄과 대면하여 시험을 이겼던 일종의 그러한 장소(12~13절)-나아갔던 것이다." 무엇 때문에 새벽 미명에 일어나셨고, 외딴 곳, 광야로 향하셨나요?

"하나님은 광야에서 영적 거장을 준비시키신다. 모세가 만들어진 곳은 광야였다. 여호수아가 만들어진 곳은 광야였다. 광야는 영적 거장을 키우는 곳이다. "여호와께서 그를 황무지에서, 짐승의 부르짖는 광야에서 만나시고 호위하시며 보호하시며 자기 눈동자같이 지키셨도다"(신 32.10). 성경에 나오는 하나님이 귀히 쓰신 인물들은 한결같이 광야를 통과했다. 요셉은 13년 동안 광야를 통과했다. 형제들에게 미움을 받아 노예로 팔려 애굽에 끌려갔다. 충성을 다해 섬겼던 주인에게 배신당해야 했다. 옥에 갇혀 잊혀진 존재로 살아야 했다. 그렇게 오랜 광야 학교를 통과하면서 요셉은 영적 거장으로 만들어져 갔다. 다윗도 광야를 통과했다. 목동 시절 부름받은 다윗은 30세에 왕으로 등극하기까지 혹독한 광야 생활을 통과했다. 사울 왕의 추적을 받으면서 오랫동안 비참한 생활을 통과했다. 그 때 다윗은 깨어졌고 부서졌다. 죽음과 절망의 강을 여러 번 통과했다. 그 고통스런 광야 길을 통과하면서 다윗은 영적 거장으로 만들어져 갔다" -강준민, 〈영적 거장의 리더십〉 중에서-

세례 요한도 광야의 사람이었다. 사도 바울도 광야의 사람이었다. 바울은 예수님을 만난 후 3년 동안 아라비아 광야 생활을 했다. 영적 거장들은 한결같이 광야 학교를 졸업한 사람들이다. 그런 까닭에 영적 거장들은 광야 학교의 중요성을 안다. 모세의 경우, 광야 학교에서 어떤 훈련을 받았는가? 첫째, 모세는 광야 학교에서 홀로 하나님의 음성을 듣는 훈련을 받는다. 둘째, 광야 학교에서 자아를 깨뜨리는 훈련을 받는다. 셋째, 광야 학교에서 하나님의 때를 기다리는 훈련을 받는다. 넷째, 광야 학교에서 한 영혼을 사랑하는 목양의 훈련을 받는다. 여기서는 예수께서 홀로 광야와 같은, 외딴 곳으로 가셨던 모습처럼, 홀로 하나님의 음성을 듣는 훈련에 대해서만 살펴보도록 하겠다. 하나님의 말씀에 귀를 기울이는 것이다. 세상의 소음과 분주함과 군중들 속에서는 하나님의 음성을 들을 수 없기에 하나님은 영적 거인들을 광야로 인도하신다. 거기서 홀로 있게 하신다. 홀로 하나님 앞에서 기다리며 하나님의 음성을 듣게 하신다. 광야 학교의 훈련 중에 가장 혹독한 훈련은 홀로 고독을 이겨내는 훈련이다. 외로움이란 혹독한 훈련이다. 그러나 외로움이란 영적 거인이 꼭 치러야 할 값비싼 대가이다. 지도자가 되고자 하는 사람들은 꼭 통과해야 할 훈련이다. 에이든 토저(A. W. Tozer)는 "세상의 위대한 사람들은 대부분 외로웠다. 외로움이란 성도가 그의 성스러움을 위해 지불해야 하는 대가인 것 같다"고 말했다.

35아주 이른 새벽에, 예수께서 일어나서 외딴 곳으로 나가셔서, 거기에서 기도하고 계셨다.

크리스천의 삶의 전형은 예수의 삶 속에서 찾아볼 수 있다. 예수의 삶을 따라 실천하며 살아가는 사람이란, 항상 하루의 특정 시간, 특히 시간의 처음과 마지막을 기도로 시작하며 마무리하는 사람이라고 할 수 있다. 사람들을 만나기 전에 먼저 하나님과의 교제를 시작하는 사람이다.

예수 당시 문제는, 길이 좁고 또 당시에 흔하던 방 한 개짜리 집에 때로는 열 명이나 스무 명이 살았던 고대 마을에서는 혼자 있을 장소를 찾는 것이 거의 불가능하다는 것이었다. 대부분의 마을은 네 채의 집이 한 구역으로 되어 있었는데, 그 집들은 공동으로 사용하는 안뜰쪽을 바라보고 있었다. 또한 갈릴리에는 인구가 매우 많았으며, 마을은 종종 서로 가까이 붙어 있었다. 사람들은 해가 뜨자마자 일하기 위해 일어났으므로, 예수께서는 기도할만한 한적한 장소를 찾기 위해 새벽이 되기 전에 일어나서야 했다.

35절의 예수의 모범은 기도가 최고의 우선성을 지님을 보여준다. 성공적으로 기도하는 거의 모든 사람들이 아침 일찍 기도하는 것이 제일 적당하다는 사실을 발견하였다. 누구든 그 날의 많은 해야 할 일과 신경 쓸 일로 인해서 그의 마음이 산만하게 되기 전에 기도할 필요가 있다. 대부분의 생애 속에 기도가 앞에 오든지 아니면 전혀 이루어지지 않든지 둘 중의 하나가 된다. 기도의 시간 다음으로 중요한 것은 기도의 장소이다. 만일 한적한 곳을 찾을 수 없다면 마음과 정신을 특별히 격리시킬 필요가 있다. 기도하기를 배우는 유일한 길은 실제로 기도하는 일이다. 그것은 자신의 삶의 중심을 세상의 욕망에 두지 않고 그리스도에게 두기 위함이다.

우리는 무엇에 삶의 중심을 두며 살아가고 있는가?바로 본 단락에서 마가가 본 예수의 상을 통하여 그 중심을 발견할 수 있기를 바란다. 예수는 이 땅에서 무엇을 위해 살아야하는지를 아셨던 분이다. 또한 예수는 삶의 중심과 삶의 목적을 향하여 매진하신 분이다. 더 나아가 이를 성취하기 위해 언제나 기도하신 분이다. 위 본문에서는 예수께서 새벽 오히려 미명에 한적한 곳을 향하셨다고 보도한다. 무엇 때문에 새벽 미명에 일어나셨고, 한적한 곳을 향하셨는가?

막 1:35 새벽 오히려 미명에 예수께서 일어나 나가 한적한 곳으로 가사 거기서 기도하시더니/ 36 시몬과 및 그와 함께 있는 자들이 예수의 뒤를 따라가/ 37 만나서 가로되 모든 사람이 주를 찾나이다

크리스천의 삶의 전형은 예수의 삶 속에서 찾아볼 수 있다. 예수의 삶을 따라 실천하며 살아가는 사람이란, 항상 하루의 특정 시간, 특히 시간의 처음과 마지막을 기도로 시작하며 마무리하는 사람이라고 할 수 있다. 사람들을 만나기 전에 먼저 하나님과의 교제를 시작하는 사람이다. 그것은 자신의 삶의 중심을 세상의 욕망에 두지 않고 그리스도에게 두기 위함이다.

교회들마다 사순절과 부활주일에 즈음하여 새벽예배 관련된 행사를 많이 시행하고 있다. 그렇다면 이 기간에 새벽예배에 나가는 이유나 동기는 무엇인가? 크리스천들 중에 상당수가 이 기간에 기복적으로 소원을 이루고자 다닌다는 보도가 있다. 그러나 이것은 새벽기도를 드리는 참된 정신과 본질에서 벗어나는 것이 아닌가 생각된다. 물론 사람들마다 새벽기도회를 참여하는 이유나 동기가 다양하겠지만, 무엇보다도 새벽기도를 드리는 목적은 바로 예수께서 자신의 삶 가운데서 보여 주셨던 것처럼, 자신의 삶의 중심을 '세상의 욕망' 으로부터 '하나님의 중심' 으로 옮겨두기 위해 드리는 것이 되어야 할 것이다. 그것은 우리가 예수의 삶을 따르려고 몸부림칠 때, 깨달을 수 있는 사항이 아닌가 생각된다.

예수께서도 기도로 하루를 시작하셨음에도 불구하고, 우리는 기도로 시작하지 못하는 경우가 많다. 왜 기도로 시작하지 못하는 것일까? 36-37절에 보도된, 제자들의 모습 가운데서 볼 수 있다. 제자들은 사람들의 영광과 칭찬을 받으려는 곳에서 머물고 있기 때문이다. 여러분의 삶은 어떠한가? 37절에서 "모든 사람이 주를 찾나이다"라는 제자들의 보고에도 불구하고, 예수의 관심사는 그곳, 많은 사람들로부터의 영광이나 그 어떠한 반응에 놓여있지 않았다. 그것은 무엇 때문인가? 예수의 삶의 목표는 사람들 가운데 있지 않았고, 하나님 안에 있었다. 예수의 삶의 원칙과 목표는 38-39절에 제시되어 있다.

제자들은 분주하게 하루를 시작하고 있다. 제자들은 예수님이 기도하고 계실 바로 그 때에, 예수를 찾아 나섰다. "예수를 찾아 나섰다"는, 문자적으로 보면 카타디오코에서 온 말로써 "예수를 몰아서 잡다"는 뜻이다. 여기서 "찾다"는 말에는 이기적인 욕구가 섞여 있다(막 3.32;요 6.24). 이 말에는 이 동네에 더 머물라는 요구가 내포되어 있다. 시몬은 "적어도 주님이 취하시는 방식, 곧 가버나움의 기회의 자리로부터 외딴 곳의 고요함의 자리로 향하시는 주님의 '비현실적인' (Unrealistic) 전략에 동의하지 못했다". 우리는 기도로 시작하지 못하는 경우가 많다. 왜 기도로 시작하지 못하는 것일까? 36-37절에 보도된, 제자들의 모습 가운데서 볼 수 있다. 제자들은 사람들의 영광과 칭찬을 받으려는 곳에서 머물고 있기 때문이다.

우리의 삶은 어떠한가? 37절에서 "모든 사람이 주를 찾나이다" 라는 제자들의 보고에도 불구하고, 예수의 관심사는 그곳, 많은 사람들로부터의 영광이나 그 어떠한 반응에 놓여있지 않았다. 그것은 무엇 때문인가? 예수의 삶의 목표는 사람들 가운데 있지 않았고, 하나님 안에 있었기 때문이다. 예수의 삶의 원칙과 목표는 38-39절에 제시되어 있다.

38 이르시되 우리가 다른 가까운 마을들로 가자 거기서도 전도하리니 내가 이를 위하여 왔노라 하시고/ 39 이에 온 갈릴리에 다니시며 저희 여러 회당에서 전도하시고 또 귀신들을 내어 쫓으시더라

여기서 예수는 "전도하리니 내가 이를 위하여 왔노라" 라고 말씀하신다. 우리가 알 수 있는 것은, 예수는 전도를 위하여 오신 분이라는 것이다. 위대하신 하나님의 아들, 하나님이셨던 그 분, 곧 예수조차도 전도를 위해 이 땅에 오셨다고 했는데, 예수가 전도를 위해서 일생을 주님께 드리는 삶을 사셨는데, 우리는 무엇을 위해서 살아가고 있는가.

더 나아가 예수께서는 그의 일생의 마지막 1주일을 자신의 전도사역을 완성하기 위해서, 자신의 모든 것을 다 희생하여 참 생명의 열매인, 영생을 우리에게 선물로 주시기 위해서 십자가의 길을 걸으셨다. 우리는 바로 우리를 위해 자기 몸 버리신, 예수처럼 살아가야 한다.

38예수께서 그들에게 말씀하셨다. "가까운 여러 고을로 가자. 거기에서도 내가 말씀을 선포해야 하겠다. 나는 이 일을 하러 왔다." 39예수께서 온 갈릴리와 여러 회당을 두루 찾아가셔서 말씀을 전하고, 귀신들을 쫓아내셨다.

제자들의 요구에도 불구하고, 예수께서는 다른 여러 곳에서 선포활동을 하는 데 따라 오라고 제자들에게 촉구한다. 39절은 온 갈릴리의 회당에서 활동하신 일을 요약해서 진술한 것이다. 예수는 전도하시고

귀신을 내쫓으셨다. "회당은 디아스포라 유대교에서 선교사들을 위한 좋은 거점이었다. 중심지인 도시로부터 그 주변지역으로 옮겨 가는 것은 그리스도교적 선교 활동에 일치한다고 추측할 수도 있을 것이다. 갈릴리는 예수께서 선포활동을 한 지역이다. 귀신축출은 그의 선교를 확증해준다". 그럼에도 불구하고 38절에서 예수께서는 자신이 오신 이유가 말씀을 선포하시기 위해 오셨다고 말씀하신다. 여기서 예수께서는 "말씀을 선포해야 하겠다. 나는 이 일을 하러 왔다"라고 말씀하신다. 왜 그렇게 말씀하셨을까요? 왜냐하면 "사람들은 육체적인 치료보다는 영적인 구원이 더욱 필요했기 때문"이다. 그래서 예수께서는 "나는 이 일을 하러 왔다"고 덧붙인 것이다. 예수께서 오신 이유는, 말씀을 선포하는 것, 전도를 위하여 오신 것이다. 위대하신 하나님의 아들, 하나님이셨던 그 분, 곧 예수조차도 전도를 위해 이 땅에 오셨다고 했다. 예수께서 전도를 위해서 일생을 주님께 드리는 삶을 사셨는데, 우리는 무엇을 위해서 살아가고 있는가?

제 8장 마가의 예수와 삶의 중심

막 1.40-45

40 나병 환자 한 사람이 예수께로 와서, 그 앞에 무릎을 꿇고 간청하였다. "선생님께서 하고자 하시면, 나를 깨끗하게 해주실 수 있습니다." 41 예수께서 그를 불쌍히 여기시고, 손을 내밀어 그에게 대시고 말씀하셨다. "그렇게 해주마. 깨끗하게 되어라." 42 곧 나병이 그에게서 떠나고, 그는 깨끗하게 되었다. 43 예수께서 단단히 이르시고, 곧 그를 보내셨다. 44 그 때에 예수께서 그에게 말씀하셨다. "아무에게도 아무 말도 하지 말아라. 가서, 제사장에게 네 몸을 보이고, 네가 깨끗하게 된 것에 대하여 모세가 명령한 것을 바쳐서, 사람들에게 증거로 삼도록 하여라." 45 그러나 그는 나가서, 모든 일을 널리 알리고, 그 이야기를 퍼뜨렸다. 그러므로 예수께서는 드러나게 동네로 들어가지 못하시고, 바깥 외딴 곳에 머물러 계셨다. 그래도 사람들이 사방에서 예수께로 모여 들었다.

본 단락에 대한 독특하고 엉뚱한 가설을 먼저 살펴보자. "이 단락에서 예수께서는 나병환자를 치유한 게 아니라, 예루살렘까지 따라오지 않도록 하기 위해, 완쾌되었다고 그에게 말했을 뿐이며 그렇게 하여 그를 쫓아 보낸 것"으로 생각하는 일군의 학자들(Hirsch, Holtz- mann 등)도 있다.

본문의 구조는 크게 "나병 환자의 행동 vs 그리스도의 다루심"으로 대별된다.

1.1.그는 예수께 왔다. 우리도 필요의식을 느끼고 소망을 가지고 그리스도께 가자-"나병 환자 한 사람이 예수께로 와서" vs 1.2.그리스도께서 동정을 보이셨다-"예수께서 그를 불쌍히 여기시고".

2.1.그는 도움을 간청하였다. 목소리 뿐 아니라 태도도 그의 기도와 기대의 간절함을 드러내 보였다-"그 앞에 무릎을 꿇고 간청하였다". vs 2.2.그리스도의 사랑이 나타났다-"손을 내밀어 그에게 대시고".

3.1.그는 그리스도의 능력을 믿었다-"선생님께서 하고자 하시면, 나를 깨끗하게 해주실 수 있습니다". vs 3.2.그리스도의 능력이 나타났다-"그렇게 해주마. 깨끗하게 되어라"

1. 우리의 기도 방식(40)

-"주님께로 진정으로 나아가는 길 찾기-시간, 공간 선정 또는 초월"

-"무릎을 꿇고 기도하기, 간청하기"

-"〈주님께서 하고자 하시면, 나를 …케 하실 수 있습니다〉라고 선언하기."

우리 각자가 가지고 있는 기도의 방식들을 나누어 볼 필요가 있다.

지금도 우리가 그리스도에 대해 거의 아무것도 알고 있지 못하다는 점이다. 너무나 자주 우리는 주의 사랑을 의심하였다. 우리가 주의 사랑을 의심하는 이유는 우리가 사랑이신 주님을 충분히 알지 못하고 있기 때문이라는 것은 놀랄만한 사실이다.

나병은 그 당시 어떠한 질병이었는가? 나병은 성서와 유대교에서 인간에게 일어날 수 있는 가장 불행한 재액의 하나이다. 나병에 걸린 사람은 몸은 살았으나 죽은 자로 간주되었다(민 12.12). 나병의 치유는 죽은 자의 소생과 같은 것이었다. 나병환자는 부정한 자로 선언되었으며 격리되었다. 레위기 13장 45-46절에 의하면 그는 옷을 찢어 입고 머리를 풀어 헤치고 윗수염을 가리우고 "부정한 사람이오, 부정한 사람이오"하고 외쳐야 한다. 예수의 시대에 나병환자들은 예루살렘을 비롯하여 예로부터 성벽으로 둘러 싸여 있던 도시들에 들어갈 수 없다는 격리 규정이 있었다. 그들은 다른 지역들에는 머물 수 있었지만 홀로 살아야 했다. 나병환자와의 만남은 부정한 일이었다. 정결 예법들은 제의적인 동기를 지녔다. 이스라엘은 야웨를 위해 정결한 백성이어야 했다. 랍비 신학은 나병을 저지른 죄에 대한 신적인 처벌로 간주했으므로 나병환자는 죄인으로 여겨졌다. 쿰란 공동체에서도 "인간을 부정하게 하는 것들의 하나에라도 해당되는 사람"은 받아들여지지 않았다.

나병환자는 육체적 질병의 고통 뿐 아니라 의식(정결법)적인 불결함 그리고 사회로부터의 소외 때문에 불쌍한 실존을 경험했다. 나병은 육체적, 정신적, 사회적 그리고 종교적인 면 등 여러 면에서 고통을 가져왔다. 그것은 죄에 대한 설명으로서의 역할을 하고 있다.

어떤 조건도 없이(선생님께서 하고자 하시면) 그리고 예수의 능력을 의심하지도 않고(나를 깨끗하게 해주실 수 있다) 그는 다만 겸손히 예수께 자기를 고쳐 달라고 간구하였다.

한 나병환자가 겸손하게 예수께 다가왔다. 이는 구약에서 기도하기 위해 하나님께 다가갈 때 취하는 태도였다. 물론 이 나병환자가 예수께 다가왔다는 사실 또한 그가 어느 정도 거룩한 담대함을 가지고 있었음을 나타낸다.

본문 가운데 한 명의 나병환자가 등장한다. 여기서 나병환자는 오늘날 우리에게는, 모든 사람들이 접근을 꺼려하는 대상으로 상징되는 이라고 할 수 있다. 한편으로는 우리 자신의 모습이다. 다른 사람 앞에서 부끄러워하고 창피하게 생각하는 그 무엇을 소유하고 있는 대상이다. 이 사람은 바로 우리 모두를 암시한다.

나병환자에게는 사람들이 싫어하는 그 무엇이 있기 때문이다. 함께 어울림으로 인해서 손해 볼 무엇이 있기 때문인지도 모른다. 그와 함께 어울리면 나도 그 친구와 같은 자로 취급되는 것이 두려워서 일지도 모른다.

여러분은 어떤 한 사람의 친구인 것이 부끄러워본 적이 있습니까? 부모님과 함께 있는 것이 창피하게 느껴본 적이 있습니까? 오늘 우리는 이러한 생각을 모두 훌훌 털어버리고 예수의 모습을 통해서 우리의 삶의 방식을 따르는 귀한 시간이 되시길 소망한다.

예수님은 자신을 즐겨하는 많은 사람들이 모여 있는 곳을 향하여 가지 않으시고 오히려 모든 사람들이 꺼려하는 한 사람이 선 그곳을 향하여 찾아가고 있다. 바로 그곳에 서 있는 사람은 아마도 자신의 모습을 보면서 "나는 왜 이렇게 초라한가? 나는 왜 이렇게 온전한 데가 없는가?"라고 하소연하며 살아가던 인생이었는지도 모른다. 그는 그동안 자신의 나병으로 인하여 소외된 곳에서 머물며, 질병과 가난과 싸워야 했고 학업과 모든 소망도 저버린 삶, 소중한 친구나 사랑하는 파트너와의 이별, 심지어 자신을 낳아준 부모와도 이별한 아픔을 가슴 속 깊이 눈물로 짓는 이라고 할 수 있다.

자신과 관련된 모든 것이 자신의 자랑이라기보다는 부끄러움밖에 모르는, 나병환자와 같은 이 시대의 사람들과 만남을 가져본다. 혹시 여러분 가운데서도 나병환자가 나병이라는 그 하나의 질병으로 인하여 당한 고통처럼, 그 질병이 아니더라도 그와 유사한 자신의 약한 그 무엇, 자신의 부끄러운 그 무엇 때문에 이러한 고통을 당하며 살고 계시지는 않습니까? 영혼의 질병을 앓고 있는 영혼의 나병환자는 없습니까? 바로 그러한 고통을 당하며 살아가고 있는 여러분, 바로 당신을 주님은 찾아오셨다. 예수는 당신과의 만남을 위해서 모든 영광의 자리, 모든 사람들과의 그 무엇을 포기하셨다. 단 한 사람을 위해서 말이다.

우리는 오늘 이러한 소중한 만남의 자리를 함께 목도하고자 한다. 이 자리는, 나병환자가 처음으로 진정한 사랑을 받아보는 자리, 한 사람으로 존귀하게 여김을 받는 자리이기에 소중하다고 볼 수 있다. 성경은 예수께서 나병환자의 질병을 보시며 민망히 여기셨다고 보도하고 있지 않다. 다만, 나병환자 그 사람 자체를 보시며 민망히, 긍휼히 여기셨다고 보도한다. 여기서 민망히 여긴다는 의미는, "with compassion" 이라할 수 있다. 예수가 나병환자인 한 사람과 그 자리에서 함께 모든 감정, 모든 아픔을 나눈다는 것을 뜻한다.

우리는 어떠한 삶을 살아가고 있습니까? 한 영혼을 구하기 위해서 자신의 모든 영광을 버리신 예수와 같은 삶을 살아가고 있습니까? 우리는 순간순간 자신의 친구들과 이웃들의 그 존귀한 대상을 보기보다는, 그 사람에게서 보이는 헛점, 연약한 점, 부끄러워하는 치부라고 칭할 수 있는 그 무엇, 여러 가지 영육의 질병을 보고 상대하기를 거부하는 경우가 많다.

그러나 예수는 오늘 우리의 그러한 시각을 바로 수정하도록 자신의 삶의 표본을 통해서 촉구하고 계신다. 우리는 사람들의 헛점, 좋지 못한 점, 부정적인 면만을 보려고 하는 경우가 많다. 그러나 주님은 한 사람, 한 사람 모두 다 가지고 있는 소중한 면을 발견하고 다시금 그들이 바로 설 수 있도록 도우시며 권면하고 계신다.

나의 영광의 자리보다는 소중한 한 생명의 자리를 택하며... 나의 평안보다는 소중한 한 영혼의 평안을 위하여... 매일 매일 우리의 삶이 드려질 수 있기를 소망한다.

더 나아가 예수는 나병환자에게 손을 대셨다고 했다. 이는 무엇을 말합니까? 나병환자의 아픔을 나의 아픔으로 생각할 수 있는 마음의 실천이다. 그의 상처를 치료하려는 실천이다. 우리는 친구들의 아픔을 도외시하려고 한다. 내가 도울 수 없다는 것 때문에 방치시켜 버리고 있을 때가 많다. 하지만 우리는 내가 도울 수 없더라도 그 친구가 주님을 만날 수 있도록 안내해야 한다. 그에 앞서 먼저 그의 아픔을 함께 나누는 마음이다. 우리는 개인이 속한 신앙공동체 가운데 있는 대상 중 그 누구보다 더한 어려움과 아픔이 있는 대상을 알면서도 무관심이나 방관으로 일관하는 경우가 있다. 우리는 그의 사정을 아는지 모르는지, 그의 아픔을 어루만져 주지도 나누지도 못하고 있다. 우리는 나병환자가 예수를 만날 수 있는 그러한 자리를 마련해야한다. 그곳은 바로 우리 중심의 자리에서 벗어나, 오직 하나님만이 영광을 받으시는 자리를 찾아가는 삶에서 가능하다. 우리는 오늘 예수가 보여주신 삶처럼, 그렇게 살아가야 하리라.

2. 우리의 돕는 방식

*우리가 돕는 방식
- "불쌍히 여기심-환자와 동일한 마음, 긍휼한 마음 가지기"
- "손을 내밀어 만지심-주께서 직접, 간접으로 터치하시는 손길 되기"
- "말씀으로 알려주심-기도, 성경, 환경 속에서 발견하도록 돕기"

우리 개개인이 다른 사람을 돕는 방식이 있다면 자유롭게 나누어 본다.

"불쌍히 여기시고"라는 말은 부정과거 수동형 분사로 쓰였다. 부정과거시제를 강조하기 위해 이 말은 "깊은 연민, 긍휼에 사로 잡혀"

(gripped with compassion)라고 번역되는 것이 더 좋을 것 같다. 예수의 이러한 태도는 인간의 슬픔과 고통에 대한 직접적인 반응이었다. "연민, 긍휼"(compassion)이라는 말은 라틴어에서 온 것으로 헬라어에서 온 "공감"(sympathy)이라는 말과 동일한 뜻을 내표하는 말이다. 실제적인 동정이나 공감을 갖기 위해서 우리는 슬퍼하는 자의 심정과 같은 고통을 겪어야만 한다. 그런데 예수께서 바로 이와 같이 하셨다. "그렇게 해주마"(I will)라는 말은 "이다"(to be)라는 말의 미래시제가 아니다. 헬라어 동사 thelo는 의지의 작용을 표현하는 "원하다" 혹은 "바라다"라는 의미를 갖는다. "깨끗하게 되어라"는 말은 부정과거 수동태 명령형이다. 이 말은 "그대는 (바로 여기서 지금) 깨끗해지라"는 것을 뜻한다. 주님은 나병환자의 믿음을 온전하게 하였다. 그리하여 주님은 보다 큰일을 하셨다. 하나님의 모든 말씀은 능력으로 이루어질 것이다. 창조때에 그러하였고 오늘날에도 역시 그러하다.

여기서 예수님의 반응은 '연민' 아니면 '분노' (Da ff2 r. 사본은 "분노하여, orgistheis"로 되어 있다)이다. 그의 연민은 인간의 곤궁에 대한 것이며(6.35;8.2;9.22), 그의 분노는 악에 대한 것이다(3.5). 분노가 본래적인 것이라면 그 원인은 악한 세력들에 의해 파괴된 창조의 질서에서 (나병환자의 외관에서 확인될 수 있는 바와 같은) 찾을 수 있을 것이다. 그러나 분노와 격앙은 작용하는 기적능력의 표현이기도 하다(7.34; 요 11.34, 38). 손을 내밀어 만지는 것은 유대교적 정결예법의 위반이 아니라 치유능력의 전달이다. 같은 이유에서 환자들이 예수를 만진다는 언급이 자주 나온다.

우리는 하나님의 권능이 하나님의 사랑에 의해 역사된다는 아름답고 도 위로를 받게 되는 진리를 발견한다. 능력이 사랑으로 잘 제어될 때 우리는 안전하게 살아갈 수 있다.

본 이야기는 여러 가지 점에서 구약성서에서 전승된, 나병환자 치유에 관한 두 이야기와는 구별된다. 모세는 하나님에게 소리 내어 간청함으로써 그리고 칠일이라는 기간을 거쳐 미리암을 치유한다(민 12.4-6). 엘리사는 시리아 사람 나아만을 고쳐 주는데, 그는 요단강에서 일곱 번 목욕하지 않으면 안 되었다(왕하 5.8-14). 치유가 하나님의 행위로 지적되고(5.15), "이스라엘에 예언자가 있다는 사실"(5.8)이 나아만에게 알려진다는 점이 중요하다. 본 단락은 엘리사 전승의 배경에서 보아야 한다는 점이 고려될 필요가 있다. 그렇게 보면 예수님은 '카리스마적인 치유 능력을 지닌 종말론적 예언자' 로 생각된다.

3. 우리의 마무리 방식(43-45)

-"아무에게도 아무 말도 하지 말아라": 모든 결과로부터 오는 영광을 겸허하게 주께 돌리기

-"모세가 명령한 것을"-하나님의 규례나 교회의 전통을 소중하게 다루기

-'바깥 외딴 곳에 머물러 계셨다": 매사에 자신을 향하신 하나님의 때를 알고 행동하기

우리가 어떠한 일을 마무리 지을 때 특별히 주안점을 두거나 고려하

는 부분이 있다면 서로 나누어본다.

나병에서 완쾌된 사람은 완쾌된 사실에 대하여 제사장으로부터 확증을 받아야 한다. 여기에 재물이 결부되므로 확증을 받는 장소는 예루살렘의 성전 외에는 없었다.

"아무에게도 아무 말도 하지 말아라"는 제사장에 의해 그 사람이 깨끗하여졌다고 공포될 때까지 유효한 일시적인 금지일지도 모른다. 그러나 예수께서는 종종 침묵을 요구하셨고 그의 참 정체와 기적적인 능력의 선포를 최소화하려 하였다. 왜 예수께서는 이렇게 하셨는가? 어떤 학자들은 예수의 지상에서의 공생애 동안 유대인들이 예수를 메시아로 인정하지 않은 이유를 설명하기 위하여 마가나 다른 복음서 기자들이 이런 침묵하라는 명령을 문학적으로 만들어내어 삽입한 것이라고 주장한다. 이 견해를 "메시아 비밀"이라고 부른다. 즉 예수의 메시아성은 비밀로 감추어져 있었다는 것이다. 보다 더 만족할만한 견해는 예수께서 너무 이른, 혹은 잘못된 대중들의 예수에 대한 반응을 촉진시킬만한 오해를 피하고자 하셨다는 견해이다(11.28). 예수께서는 자기가 선교의 성격을 분명히 밝힐 때까지 자기의 정체가 밝혀지는 것을 원하지 않았다. 그러므로 그가 공적으로 그것을 선포할 때까지를 살펴보면 그의 정체를 가린 베일이 점차 벗겨져 나감을 알 수 있다(14.62; 12.12). 예수께서 행하신 연설은 모세의 율법과 규례를 초월하는 것이었다. 율법으로 인하여 한 나병환자가 예식적으로 깨끗함을 받기는 하였지만 그러나 그 율법은 질병으로부터 사람을 깨끗하게 하거나 내적인 영적 중생을 가져오기에는 무능력한 것이었다.

　치유받은 사람은 그에게 부과된 침묵 명령을 지키기 보다는 오히려 선포자가 된다. 이로써 이 이야기는 새로운 대조를 얻게 되었다. 이제까지 이 사회에서 배척되었던 자가 이제는 기적행위자인 예수님의 명성을 퍼뜨리는 자가 된다. 기적행위자는 외딴 곳으로 물러난다. 그러나 모든 사람들에 의해 발견된다.

　예수는 자신의 전도 사역을 혼자서 감당하지 않았다. 그는 다른 이들과 함께 동역하길 원했다. 여기서도 예수는 자신의 사역의 동반자로 나병환자를 초청했다. 결과적으로 나병환자에게조차도 위임했다. 왜 나병자인 그에게까지 사역을 위임하고 있습니까? 그 중 하나는 그 사역의 시급성과 중요성이라고 볼 수도 있다. 더 나아가 나병환자가 참으로 이 땅에서 소중한 사람이라는 확증을 주는 것이라고 볼 수도 있다. 나병환자로 하여금 자신의 삶의 체험을 제사장, 결국 주변인들에게도 전파하게 된 그 사랑의 역사를 이루셨다.

제 9장 다시 가버나움으로

막 2.1-12

소박한 청원자의 특별한 집요함에서 역사적인 기억이 보존되어 있음을 알 수 있는 이 기적 이야기의 출발점은 가버나움이다. 결어에서의 하나님의 찬양으로 보아 이 이야기의 유대-그리스도교적인 원형을 알 수 있다. 본문에서 예수의 역할은 당시 문화에서 받아들여진 기존 종교 체제의 신학에 도전을 가한다.

1 며칠이 지나서, 예수께서 다시 가버나움으로 들어가셨다. 예수가 집에 계신다는 말이 퍼지니, 2 많은 사람이 모여들어서, 마침내 문 앞에 조차도 들어설 자리가 없었다. 예수께서 그들에게 말씀을 전하셨다.

2장 1절에 예수께서 계신 집은 1장 29절에 나오는 그 집과 동일하다고 가정할 수 있을 것이다. 예수의 귀환에 대한 소식은 많은 사람들로 하여금 다시 문 앞에 모여들게 한다. 자리가 부족하다. 당시 가옥의 구조나 크기는 어떠했는가? 가버나움에 있던 일반적인 집의 크기는 약 오십 명의 사람이 서로 아주 밀착되어서 있을 정도밖에 되지 않았을 것이다(굴을 파서 지은 집의 가장 긴 쪽의 길이는 5.4미터였다). 그러므로 우리는 문자적으로 온 동네가 집 안 혹은 집 바로 밖에 모여 있다고 생각해서는 안 된다.

3그 때에 한 중풍병 환자를 네 사람이 데리고 왔다. 4무리 때문에 예수께로 데리고 갈 수 없어서, 예수가 계신 곳 위의 지붕을 걷어내고, 구멍을 뚫어서, 중풍병 환자가 누워 있는 자리를 달아 내렸다.

중풍병자를 데려온 사람들은 예수께 가까이 다가갈 수가 없었다. 예수께서는 집안에 계셨고 그 집의 지붕은 얇았다. 그러나 그 사람들은 그들의 고통받는 친구가 어떻게 해서든 예수를 보도록 해야 한다고 굳게 결심하였다. 그래서 이들은 밖에 있는 계단 혹은 사다리를 올라가 지붕을 벗긴 다음 병자가 누워 있는 침상을 달아 내렸다.

네 사람에 의해 자리에 뉘여 운반된 이 환자의 이송이 선교 장면 속으로 들어오게 된다. 이 네 사람을 1장 16절 이하의 제자들과 동일시하려는 것은 전적으로 잘못이다. 크라바토스는 클리네와는 대조적으로 가난한 사람의 침상이다. 많은 사람들 때문에 이 사람들은 꾀를 쓰게 된다. 마가는 지붕을 뚫는 본래적인 의미를 모호하게 했다. 지붕을 뚫는 목적은 환자가 예수에게 도달할 수 있게 하기 위함이다.

여기서 '자리'는 매트리스로 되어 있는 경우가 많았다. 따라서 중풍병자의 친구들은 평상시 그 사람이 누워 있는 침대를 그대로 들어서 그를 데리고 왔을 것이다. 지붕에는 집 바깥의 계단을 통해 올라갈 수 있었으며, 그래서 그들은 방해받지 않고 지붕에 올라갈 수 있었다. 단층짜리 집의 지붕은 그 위에서 걸어 다닐 수 있을 만큼 튼튼했지만, 보통 지붕의 뼈대 위에 나뭇가지들과 골풀 줄기를 얹은 다음 마른 진흙으로 덮은 것이었다. 그래서 지붕을 파낼 수 있었다.

예수께서는 그들의 실천적인 동정심에 감동을 받으셨다. 이들이 중풍병자를 데려오지 않았다면 그 사람은 필시 죽을 때까지 중풍병자로 지냈을 것이기 때문이다. 이 병자에게 건강과 힘을 회복시켜 준 것은 주님의 능력과 뜻에 대한 이들의 믿음이었다. 예수께서는 이들의 믿음에 깊은 인상을 받으셨다. 이들이 바란 모든 것을 얻게 만든 것은 바로 이들의 그러한 믿음이었다.

중풍병은 암처럼 고통스럽지 않고 나병처럼 역겹지 않으며 콜레라처럼 치명적이지 않다. 그러나 환자로 하여금 철저히 무력하게 만드는 병이다. 그러나 육적인 중풍병보다는 우리 크리스천들이 종종 앓는 '영적 중풍병'이 심각한 질병이다. 영적 중풍병에 걸려 결코 죄를 노려보는 일이 없고 활기도 없고 종교적 결단의 능력도 없이 지내는 사람들이 있다. 영적 무관심에 빠져 너무 무기력해서 스스로 그리스도를 찾지 못하는 사람들을 그리스도께 데려오는 것이 교회의 사명이다.

네 사람들에 대해 무디(D. L. Moody)는 다음과 같이 이야기한다. 자신들의 영향력을 합하여 친구들을 그리스도께로 데려오려고 하는 이같은 네 사람들을 얻을 수 있다면! 무디는 이같이 영향력을 하나로 모으면 거의 언제나 한 사람을 그리스도께 데려올 것이라고 말한다. 그 말은 일리가 있다. 한 사람이 아침에 일어났는데, 아내가 눈물을 흘리며 간절한 목소리로 이렇게 말하는 것을 듣는다고 생각해 보자. "여보, 저는 당신 영혼이 몹시 걱정스러워요." 그 다음에 아래층으로 내려가다가 딸을 만났는데, 딸이 아버지의 개심을 위해 기도하고 있다고 말한다. 아침 식사 후에 아들이 문앞까지 따라오면서 말한다. "아버지, 아버지가 그리스도인이면 좋겠어요." 사무실에 도착했더니 가장 믿을 만한 사업상 동료가 전화를 걸어 그리스도께 복종하라고 이야기한다. "그 사람은 아마도 그 날로 그리스도께 복종할 것이라"고 무디는 말한다.

한 동료를 그리스도께 데려온 네 사람들처럼, 우리에겐 이러한 귀한 사역을 할만한 사람이 몇이나 있는가? 우리도 이 기간 동안에 이러한 위대한 사역을 시도해 보자. 평소에 꼭 찾아가보고 싶었던 대상이 있다면 이 시간에 나누어 보자.

-. 동행할 사람들:
-. 찾아갈 대상:
-. 찾아가는 방식:

기도한 이후에 꼭 찾아가 보자. 직접 찾아갈 수 없는 상황이라면, 전화로라도, 편지로라도 심방해 보자.

이 사람이 극단적인 마비상태에 있었다는 것은 그 사람이 자리에 누워 있고 다른 사람들이 침상을 들고 다녔다는 사실에서 명백히 나타난다. 그것은 전혀 움직일 수 없는 경우였다. 죄인의 본래 영적 상태는 그와 같이 전적으로 무력한 것이다.

이 기사 전체를 통해서 우리 주님은 죄를 고통과 연결 지으신다. 죄를 없앤다면 의사라는 직업이 필요 없게 될 것이다. 주교 워즈워스(Bishop Wordsworth)가 이야기하듯이 "몸이 천사의 건강과 아름다움을 누릴 것이다." 그리스도께서는 중풍병자를 치료받게 하기 위해 데려온 사람들의 믿음을 전지하신 능력으로 분명히 보셨듯이 중풍병자의 영혼의 고통도 확실하게 보셨다. 또한 주께서는 이 중풍병자가 얼마나 낫기를 고대하며 그리스도를 신뢰하고 있는지도 아셨다.

5예수께서는 그들의 믿음을 보시고, 중풍병 환자에게 "이 사람아! 네 죄가 용서받았다" 하고 말씀하셨다. 6 율법학자 몇이 거기에 앉아 있다가, 마음속으로 의아하게 생각하기를 7 이 사람이 어찌하여 이런 말을 한단 말이냐? 하나님을 모독하는구나. 하나님 한 분 밖에, 누가 죄를 용서할 수 있는가? 하였다. 8예수께서, 그들이 속으로 이렇게 생각하는 것을 곧바로 마음으로 알아채시고 그들에게 말씀하셨다. "어찌하여 너희는 마음 속에 그런 생각을 품고 있느냐? 9 중풍병 환자에게 '네 죄가 용서받았다' 하고 말하는 것과 '일어나서 네 자리를 걷어서 걸어가거라' 하고 말하는 것 가운데서, 어느 쪽이 더 말하기가 쉬우냐? 10그러나 인자가 땅에서 죄를 용서하는 권세를 가지고 있음을 너희에게 알려주겠다." -예수께서 중풍병 환자에게 말씀하셨다.

구약성경에서는 질병과 죽음을 인간의 죄악된 조건의 결과라고 보았다. 그리고 치료는 하나님의 용서 위에서 예고되었다(예, 대하 7.14; 시 41.4; 사 19.22; 렘 3.22; 호 14.4 등). 이것은 질병의 각각의 경우에 해당하는 죄가 있다는 것을 의미하는 것은 아니다(눅 13.1-5; 요 9.1-3). 예수께서는 단순히 이 사람의 육체적 상황이 근본적으로 영적인 원인을 가지고 있다는 것을 보여 주었을 뿐이다.

5절의 예수의 말씀에 대해, 곁에 섰던 사람들은 틀림없이 속으로 이렇게 말했을 것이다. 7절처럼, '이 사람이 어찌하여 이런 말을 한단 말이냐? 하나님을 모독하는구나. 하나님 한 분 밖에, 누가 죄를 용서할 수 있는가? 하였다.

복음서 중에서 오직 마가의 이곳에서만 죄의 용서가 인자이신 예수께 속하여 있다는 것을 명백하게 기록하고 있다. 이들은 하나님만이 죄를 사하실 수 있다는 것은 알았으나 "이 사람"이 바로 하나님이시라는 것을 알지 못하였다. "내가 네게 말한다. 일어나서, 네 자리를 걷어서 집으로 가거라"(2.11). 전에는 손이나 발을 쓰지 못했던 사람이 일어났다. 이것은 신체의 하반신 근육을 부분적으로 사용할 수 있게 되었다는 것을 의미한다. 그 다음에 이 사람이 상을 가지고 나갔다. 이것은 신체의 상반신 근육을 힘있게 사용할 수 있게 되었다는 것을 뜻한다. 마침내 그 사람이 자기 집으로 갔다. 이것은 그 사람이 모든 근육의 힘을 지속적으로 사용할 수 있게 되었다는 뜻이다.

이 사람의 영혼과 신체의 회복은 완전한 것이었다. 이 사람의 조금 전의 모습과 지금의 모습이 얼마나 큰 대조를 이루는가! 신체는 건강해지고 영혼은 기쁨에 차있다. 하나님의 사죄하시는 은혜를 믿음으로 받은 죄인들만이 이 사실을 안다(시 32.1; 103.1-5).

죄는 성전에 제물을 드림으로 사함을 받았다. 유대교는 하나님만이 죄를 사하실 수 있다고 가르쳤다. 하지만 대부분의 유대인은 일부 하나님의 대리인이 하나님을 대신해서 말할 수 있다는 것을 인정했다. 하나님의 이름을 참람하게 하는 것-그 이름을 손상시키는 것-에 대한 구약의 형

벌은 사형이었다(레 24,10-23). 그 이후의 유대교 가르침에 의하면, 참람함에는 하나님의 이름을 소리내어 말하는 것과 사람들에게 다른 신을 쫓으라고 권하는 것도 포함되었다. 유대 교사들은 하나님만이 궁극적으로 죄를 사하실 수 있다는 것을 알았다. 하지만 그들은 치유가 궁극적으로 하나님으로부터 온다는 것 역시 인정했다. 둘 다 하나님께로부터 오는 것이지만, 하나님의 뜻에 따라 행동하는 하나님의 대행자를 통해 선포될 수 있었다. 요세푸스는 예수님 당시 많은 거짓 선지자들이 기적을 행한다고 주장하면서 실제로는 그것을 행한다고 주장하면서 실제로는 그것을 행하지 못했다는 것을 보여 준다. 예수를 비판하는 사람들 중 일부는 예수를 이러한 부류의 사람들 중 하나로 치부했을 가능성이 높다.

예수께서는 중풍병자에게 일어나 네 상을 들고 집으로 가라고 명령하셨다. 여기서 일어나라는 것은 어떤 의미를 갖는가? 들고 집으로 가라는 것은 어떠한 의미가 함의되어 있는가?

"일어나"는 그의 믿음을 시험하는 것이다.
"들고 집으로 가라"는 순종하라는 요구이다.

그 사람은 예수를 비판하는 자들을 포함하여 모든 사람들 앞에서 곧 그렇게 할 수 있었다. 그들은 그가 하나님의 용서를 받았다는 것을 인정하지 않을 수가 없었다. 이것은 예수께서 행하신 구원의 특징 즉 전인격을 치료하신다는 것을 보여 주었다. 모든 사람들이 예수께서 초자연적인 힘을 보여주신 것 때문에 놀라고(엑키스타스다이, 문자적으로는 "넋이 나가다"의 의미, 3,21; 5,42; 6,51) 하나님을 찬양하였다(하나님께 영광을 돌렸다).

제 10장 세리와 죄인들의 친구

막 2.13-15

13예수께서 다시 바닷가로 나가셨다. 무리가 모두 예수께로 나아오
니, 그가 그들을 가르치셨다. 14예수께서 길을 가시다가, 알패오의 아
들 레위가 세관에 앉아 있는 것을 보시고 말씀하셨다. "나를 따라오너
라." 레위는 일어나서, 예수를 따라갔다. 15예수께서 그의 집에서 음식
을 잡수시는데, 많은 세리와 죄인들도 예수와 그의 제자들과 한 자리에
있었다. 이런 사람들이 많이 있었는데 그들이 예수를 따라왔던 것이다.
16 바리새파의 율법학자들이, 예수가 죄인들과 세리들과 함께 음식을
잡수시는 것을 보고, 예수의 제자들에게 말하였다. "저 사람은 세리들
과 죄인들과 어울려서 음식을 먹습니까?"

예수께서는 가버나움에서 네 사람이 메고 온 한 전신이 마비된 자를
고치고 그가 죄를 용서받았다고 선언했다. 이것이 하나님을 모독한 죄
가 되었다. 주님께서 고난을 받으시고 십자가에서 완성하신 그 용서로
인하여 오늘 우리에게 용서가 있다. 주님은 우리가 먼저 용서할 때, 주
께서도 용서하시리라고 말씀하시기도 했다. '용서' 는 다른 그 어떠한
일보다도 어려운 것이지만, 이것처럼 우리의 삶을 놀랍게 바꾸고 생명
을 주는 것은 없는 것 같다. '용서' 의 주체로 서보자. 그렇다면 어떻게
용서하심을 실천할 수 있을까?

2장 13절은 장면의 변화를 서술함으로써 새로운 이야기가 시작됨을 제시한다. "예수께서 다시 바닷가로 나가셨다"는 구절에서 다시(palin)는 예수께서 1장 16절과 같은 장소인 갈릴리 바다로 다시 갔음을 시사한다. 거기서 그가 네 어부를 제자로 불렀듯이 레위가 세관에 앉아 있는 것을 보고 그에게도 "나를 따르라"(akolouthei moi)고 한다. 그에 대하여 레위는 즉각적으로 일어나 예수님을 따른다.

예수께서는 가버나움을 통과하는 한 길에서 세리인 레위를 그의 제자로 부르셨다. 예수께서 가버나움에 머물렀던 집에서 세리들과 죄인들이 먹고 마시고 있었다. 이러한 소외자들과 교제한다고 하여 예수께서는 그의 대적자들에게서 비판을 받았다.

그의 활동을 요약하기 위하여 마가는 그의 말을 들으러 계속해서 몰려오는 군중들을 가르치고 있었다고 서술했다. 대부분의 저명한 지역 교사는 정규 제자 그룹을 가르쳤으며, 그들이 사는 성읍에 있는 다른 지역의 예배 의식들을 인도했다. 하지만 많은 제자를 거느리고 있으면서 지역을 초월해서 활동하는 교사들을 잠재적인 혁명가로서 기존 체제를 위협할 수 있었다.

가버나움은 상인들이 다메섹에서 지중해로 가는 도로에 위치한, 세관들이 있는 지역이었다. 레위는 갈릴리 통치자였던 헤롯 안티파스에게 봉사하는 유대인 세금 징수원이었을 수도 있다. 하지만 가버나움 사무실에서 일하고 있었던 것으로 보아, 인근의 중요한 무역로를 통해 수입된 상품들이 가버나움 항구로 들어올 때 관세를 부과하는 세관이었을 가능성이 더 많다. 그는 어부보다도 훨씬 더 안정되어 있고 성공적인 직업을 가지고 있었는데, 예수님의 부르심을 따르기 위해 직업을 버렸다. 예수께서는 자기를 따르고 그의 옛 직업을 버리라는 은혜의 부름을 레위에게까지 확장시켰다(막 1.17-18).

어떤 세금은 로마 정부에 직접 바쳤으나, 통행세 및 세관에서 거두어들이는 세금(보통 2~3 퍼센트 징수되었으나, 여러 지역을 거쳐서 가는 무역상들에게는 더 많이 부과되었다)은 그 세금을 거두어들인 도시를 위해 사용했다. 하지만 레위가 그 지역에 도움을 주는 세관이라 해도, 이 이야기는 그가 여전히 부패한 사람으로 여겨지고 있음을 보여준다. 그 귀족 시 관리는 가난한 유대인들은 아랑곳하지 않고 로마의 이익을 위해 일했다.

"죄인들"이 어떤 죄를 지었는지에 대한 언급도 없다. 다만 이야기 속에서 레위라는 세리가 "죄인과 세리들"을 대표하는 인물이며 그는 또한 병든 자와 죄인들과 같은 부류에 속하는 인물임을 암시받는다.

세리는 로마의 앞잡이로 여겨졌으며, 종교인의 경멸을 받았다. 여기서 '죄인들'이라는 용어는 아마도 종교적 공동체가 자신들에 대해 어떻게 생각하든 상관하지 않는다는 듯이, 종교적으로 살기보다는 죄된 삶을 사는 모든 사람을 언급할 것이다.

잠시 후에 레위는 예수와 제자들을 위해 만찬을 베풀었다. 많은 세리들(레위의 전 동료들)과 '죄인들' -엄격한 바리새인들의 표준을 지키지 않았던, 바리새인들에 의해 율법에 무식한 자들이라고 간주되었던 보통 사람들에 대한 기계적 용어-이 예수와 함께 식사하고 있었다. 예수와 제자들이 그들과 함께 식사를 하는 것은(신뢰와 친교의 표현) 바리새인들인 율법선생들을 화나게 만들었다. 팔레스틴에서 가장 영향력 있는 종교 당파인 바리새인들은 모세 율법에 깊이 헌신한 사람들이었다. 바리새인들은 예수님을 분리주의자가 아니라는 이유 때문에 그리고 "의인"(자칭)과 "죄인들" 사이의 거룩한 구분을 준수하지 못했다는 이유로 비판하였다.

팔레스틴 유대교에 있어서 무엇보다도 큰 관심거리는 거룩함/속됨, 정결함/부정함, 정상/비정상에 관한 공해(pollution) 이념이었다. 속되거나 더러운 것, 그리고 비정상적인 것은 모두 정치적, 종교적, 사회적 공해로 간주하여 배격하였다. 그런 범주에 속하는 이들은 부정한 계층이나 소모품 계층의 사람들로 간주되어 정상적인 기존 사회에서 엄격하게 분리되었다. 예수는 그러한 공해 이념을 무너뜨린다.

한 주간 동안 어떤 연유이든지 간에 우리가 함께 식사하기에 가장 곤란한 대상들을 머릿속에 그려본다. 우리의 가정과 일터와 친인척과 공동체 내에서 함께 식사를 한번 나누어보는 여유를 찾아보자. 또는 그들을 찾아가 보자. 그들과 함께 머물러 보자. 가능하다면 그들과 함께 식사를 하자. 주님은 오늘 우리에게 그것을 기대하신다.

바리새인들은 음식을 먹는 것에 대해 그들이 정해 놓은 특별한 규칙을 특히 세심하게 따랐으며, 그것에 대해 덜 세심한 사람들, 특히 세리와 죄인들 같은 사람들과 같이 먹는 것을 싫어했다. 여기서 그들은 예수님이 지혜로운 교사이므로, 그들과 같은 종교적 확신을 가져야 한다고 생각했다.

제 11장 모든 자리의 주인으로 살아가는 삶

막 2.16-17

2.16 바리새파의 율법학자들이, 예수가 죄인들과 세리들과 함께 음식을 잡수시는 것을 보고, 예수의 제자들에게 말하였다. "저 사람은 세리들과 죄인들과 어울려서 음식을 먹습니까?"

바리새파의 율법학자들이 예수께서 죄인들과 세리들과 함께 음식을 잡수시는 것을 보고 직접 말하지 않고, 예수의 제자들에게 말하였을까요?(16절)

우리는 그 이유를 두 가지로 생각해 볼 수 있다.

첫째, 바리새파 사람들이 직접 예수께 질문하지 못한 이유는 그들은 2장 1-12절에서 이미 서기관들의 비평을 압도하는 예수님의 권위가 밝히 드러났기 때문일 것이다. 만일 그렇다면, 예수에 대한 자신들의 두려움이 직접적으로 예수의 권위의 경외감을 증폭시킬 것이기 때문이다.

둘째, 제자들에게 그들의 스승인 예수께서 율법의 규례를 무시하는 것을 일깨워 줌으로써 스승에 대한 그들의 충성심과 존경심이 손상되기를 바랐기 때문이었을 것이다.

"식탁 친교는 참여하는 사람들이 친밀한 관계임을 나타낸다. 바리새인들은 음식을 먹는 것에 대해 그들이 정해 놓은 특별한 규칙을 특히 세심하게 따랐으며, 그것에 대해 덜 세심한 사람들, 특히 세리와 죄인들 같은 사람들과 같이 먹는 것을 싫어했다. 여기서 그들은 예수님이 지혜로운 교사이므로, 그들과 같은 종교적 확신을 가져야 한다고 생각했다. 예수님은 자신의 주장을 분명히 하기 위하여 당시에 흔한 이미지를 사용하여 대답하신다".

그리스도께서는 죄인들에게 특별히 강한 호소력을 가지고 있었다. 그것은 오늘날도 마찬가지이다. 스웨트(H.B.Swete)는 이 말에 대해 "복음서에서 아콜루테인, Akolouthein은 대개 도덕적 감화력을 의미한다"고 말한다.

뉴욕 맨하탄에서 지하철에 탔을 때, Subtalk 〈MTA〉, NY, NY이라는 지하철 내부의 한 광고문구가 매우 공감이 갔다.

"He may be without a home, but he's not without help." (그가 집이 없을 수는 있으나, 도움이 없을 수는 없다)

바리새파의 서기관들이 제자들에게 질문하는 것을 들으신 예수의 대답은 무엇이었습니까?(17절)

17 예수께서 그 말을 들으시고 그들에게 말씀하셨다. "건강한 사람에게는 의사가 필요하지 않으나, 병든 사람에게는 필요하다. 나는 의인을 부르러 온 것이 아니라 죄인을 부르러 왔다."

예수의 들으심은 서기관들의 보는 것과 일치한다(16절). 예수께서 주도권을 취하신다. 그는 제자들이 그 질문에 대답하도록 기다리지 않으신다. 그는 직접적으로 무리들에게 하지 않고 서기관들에게 진술하고, 자신의 행동을 변호하신다("I did not come to call righteous people, but [I came to call] sinners.").

당신은 자신을 의인이요, 건강한 자라고 생각하십니까?
만일 그렇다면, 그렇게 생각하시는 이유는 무엇입니까?
또는 당신은 자신을 죄인이요, 병든 자라고 생각하십니까? 만일 그렇다면, 그렇게 생각하시는 이유는 무엇입니까?

왜 예수님은 의인을 배제하고 죄인만을 부르러 오셨다고 말씀하시는가? 자기 자신을 의롭게 여기는 사람들은 예수를 통해서 주시는 하나님의 은혜를 거절하는 것이고, 결국은 구원의 대열에 끼일 수 없게 되는 것이다. 예수께서는 제자들에게 모범을 보여주셨다. "나는 너희보다 더 거룩하다"는 태도를 가지고 사람들과 어울리지 않는 자들은 죄인들을 구원할 수 없다. 그러므로 그리스도인들은 그리스도에게로 인도하기 위해서 모든 사람들과 어울려 지내야 한다.

예수께서는 바리새파 사람들의 생각을 정확하게 간파하시고 그들의 표현을 빌려 대답하셨다. 예수께서 언급하신 용어인 '의인'과 '죄인'은 그 대상이 따로 정해져 있는 것이 아니라, 자신을 스스로 의인이라고 간주하는 사람은 여기서 말하는 의인의 자리에 놓이게 되고, 자신을 스스로 죄인이라고 간주하는 사람은 죄인의 자리에 놓이게 된다. 이것은 그 자신이 율법적 삶을 어떻게 살았느냐에 달려 있기 보다는 자신과 주님의 관계를 정확하게 볼 수 있는 눈이 있느냐의 유무에 달려 있다.

예수께서는 잘 알려진 격언(그의 반대자들에 의해서도 타당한 것으로 인정된)과 그의 행위를 옹호한 그의 선교에 대한 진술을 가지고 그들의 비판에 대답하였다. 의인이라는 말은 이상하게도 자신들을 의롭다고 본 사람들 즉 바리새인들을 언급하기 위하여 사용되고 있다(눅 16.14-15). 그들은 회개하고 믿을 필요가 없었다(막 1.15). 그러나 예수께서는 의인을 포함한 모든 사람이 죄인이라는 것을 알고 있었다. 그는 죄인들 즉 겸손하게 그들의 곤경을 인정하고 그의 은혜스러운 용서를 받아들이는 사람들을 하나님 나라로 부르기 위하여 세상에 오셨다. 이것이 바로 예수께서 죄인들과 식사하신 이유였다(2.5-11, 19-20).

의인과 죄인의 구별은 풍자적인 의미를 지닌 게 아니라 적대자들의 사고방식에 부합된 것이다. 이것과 아주 유사한 문구가 누가복음 15장 7절과 18장 9절에 나온다. 의인들이나 혹은 스스로 의롭다고 생각하는 자들이 배제된다는 말은 없다. 결정적으로 중요한 것은 초대에의 부름이 이제 죄인과 배척된 자들에게 주어진다는 것이다. 이 초대는 구원의 때의 식사에 관련되는데, 세리들과의 식사는 구원의 때의 식사를 선취적으로 보여준다. 만찬의 주인은 예수이며 레위는 부름받은 "죄인"을 구체적으로 나타낸다.

여러분, 우리가 만찬에 초대받을 때, 그곳의 주인은 누구인가? 우리는 일상적으로 초대를 한 주인을 생각한다. 그러나 주님은 언제나 초대를 받아 가셨어도 그 만찬의 자리의 주인이 되셨다. 그것은 주님이 특별한 분이셨기 때문에 그랬던 것인가? 단지 그것만이 아니다. 주님은 언제나 의인, 죄인으로 구별짓지 않으시고 모든 사람들을 진심으로 포용하여 주셨기 때문이다. 우리가 어느 자리에 서든지 간에 우리가 그들을 포용할 수 있는 넓은 마음을 가질 수 있다면 그것으로 인하여 만찬의 주인이 될 수 있다. 우리 모두 그러한 넓은 포용력, 깊은 배려를 갖추고 인생을 멋지게 살아갈 수 있으리라.

바리새인의 서기관들이 예수의 식탁친교에 대해서 제자들에게 힐난할 때 그들은 자신들을 어떻게 생각하고 있는 것 같습니까?

여기서 주목할 점은 우리가 누군가를 힐난할 때, 평가할 때 우리 자신은 의인의 자리에 올려놓고 상대방을 죄인으로 간주하는 것을 보게 된다. 우리는 늘 이것을 경계해야 한다. 성숙한 신앙생활을 유지하기 위해서는, 서로의 다른 점과 다양성을 존중하고 포용할 수 있는 넓은 아량과 깊은 배려가 요구된다.

우리 삶의 목표나 범주를 너무 제한할 때가 많다. NH 농협(' 08.4)의 한 광고 문구에 다음과 같은 글이 실려 있었다.

"여기까지가 목표라는 생각, 그 생각을 넘어서야 더 큰 세상을 만날 수 있습니다. 생각의 크기를 키워라."

마라토너들이 긴 42.195km의 마라톤 코스를 쉬지 않고 달리면서 사막에서 오아시스를 만난 여행자처럼 달콤한 휴식을 누릴 때가 있습니다. 마라토너들은 그것을 ‘러너스 하이’(Runner’s High)라고 부릅니다.

처음 달리기를 시작해서 한 5분간 달리면 서서히 호흡이 가빠지고 피로가 몰려오기 시작합니다. 그 상태가 계속 지속되면 뇌에서는 그만 멈추고 휴식을 취하라고 우리 몸에게 명령합니다. 하지만 뇌의 명령을 어기고 계속해서 휴식 없이 30여 분을 달리기 시작하면 신기한 현상이 일어납니다. 팔과 다리가 가벼워지기 시작하면서 피로감이 사라지고 새 힘이 솟아나게 됩니다. 그 힘으로 마라토너들은 먼 길을 완주할 수 있는 것입니다. 그런데 조건은 너무 지나치거나 부족하면 그 ‘러너스 하이’에 이르는 행복감을 느낄 수가 없다는 것입니다. 오늘 우리의 삶이 조금은 힘겹다고 느낄 때, 멈추지 말고 이겨 내면 마음의 ‘러너스 하이’를 느낄 수 있지 않을까요? - 윤기윤, “러너스 하이,”『산소 편지: 마음으로 보는 맑은 세상』중에서

제 12장 금식을 넘어선 금식

막 2.18-20

18요한의 제자들과 바리새파 사람들은 금식하고 있었다. 사람들이 예수께 와서 물었다. "요한의 제자들과 바리새파 사람의 제자들은 금식하는데, 왜 선생님의 제자들은 금식하지 않습니까?" 19예수께서 그들에게 말씀하셨다. "혼인 잔치에 온 손님들이, 신랑과 함께 있는 동안에 금식할 수 있느냐? 신랑을 자기들 곁에 두고 있는 동안에는 금식할 수 없다. 20그러나 신랑을 빼앗길 날이 올 터인데, 그 날에는 그들이 금식할 것이다."

위 본문에는 금식을 하고 있는 부류와 금식을 하지 않고 있는 부류, 두 부류가 등장한다. 왜 동일한 상황에서 다른 행동을 취하고 있을까? 진정으로 금식이나 금식기도는 어떠한 자세가 되어야 할까?

율법은 속죄일에만 금식할 것을 요구했다. 하지만 종교적인 유대인들, 특히 바리새인(그들 중 많은 사람은 특히 건기에 물도 마시지 않고 일주일에 두 번씩 금식했을 것이다)들은 다른 금식들을 추가했다. 금식은 기도 혹은 참회와 함께 행하는 중요한 관행이었다. 그러므로 제자들(장차 랍비가 될 사람들)이 금식을 완전히 회피했다면 이상한 일이었을 것이다. 교사는 자기 제자의 행동에 대해 책임을 져야 했다.

결혼 잔치 때는 칠 일 동안 잔치를 벌려야 했다. 이 기간에는 금식을 하거나, 다른 애도 행위에 관여하거나, 힘든 노동을 해서는 안 되었다. 여기서 예수께서는 자신이 계실 때 금식하는 것은 이와 비슷하게 부적절한 것임을 유추로 말씀하신다.

금식하고 있던 사람들은 누구인가?
금식하는 이유는 무엇인가?

일반적으로 유대인들과 특별히 바리새인들은 습관과 일상적인 일과로서 종교적 의식을 행하는 버릇이 있었다. 이들의 종교적 체제에서는 수많은 예식과 의례를 이행해야 했다. 그래서 이들은 사람에 대한 그리고 자신들의 창조주에 대한 의무를 면제받는 근거로서 이 예식과 의례들을 외적으로 지키는데 관심을 갖게 되었다. 예수께서는 이런 모든 행태가 전혀 가치 없고 근본적으로 위선이라고 가르치셨다.

금식하지 않고 있던 사람들은 누구인가?
금식하지 않은 이유는 무엇인가?

예수께서 자기 제자들이 금식하지 않는 이유는 금식이 제자들의 마음 상태와 일치하지 않기(2.19) 때문이라고 가르치신다. 참된 금식, 곧 하나님께서 인정하시는 금식은 슬픔의 결과이며 표시이다. 그리스도의 제자들은 기쁘고 행복해서 잔치를 베풀고 있었다. 그래서 이 때는 금식하지 않는 것이 제자들 마음에 대한 솔직한 표현일 것이다.

제자들 편에서 볼 때, 그리스도의 임재에 대한 의식은 언제나 지극히 고상한 기쁨과 연결되어 있다. 결혼식은 지극히 빛나고 가슴 벅찬 기쁨의 시간이다. 그리스도께서 주님의 제자들이 그리스도의 임재 속에서 경험하는 기쁨을 가리키기 위해 여기서 사용하시는 비유가 바로 이 결혼식의 행복이다.

금식은 어떤가? 금식은 기독교에 속한 것인가? 그렇다고 우리는 생각한다. 그리스도께서는 제자들에게 자기가 사라질 때는 금식을 해야 한다고 선언하셨다. 예수께서는 지상 사역을 시작하실 때 오랜 기간 금식하셨다. 또 기도와 구제에 대해 말씀하시듯 금식에 대해서도 동일한 말씀을 하신다. 금욕을 반대하는 그럴듯하게 포장된 주장은 우리 시대의 큰 잘못이다. 기독교의 건전한 금욕을 받아들일 때, 우리가 몸을 가장 중요하게 여기고 있다는 것을 안다면, 즉 우리의 중요한 감정이 몸의 방종으로 질식당하고 있다는 것을 안다면, 우리는 몸을 향하여 진정으로 이렇게 말할 수 있을 것이다. "내가 내 몸을 쳐 복종하게 한다"(고전 9.27). 우리는 오늘날의 경건에 깊이와 풍성함이 결여되어 있는 것을 느낀다. 혹독한 훈련을 감당하기로 동의하지 않는 한 우리의 경건은 달라질 수 없다! 단순히 은혜만을 구하고 걸핏하면 감정 때문에 눈물짓는다면 가벼운 그리스도인은 될지언정 진정한 그리스도인은 되지 못한다.

사람이 자기 속에 참된 것을 덜 가지고 있으면 있을수록 그만큼 더 다른 사람을 의심하고, 악의 영향을 받으면 받을수록 언제나 가면을 쓰고 어두운 데서 다른 사람을 해치는 경향이 그만큼 많다는 것이 사실이다. 반면에 진리의 적을 의심하고 따질 때 진리에 대한 관심이 생기는 경우가 종종 있다. 쇠가 부싯돌과 부딪혀 불꽃을 일으키듯이 오류는 종종 진리의 잠재적인 에너지를 끌어내곤 한다.

바리새인처럼, 자신이 금식을 하면서도 자신을 포기하지 못하는 상태로 기도하는 그것이 그에게 어떠한 유익을 줄 수 있을까? 우리가 다시 한번 점검해야 할 부분이다.

이 시대의 세계적인 영성가인 리차드 포스터(R. J. Foster, Prayer)는 자신이 초대받은 한 모임에서 경험한 한 사건을 다음과 같이 소개한다.

"하나님의 성령이 모인 사람 모두에게 고요히 임했다. …(그 모임 가운데 있던 한) 신사가 (자신을 위한 기도를 요청하였다)…순간 우리는 어찌 할 바를 몰랐다. …마침내 한 젊은이가 일어서더니 부드럽게 그의 손을 그 사람의 어깨 위에 올려놓았다. …이상하게 들릴지 모르지만 그의 기도는 상업 광고방송과 같았다. 그는 당시에 유행했던 네스티 광고를 묘사하였다. 그 광고에는 여러 명의 사람들이 무더기로 땀을 뻘뻘 흘리다가 갈증을 해소하는 듯한 표정으로, "아, 시원해"하며 수영장으로 뛰어드는 장면이 있었다. 그는 이 이야기를 한 후 그 사람에게 같은 식으로 예수님의 품으로 들어오라고 초청하였다. 그러자 그 신사는 갑자기 울기 시작하였다. 그리고는 슬픔과 탄식의 깊은 한숨을 내쉬었다. 우리는 그가 구원의 믿음을 선물로 받고 있는 동안 경건한 마음으로 경이롭게 지켜보았다. 그것은 따뜻하고 은혜로 충만한 순간이었다. …아, 시원해 하며 갈증을 해소하는 듯한 표정으로 예수님의 품에 뛰어든 그 사람의 모습은 포기 기도의 완벽한 예증으로 나에게 다가왔다. 그것이 바로 내가 여러분에게 소개하고 싶은 심상이다."

"포기 기도의 결과는 우리에게 영혼의 만족과 안식을 가져다준다. (여러분이) 예수님의 품에 안겨 완전한 만족과 완전한 안식을 누리게 되기를 소원한다. 당신도 알고 있으리라 확신하지만, 이 모습은 포기 기도의 과정이라기보다는 궁극적인 결과를 보여 준다. 우리에게는 분명한 궁극적인 결과가 필요하다. 그래야 과정에 대처할 수 있는 용기를 얻기 때문이다."

"진정한 포기는 하나님의 방법은 옳고 선하다는 것에 대해 전심으로 그리고 온전하게 하나님과 일치하는 것을 말한다."

"포기의 기도는 진심으로 손을 떼고 잊어버리는 것이다. 하지만 그것은 소망 있는 포기다. 운명론적인 단념이 아니다. 하나님의 성품에 대한 분명한 믿음이 우리에게 격려가 된다. 보이는 상황이 인생의 양탄자 뒷면에 뒤엉켜 있는 실과 같을지라도 우리는 하나님이 선하시고 우리에게 늘 선을 행하신다는 것을 안다. 우리가 포기해야 할 것이 무엇이든지 간에, 결국 우리가 승리자라는 확신을 갖게 되는 근거가 바로 거기에 있다. 하나님은 우리를 더 깊이 들어오라고 초청하시며, 더 높이 올라가라고 권유하신다. 의로운 삶과 변화시키는 힘, 새로운 기쁨과 더 깊은 친교에는 훈련이 있다."

"사실 안정된 평안은 포기의 길을 걸어 본 사람들이 가장 자주 경험하는 은혜이다. … 하나님께서는 왜 무언가를 주시기 전에 먼저 포기하기를 원하시는가? … 종종 우리는 우리가 알고 있는 좋은 것에 너무 집착한 나머지 우리가 알지 못하는 훨씬 더 좋은 것을 받지 못하기 때문이다. 하나님께서는 우리를 위해 예비해 두신 더 좋은 것을 주시기 위해서 우리의 작은 꿈 같은 것을 버리도록 도와주신다. 그러나 이것도 부분적인 대답에 불과하다. 더욱 완전한 대답은 그것을 통해 하나님은 인간의 성품을 변화시키고자 하신다는 것이다. 우리는 포기를 통해 값진 보화를 얻게 된다. 그것은 우리의 의지를 십자가에 못박아 버리는 것이다(갈 2.20).”

단념의 기도를 드리는 예로 샤를르 드 푸꼬(Charles de Foucauld)의 다음과 같은 기도가 있다.

“아버지, 아버지의 손에 제 자신을 맡겨 드립니다. 저를 아버지의 뜻대로 사용하옵소서. 제게 어떤 일을 하시든지 저는 아버지께 감사드립니다. 저는 모든 일에 준비되어 있고 모든 일을 받아들일 각오가 되어 있습니다. 제게, 그리고 모든 피조물 가운데 아버지의 뜻만이 이루어지게 해주시옵소서. 오! 주님, 제가 원하는 것은 이것뿐입니다.”

당신의 마음을 주관하시는 하나님께서 당신이 하나님의 발밑에 내려놓아야 할 것이 무엇인지 일일이 열거하실 때에 순종하라.

함께 기도하자. “오! 주님, 확신이 없을 때 어떻게 포기해야 합니까? 주님의 뜻에 대한 확신도 없고 저 자신에 대한 확신도 없습니다. 그러나 사실 이것은 문제가 되지 않습니다. 진짜 문제가 되는 것은 바로 제가 포기한다는 것 자체를 싫어하는 것입니다. 문제는 바로 그것입니다. …이제 저는 어떻게 해야 합니까? 제가 주재권을 어떻게 포기해야 할까요? 예수님, 제발 저에게 예수님이 포기하신 방법을 가르쳐 주시옵소서. 아멘".

제 13장 새 포도주는 새 부대에

막 2. 21-22

21 "생베 조각을 낡은 옷에 대고 깁는 사람은 없다. 그렇게 하면 새로 댄 조각이 낡은 데를 당겨서, 더욱더 심하게 찢어진다. 22 또, 새 포도주를 낡은 가죽 부대에 담는 사람은 없다. 그렇게 하면 포도주가 가죽 부대를 터뜨려서, 포도주도 가죽 부대도 다 버리게 된다. 새 포도주는 새 가죽 부대에 담아야 한다."

마가는 처음으로 두 개의 예수의 비유를 사용하였는데 둘 다 금식보다는 좀더 폭넓은 연관성을 가지고 있다. 예수께서 자기 백성들과 함께 있다는 것은 새로운 성취의 시기였고 옛 시기가 지나가 버렸음을 의미하였다.

*본문의 구조: 새 옷 조각 vs 낡은 옷(21절)
　새 포도주 vs 낡은 가죽 부대(22절)
　복음의 새로움 vs 낡은 유대 종교

복음의 새로움을 낡은 유대 종교에 결합시키려는 시도는 새롭고, 줄어들지 않은 옷조각을 가지고 낡은(파라이온, palaion, "사용하여 닳아 없어진”) 옷에 붙이려고 하는 것만큼이나 어리석은 짓이다. 새(카이논, kainon, “질적으로 새로운”) 옷 조각(프레로마, “충족”)이 젖게 되면 그것은 수축하여서 낡은 옷조각을 당기게 되어 더 큰 구멍을 만들게 될 것이다. 마찬가지로 새로운(네온, neon, 신선한), 완전히 발효되지 않은 술로 낡은(파라이우스, palaious, “사용하여 낡아빠진”, 탄력성이 없는, 부서지기 쉬운) 가죽 부대에 넣는 것은 위험스러운 일이다. 반드시 새 술이 발효하게(팽창하게) 될 때 가죽 부대를 터뜨릴 것이고 술과 부대를 버리게 될 것이다. 예수를 통하여 얻을 수 있는 구원은 옛 유대 제도와는 혼합될 수 없는 것이었다(요 1.17).

예수께서는 요점을 분명히 설명하시기 위해 두 가지 일상적인 요소를 사용하신다. 낡은 옷들은 세탁을 했기 때문에 이미 어느 정도 줄어들어 있었다. 포도주는 항아리나 포도주용 가죽 부대에 보관할 수 있었다. 그런데 가죽 부대는 늘어날 것이다. 낡은 가죽 부대는 포도주를 발효시키느라 이미 최대한 늘어나 있었다. 그 때 그 가죽 부대 안에 발효되지 않은 포도주를 넣는다면, 그 포도주 또한 부풀어 오를 것이며, 이미 최대한 늘어나 있던 낡은 가죽 부대는 찢어질 것이다.

실천적인 삶의 지혜를 반영하는 이중격언은 불합리한 행동을 제시한다. “아무도 이렇게 혹은 저렇게 하는 사람은 없다”는 말로 시작되는 문장들은 그 밖의 곳에서는 올바른 행동을 제시하거나(막 4.21) 하나의 사태에 대한 근거를 나타낼 때도 있다(3.27). 직조업에서 볼 수 있는 바와 같이 새 헝겊을, 깁는 데 대서 사용하는 것은 부적절하다고 생각된다. 마찬가지로 새 포도주는 낡은 부대를 터뜨린다. 양이나 염소에서

통째로 벗겨낸 가죽이 포도주 부대로 사용되었다. 이중격언의 핵심은 새 것을 사용하려는 것을 경고하려는 데 있다.

예수의 설교에서 새로운 것은 구원의 능력이 발휘되기 시작하며 옛 것과 기존의 것을 의문에 붙이는 하나님 나라에서 가장 잘 확인된다. 그러나 낡은 옷의 상징은 세계의 외곽에 대한 우주적인 표상과 결부되지 않는다. 포도주는 구원의 때의 상징이다. 금식에 대한 질문에 관련해서 이 그림말은 예수가 제자들에게 부여했으며 제자들을 형식주의적 강제에서 벗어나게 하여 사랑으로 해방시킨 새로운 자유를 강조한다. 그러나 이런 관점은 "그러나 새 술은 새 부대에"만 삽입된 마무리 구가 확증해주는 바와 같이 바리새파 사람들과의 대결을 통해 국한된다. 그리하여 교회 공동체의 새로운 금식 관행과의 관련이 이루어진다.

사람에게는 오래된 어떤 형식과 비성서적인 가르침을 기독교와 연결 지으려는 경향이 언제나 있어 왔다. 요한의 이 제자들은 그리스도께서 제자들에게 금식의 관례를 지키라고 명하시기를 원하였다. 사람들은 이와 같은 시도들을 종종 행하였다(마 15:9). 우리는 그러한 경향에 휩쓸려가지 않도록 열심히 싸워야 한다. "새 포도주"를 낡은 부대에 넣으면 포도주가 못쓰게 되고 만다. 영혼을 감싸고 장식할 새 천을 잘라서 낡은 의복에 붙이면 천이 쓸모없게 된다(이에 대한 적절한 적용을 보려면 사 64장 6절; 61장 10절; 고후 5장 17절을 보라).

예수는 자신에게서 행동화되는 하나님의 통치를 새 것으로 비교한다. 그리고 유대적 전통과 구원의 조직을 낡은 것으로 표현한다. 그 새로운 삶은-새 천, 새 포도주로 표현된-낡은 골격이나 낡은 질서와는 어울릴 수가 없다. 새로운 구원의 조직은 전적으로 새로운 변화를 통해서만 가능하다. 그것은 기존적인 골격이나 질서와의 공존이나 타협이 아니다. 새 포도주를 새 부대에 담는 이유는 새 것과 낡은 것이 공존하지 못하기 때문이다. 이 이야기는 기존하는 삶의 질서에 대하여 철저한 회개의 경험-무의 경험-을 가지지 않는 한 하나님의 통치를 현재적 경험으로 가질 수 없다는 사실을 깨우친다. 새로운 구원의 조직은 전적으로 옛 것으로부터의 탈출을 통해서만 경험되는 삶의 실체일 뿐이지 기존적 삶의 안정에 첨가되거나 타협으로 경험되는 것이 아니라는 말이다. 여기서 예수에게서 시작된 새로운 구원의 조직은 기존적인 그것을 뒤집어엎는 전복을 수반함을 지적할 수 있다.

우리는 위 본문에 대한 하나의 오해를 갖고 있다. 새 포도주에 대한 언급을 보면서 마치 새 부대만이 필요하고 낡은 부대는 필요하지 않은 것처럼 간주하는 경향이 있다. 물론 새 포도주에 낡은 부대는 적절하지 않을 수 있다. 그러나 오래된 포도주엔 오히려 낡은 부대 그대로가 적격이다. 따라서 새 부대가 필요한 것처럼 여전히 낡은 부대는 그 부대대로 반드시 필요하다. 아니, 오히려 낡은 부대가 더 소중한 것이라고 할 수 있다. 새 포도주에 담긴 새 가죽 부대는 당장 우리에게 무엇을 줄 수 없다. 다만 훗날 그 포도주는 그 진가를 발휘하게 될 것이다. 많은 시간 잘 보존된 숙성의 결과로 그렇게 될 것이다. 포도주는 숙성 과정에서 밀폐된 용기를 개봉하였다가 닫게 되면, 포도주의 질이 좋을 수 없다고 한다. 우리는 누구나 포도주는 더 오래되면 될수록 값진 포도주가 된다는 것을 안다. 특히 보존 과정을 잘 거친 오래된 포도주일수록 숙성된 그 향이 향긋하고 최상의 맛을 유지하기 때문이리라. 하나님의 자녀된 우리의 삶도 그윽한 향기를 발하는 숙성된 포도주와 같이 신앙의 성숙의 상태로 변화되기까지 신앙의 자세를 견지하면, 최상의 향기를 발하는 멋진 우리 크리스천들이 될 것이다.

여러 해 전 2001년 1월 15일, 한국이 낳은 세계적 여성골퍼인 박세리 선수가 한국의 한 주간 신문과의 인터뷰에서 한 말들이 아직도 기억에 남는다. 후배들에게 한마디 충고해 주고 싶다면 어떤 말을 하겠느냐는 질문에 그녀는 이렇게 답했다. "모든 일에는 때가 있다는 말을 해 주고 싶다. 성장 과정에서는 자기 나이에 맞는 일이 있는 법이다. 일도 중요하지만 젊을 때 연애도 하고 친구들과 어울려 여행도 가고 영화도 보는 게 정상이다. 그런 것들을 제대로 못 누려 본 게 아쉽다." …수많은 사람들이 부러워하는 골프 스타 박세리, 그러나 오늘이 있기 위해서 그녀는 얼마나 많은 삶의 평범한 기쁨을 희생했던가? 시를 읽고 노래를 부르고 친구들과 자연 속으로 돌아다녀야 할 나이에, 그녀는 담력을 기르기 위해 한밤중에 무덤을 가고, 다리 근육을 강화하기 위해 계단을 수없이 오르내리고, 손에 못이 박히도록 고독하게 골프채를 휘둘러야 했다. 무엇이든 대가가 되기 위해선 흘린 땀을 흘려야 하는 법이라지만, 그녀의 가슴 속에는 평범한 소녀의 삶에 대한 부러움이 문신처럼 남아 있었던 것이다.

여러분은 이 글을 읽고 우리의 신앙과 관련하여 무엇이 필요하다고 생각하십니까?

제 14장 안식일을 위한 것인가? 사람을 위한 것인가?

막 2.23-28

23 안식일에 예수께서 밀밭 사이로 지나가시게 되었다. 제자들이 길을 내면서, 밀 이삭을 자르기 시작하였다. 24 바리새파 사람이 예수께 말하였다. "보십시오, 어찌하여 이 사람들은 안식일에 해서는 안 되는 일을 합니까?" 25 예수께서 그들에게 말씀하셨다. "다윗과 그 일행이 먹을 것이 없어서 굶주릴 때에, 다윗이 어떻게 하였는지를 너희는 읽지 못하였느냐? 26 아비아달 대제사장 때에, 다윗이 하나님의 집에 들어가서, 제사장들 밖에는 먹어서는 안 되는 제단 빵을 먹고, 그 일행에게도 주지 않았느냐?" 27그리고 예수께서는 그들에게 말씀하셨다. "안식일이 사람을 위하여 생긴 것이지, 사람이 안식일을 위하여 생긴 것이 아니다. 28그러므로 인자는 또한 안식일에도 주인이다."

바리새파 사람들이 보기에 제자들이 안식일에 해서는 안 될 일을 하였다. 그것은 제자들이 밀밭 사이를 지나갔기 때문에 발생했다. 이 일은 먼저 예수님이 밀밭 사이로 앞서 지나가셨기 때문에 일어난 사건이다. 그렇다면 이 안식일을 범하는 사건의 책임은 누구에게 있는가? 예수신가? 아니면 제자들인가? 예수께서는 제자들로 하여금 의도적으로 범하게 하신 것인가? 이러한 질문은 본문에 대한 자세한 배경 지식이 없어서 발생하는 질문이다. 우리는 여기서 안식일에 할 수 있는 것과 없는 것이라는 구도에서만 접근해 보더라도 과연 예수의 제자들이 안식일을 범한 것인지를 알 수 있게 될 것이다.

어느 안식일 날 예수의 제자들이 어느 누군가의 밀밭 사이로 걸어서 지나가는 동안 그들은 곡식을 잘라서 먹기 시작하였다. 이것은 합법적이었다(신 23.25). 그러나 바리새인들은 그것을 안식일에 금지된 노동의 행위인(출 34.21) 추수하는 것으로 보았다. 그래서 그들은 예수께 설명을 요구하였던 것이다.

그렇다면 예수의 제자들은 안식일에 걸어야 할 거리를 초과했기 때문에 안식일을 범한 것일까? 바리새인들은 자신들이 묵고 있는 마을로부터 안식일에 갈 수 있는 거리 이상은 가지 않았을 것이다. 그러므로 바리새인들과 만났던 제자들은 분명 마을에서 걸어서 음식-그 음식을 전날 제대로 준비했다면-이 있는 곳에 이를 수 있는 거리 내에 있었을 것이다. 교사들은 제자들의 행동에 대해 책임을 져야 했으며, 랍비들은 제자들의 영예를 변호하는 것이 올바른 일이라고 생각했다.

예수의 제자들의 행위에 대한 책임은 예수께 있다고 믿었던 그 시대 랍비들의 패턴을 볼 때, 바리새파 사람들이 제자들을 나무라는 것은 결국 그들의 선생인 예수에 대한 비판이었던 것을 알 수 있다. 따라서 예수께서는 그들이 제자들에게 질문한 것을 직접 답해야 했던 것이다. 다윗의 경우를 들어서 소개하는 예수의 말씀을 상고해 보자.

대적자들이 예수의 논증에 찬성하든 하지 않든, 예수께서는 성경에서 굶주리는 성경의 규칙보다 우선했던 선례를 인용했다. 그러므로 그들은 예수를 지역의 제사장이 관할하는 법정에서 처벌할 수 없었다. 예수께서는 지금 자신의 제자들을 변호하는 것이므로 다윗과 함께한 자들에 대해 말씀하신다. 다윗이 누구와 함께 있었는지는 분명하지 않지만(삼상 21.1), 다윗은 다른 사람들도 거기 있었다고 주장했다(21.2).

다윗이 떡을 받았을 때 아비아달은 아직 대제사장이 아니었다. 하지만 마가는 당시 일반적으로 사용되던 방식으로 그 용어를 사용한다. 즉 대제사장은 행정권을 가지고 있는 대제사장 가문의 사람에게는 다 적용되는 말이었다. 다윗이 아비아달의 아버지인 아히멜렉에게 왔을 때 아비아달도 그 가문의 한 명으로 포함되어 있었다.

예수께서는 보다 근본적으로 안식일 법규에 자신이 위배되지 않았다는 것을 설명할 뿐만 아니라 보다 기초적인 안식일을 하나님이 제정하신 목적이 무엇인지를 새롭게 강조하여 해석하셨다.

예수께서는 자신이 권위 있는 인자로서 안식일 규칙을 해석할 권리를 가지고 있다고 주장하신다. 하지만 예수를 반대하는 사람들은 예수의 말씀을 다음과 같이 이해했다. 안식일은 사람을 위해 만들어졌기 때문에 인간은 안식일에 자신들에게 필요한 일을 할 권세가 있다고 말이다.

익은 곡식이 향기로운 미풍에 물결치는 밀밭 사이로 걸어가는 일은 틀림없이 그리스도와 제자들에게 편안하고 상쾌한 경험이었을 것이다. 이러한 걸음은 종종 거룩한 안식일에 들판에서 어슬렁거리는 게으른 자의 산책이 아니었다. 또한 자연을 찬미하는 단순한 감상주의자의 걸음도 아니었다. 이런 자들은 열광적인 찬사를 쏟아내느라 장엄하고 좋은 인상도 그 마음에서 사라지고 만다.

그 제자들이 시장하여 길을 열며 이삭을 자르기 시작하였다. 이것을 보고 항상 제자들과 그리스도를 감시하며 잘못을 발견하기를 고대하는 트집 잡기 좋아하는 바리새인들은 이 행동을 악의적으로 보고 그리스도께서 안식일을 어겼다고 이야기했다. "저희가 어찌하여 안식일에 하지 못할 일을 하나이까?" 제자들의 행동에 놀라서 하는 이 말은 바로 그리스도를 비난하기 위한 것이 분명하였다. 마치 그들은 이런 식으로 말하는 것과 같았다. "우리를 놀라고 두렵게 하는 제자들의 불경건을 볼 때 그들의 선생은 하나님을 모독하는 사람임에 틀림없다!"

주께서는 안식일의 목적은 누군가 곤경에 처해 있어서 자비를 베풀어야 할 상황일 때 사람이 자비를 행하지 못하도록 하는 것이 아니라 사람의 참된 이익을 돕는 것이라고 설명하신다. 모든 면에서 "안식일은 사람을 위하여 왔다." 이 기사에서 우리는 다음과 같은 점들을 추론해 볼 수 있다. 사람의 지상 생활에서 안식일은 특별히 종교적으로 주의를 기울여야 한다는 것이 사람에 관하여 하나님의 정하신 원칙이다.

세속적인 노동은 하나님의 정하신 제도이다(출 20.9). 노동은 이 세상 생활에서 우리의 물질적인 이익을 증진시킨다. 그러한 노동 없이는 우리가 이 세상에서 한 순간도 존재할 수 없다는 것은 모두가 명확히 알고 있는 사실이다. 우리가 자연으로부터 우리의 신체적 존재에 필요한 자양분을 끌어내는 것은 바로 이처럼 지적 기술과 육체적 노력을 통해서이다. 안식일에도 그러한 노동은 하게 된다. 안식일은 "사람을 위한"

규정이므로 사람은 노동을 해야 한다. 아주 게으르게 빈둥거리며 지내는 사람이 어떻게 이 안식일의 의미를 깨달을 수 있을지 나는 모른다. 음식은 모든 사람을 위한 것이지만 베고픈 사람만이 음식을 즐길 수 있다. 안식일은 모든 사람을 위한 것이지만 일하는 사람만이 그 날의 진가를 음미할 수 있다.

사람에게는 개발해야 할 지력이 있고 훈련시켜야 할 마음이 있으며, 구원해야 할 영혼이 있다. 안식일은 바로 영혼의 이러한 존재와 요구 사항들을 함축하고 있다. 사람이 영이라는 사실은 사람이 기억해야 할 하나님의 경고이다. 안식일에는 다음과 같은 의미가 함축되어 있다. 세상일은 사람이 자기 영혼의 더 고귀한 이익을 소홀히 여기게 만드는 위험이 있다. 그렇지 않다면 무엇 때문에 이 날을 세속적인 일 말고 다른 일에 전적으로 바쳐야 하겠는가? 일반적으로 사람은 신체적인 노동을 통해서만 세상에서 살 수 있다고 이미 말한 바 있다. 원칙은 이것이다. "누구든지 일하기 싫어하거든 먹지도 말게 하라." "네가 얼굴에 땀이 흘러야 식물을 먹고." 이러한 상황은 우연히 생긴 것이 아니다. 하나님께서는 우리가 겪을 세상일의 압박을 아셨다. 하나님께서 칠일 가운데 하루를 세상일이 아닌 더 고귀한 목적을 위해 바치도록 자비와 지혜 가운데 정하신 것은 이 모든 세상일의 소용돌이 가운데서 영혼을 완전히 소홀히 하지 않도록 하기 위해서였다.

그리스도와 그 제자들에 대한 깊은 미움 때문에 이 바리새인들은 예수를 송사하려 하여(마 12.10) 잘못을 발견하기를 기대하고 이 안식일 아침에 일찍 나와 이들의 행동을 감시하였다. 누가의 경우, 이러한 악의가 정도를 벗어나는 격정으로 발전하였다고 말한다. "저희는 분기가 가득하여"(6.11). 그리고 마태는 "바리새인들이 나가서 어떻게 하여 예수를 죽일꼬 의논하였다"(12.14). 이 날에 이 바리새인들은 율법의 문자는 지켰을지 몰라도 세상 누구보다 안식일을 크게 범한 것이 아닌가? 반면, 그리스도와 그 제자들은 안식일의 정신을 바르게 지킨 것이 드러났다.

예수께서 이 날에 여느 때와 같이 달리 매우 힘들게 일하셨던 것으로 보인다. 마태는 "사람이 많이 좇는지라 예수께서 저희 병을 다 고치셨다"(12.15)고 일러준다. 아마도 예수께서는 이 위선자들에게 율법의 문자에 따르면 "아무 일도" 해서는 안 되지만 열심히 일하는 것이 반드시 안식일의 정신을 위반하는 것은 아님을 보여 주기 위해 이렇게 하셨던 것 같다.

27-28절의 말씀들은 직접적인 안식일 논쟁에로, 따라서 구체적인 교회 공동체 문제에로 소급된다. 이 말씀들을 통일된 격언으로 볼 수 있을까? 엣세네파의 다메섹 문서(10.14-12.6)는 가장 엄격한 안식일법을 제시한다. 바리새파 사람들도 마찬가지로 가장 엄격한 안식일법을 제시한다. 바리새파 사람들도 마찬가지로 엄격한 판단을 내리지만 그들의 해석에서 인도주의적 특징들을 엿볼 수 있다. 미쉬나에는 "생명이 위험할 경우에는 언제나 안식일 규정을 무시할 수 있다"(Joma 8.6)는 구절이 있다. 특히 희년서에는 안식일 계명에 대한 같은 시대에 해당하는 신학적 해석이 있다. 희년서에서는 안식일이 이스라엘이 선택받은 표시와 근거로 간주된다(2.19/ 2장 전체와 50.9-13). 사람들에게 있어서

안식일은 휴식과 기쁨의 날이며 "먹고 마시며 만물의 창조자를 찬미하는"(희년서 2.21) 날이며 아름다운 옷을 입고 경축할 날이다.

이삭을 자르는 일은 추수하는 일로 간주되었다. "왜냐하면 잔가지 하나, 나무줄기 하나, 잎새 하나라도 자르거나 어떠한 과일 하나라도 따는 일도 허락되지 않기 때문이다." 반문으로 제시된 예수의 답변은 해설하는 방식으로 다윗의 이야기에로 소급된다.

재단 떡 또는 진열해 놓은 떡은 레위기 24장 5-9절에 의하면 각각 일주일 동안-지성소 앞의 제단 떡 놓는 상위에-올려놓은 후에 사제들이 거룩한 곳에서 먹는다. 예수와 그 제자들, 그리고 다윗과 그 일행 사이의 일치점은 율법을 위반하는 자유가 각기 가능하다는 데 있다. 이 점에서 안식일 문제가 확대된다.

사람이 안식일에 내맡겨져서는 안 되며, 안식일의 노예가 되어서도 안 된다. 당시의 유대교에서도 안식일과 창조질서의 관련성을 강조할 수 있었지만(희년서 2장) 안식일에 예속되는 일이 드물지 않았다. 예수에게 있어서 최고의 목적은 사랑의 계명이다. 유대교는 안식일을 거룩하게 하려는 노력에서 인간의 생활영역을 안식일로부터 격리시켰으며 그렇게 함으로써 율법주의에 빠져 들었다. 여기서 신적인 창조행위가 하나님의 뜻을 인식하는 근거로 간주된다면, 이것은 이 말씀이 예수에게서 유래한 것임을 말해 준다.

안식일을 비롯한 율법에서는 하나의 예식적인 규례보다 더 중요한 것이 무엇일까? 그것은 율법의 정신이라 할 수 있다. 혹시 우리는 어떤 일을 수행함에 있어서 하나님 말씀에 대한 그 중요한 기본 정신을 망각하지는 않는가? 성경 한 구절에 대한 법망을 피하면 된다는 식의 삶으로 하나님을 기쁘시게 할 수는 없다. 우리가 진정한 하나님의 자녀로서 이 땅에서 살아간다는 것은, 하나님이 그 말씀을 주신 의도가 무엇인지를 알 때, 우리에겐 소망이 있는 것이다.

더 나아가 우리는 진정한 안식을 누리며 살아가고 있는가? 율법이 그러하듯 안식일은 우리를 위해 제정하신 하나님의 율법이다. 우리의 안식을 방해하는 것은 무엇인가? 우리의 영육간 강건함을 위해서 안식이 필요하지는 않은가?

제 15장 안식일 논쟁

막 3.1-6

1예수께서 다시 회당에 들어가셨다. 그런데 거기에 한쪽 손이 오그라든 사람이 있었다. 2사람들은 예수를 고발하려고, 예수가 안식일에 그 사람을 고쳐 주시는지를 보려고, 예수를 지켜보고 있었다. 3예수께서 손이 오그라든 사람에게 말씀하셨다. "일어나서 가운데로 나오너라." 4그리고 예수께서 그들에게 말씀하셨다. "안식일에 선한 일을 하는 것이 옳으냐? 악한 일을 하는 것이 옳으냐? 목숨을 구하는 것이 옳으냐? 죽이는 것이 옳으냐?" 그들은 잠잠하였다. 5 예수께서 노하셔서, 그들을 둘러보시고, 그들의 마음이 굳어진 것을 탄식하시면서, 손이 오그라든 사람에게 말씀하셨다. "손을 내밀어라." 그 사람이 손을 내미니, 그의 손이 회복되었다. 6 그러자 바리새파 사람들은 바깥으로 나가서, 곧바로 헤롯 당원들과 함께 예수를 없앨 모의를 하였다.

마가복음 3장 1-6절의 사건은 마가가 본 예수 이야기 중 예수의 공생애 준비(1.1-13)에 이어, 전기 갈릴리 사역(1.14-3.6)의 마지막 부분이다. 이 사건은 세 공관복음서에 모두 기록되어 있다. 마가복음 2장 1절-3장 6절에는 예수와 무언가 트집을 잡으려는 바리새인의 갈등이 다섯 가지로 언급되어 있다. 1. 중풍병자 치유하신 사건, 2. 죄인들과 함께 앉아 음식을 잡수신 일, 3. 금식하지 않는 일, 4. 제자들이 안식일에 밀 이삭

을 잘라먹은 일, 5. 안식일에 치유하신 일. 본문은 다섯 번째, 안식일에
치유하신 사건에 관한 것이다.

또 다른 안식일에 (아마 가버나움에 있는) 회당에서 예수께서는 오그
라들어 못쓰게 된 손을 가진 사람을 보았다. 그들 중 몇 사람들(바리새
인들)이 예수를 고발할 이유를 찾기 위하여 그가 무엇을 하는지 알려
고 예수를 자세히 지켜보고 있었다. 그들은 단지 생명에 위험이 있을
때만 안식일에 병고치는 것을 허락하였다. 이 사람의 문제는 생명을 위
협하는 것이 아니었으며 다음 날까지 기다릴 수 있었다. 그런데 예수께
서 그를 고치신다면 그들은 사형에 처할만한 죄인, 안식일 위반자로 그
를 고소할 수 있을 것이다(출 31.14-17).

‘예수를 지켜보고 있었다’ (2절)는 말은 헬라어에서 강한 뜻을 가진
단어이다. 그 뜻은 ‘가까이서 지켜보다, 세밀하게 관찰하다’ 이다
(Abbot Smith). ‘악의를 가지고 지켜보다, 숨어서 기다리다’ (Arndt,
Gingrich)라는 의미를 취할 수 있다고 지적했다. 그래서 이 말은 ‘그들
이 예수를 몰래 감시하고 있었다’ 로 번역할 수 있다(미완료 시제). 우
리는 여기서 그들이 예수를 함정에 빠뜨리려는 사악한 목적을 가지고
있음을 분명히 볼 수 있다. 전통적으로 안식일에 치유하는 것은 생명을
구하는 데 꼭 필요한 경우에 한해서 허용되었다(Edersheim). 그러나 본
문에 나오는 한편 손 마른 사람의 경우는 생명에는 지장이 없었던 것으
로 보인다. 그럼에도 불구하고 예수는 선을 행하는 것이 악을 행하는
것보다 낫다고 주장했다.

예수께서는 모여 있는 모든 사람들이 그의 오그라든 손을 볼 수 있도록 그 사람에게 일어서라고 명령하셨다. 그 다음에 그는 바리새인들에게 두 종류의 행위 중 어느 것이 실제로 모세의 율법에 있는 안식일의 목적과 일치하느냐에 관한 수사학적인 질문을 하셨다. 이에 대한 분명한 대답은 다음과 같다: 선을 행하는 것과 생명을 구원하는 것. 이러한 인간의 요구를 충족시키기 위해 안식일을 사용하지 않는 것은 악을 행하는 것(안식일의 목적을 잘못 사용하는 것)이었다. 결국에는 그렇게 되었지만 안식일 날 그들의 음모는 그들을 죽음에 이르게 하였다. 안식일에 "선을 행하는 것"에 대한 도덕적인(법적이 아니라) 문제가 논의되었으나 바리새인들은 토론을 거부하였다.

5절에서 예수께서 노하셨다는 사실을 충격으로 받아들인 사람도 있을 것이다. 그러나 의분을 느끼지 않는다는 것은 도덕성이 결여되어 있기 때문이며, 또 본문에서 노하심과 근심하심이 결합되어 있다는 것은 매우 의미심장하다. 더욱이 둘러보시고라는 말은 부정과거 시제로 되어 있고, 반면에 근심하사라는 말은 계속적인 행위를 나타내는 현재시제로 되어 있다. 스웨테(Swete)는 이에 대해 "보는 것은 순간적이지만, 근심은 습관적인 것"이라고 지적했다.

예수께서 노하심으로 바리새인들을 '둘러보셨다'는 데 사용된 단어는 페리블레포마이(periblepomai)에서 온 단어로, 모든 것을 포함하여 통찰하여 바라본다는 의미를 갖는다. 이것이 신약성경에 있는 예수의 분노에 대한 유일하고도 분명한 언급이다. 그것은 하나님의 자비와 인간의 비참에 대한 그들의 강퍅한 완악함에 깊이 슬퍼하시는, 악의가 없는 분노였다.

손이 오그라든 사람이 예수의 명령에 자기 손을 내밀었을 때 즉시 그리고 완전히 회복되었다. 예수께서는 안식일에 "일"이라고 해석될 수 있는 어떤 보이는 수단도 사용하지 않았다. 안식일의 주인으로서(막 2.28) 예수께서는 안식일을 법적인 장애물로부터 해방시켰고 은혜 가운데서 이 사람을 고통으로부터 건져주셨다.

바리새인들이 헤롯당과 함께 어떻게 하여 예수를 죽일까 의논하였다는 사실은 마가만이 기록하고 있다(6절). 이들은 그들의 공동의 적인 그리스도를 없앨 목적으로 연합할 수 있었다.

신앙과 불신앙의 대조

손이 오그라든 사람에게서 나타나는 신앙의 순종과 주변 바리새인들에게서 나타나는 불신앙의 적개심이 대조를 이룬다.

1. 신앙의 순종이 나타난다

이 사람은 그리스도의 적들 앞에서 순종하였다. 이 사람은 선천적인 무능력으로 고통을 받고 있었지만 순종하였다. 예수께서 그 사람에게 "손을 내밀라"고 말씀하셨다. 마른 손을 내밀라고 하신 것이다. 그가 내밀었다. 이렇게 그도께서는 영적으로 죽은 사람들에게 믿고 복종하고 살라고 명령하신다. 이 사람은 복종하여 큰 복을 받았다. 그 손이 회복되었더라. 오늘날 그리스도는 부르심에 그처럼 순종하는 자들에게 말할 수 없는 은혜 곧 새 생명을 주신다.

2. 불신앙의 적개심이 드러난다

이 불신앙은 의심이나 판단 중지가 아니라 그리스도와 그리스도 자신에 대한 주장들을 적극적으로 거부하는 것이다. 이런 불신앙에는 다음과 같은 특징들이 나타난다.

가. 적의가 있다.

나. 냉담하다. 이들은 동정심이 없었다. 이들에게는 불구가 된 사람의 행복은 하찮은 일이었다. 이들은 도덕적으로 무감각한 자들이었다.

다. 무분별하다. 이러한 특징은 선에 대한 불신앙의 지독한 미움을 통해 나타난다 (David Thomas, 1877).

적용 둘: 손이 오그라든 사람에게서 볼 수 있는 의지(3.5)

가. 의지력을 인정함. 그리스도의 이 명령은 이 병자가 의지력을 갖고 있음을 암시한다. 사람은 결심할 수 있다.

나. 의지의 참된 법칙. 그 의지가 환경을 따르지 않고 그리스도의 뜻에 따랐다.

다. 순종하는 의지의 가치. 이 사람은 그리스도께 순종하였다. 그의 의지가 피와 생명과 활력을 마른 손으로 흘려보낸 것이다. 그리스도께서 명하시는 것을 하려고 마음먹으면 놀라운 일을 행할 것이다 (David Thomas, 1877).

우리는 어떻게 거룩한 순종으로 갈 수 있는가?

순종으로 가는 첫째 단계는 그런 삶에 대한 경이로운 불타는 환상이다. 우리 안에 우리를 올려주는 힘의 무한한 원천이 있어 눈부신 환상으로 우리를 유혹한다. 그래서 우리는 다만 "창조주 하나님이 우리의 영혼 속으로 들어오신다"는 말밖에는 할 수 없다. 거룩하다 상상력이여, 우리의 가슴 속으로 들어오는 실체의 관문이여! 사랑의 하나님이 우리에게 하나님의 거룩한 삶으로 오라고 애타게 부르신다.

일단 환상을 갖게 되면, 거룩한 순종으로 가는 다음 단계는 이것이다. 지금 있는 그 자리에서 시작하라. 지금 순종하라. 지금 감당할 수 있는 작은 순종부터 하라. 그것이 겨자씨 만할지라도. 지금 있는 그 자리에서 시작하라. 현재의 순간을 살라. 지금 앉아 있는 그 의자에서, 바로 지금 이 순간에 하나님을 향한 완전하고 철저한 순종과 열린 마음으로 시작하라. 귀를 밖으로 돌려 이 말들을 듣되, 안으로는 홀로 영원하신 절대자이신 사랑의 하나님과 함께하는 당신 삶의 깊은 곳에서 계속 침묵기도를 하라. "내 삶을 열어 주소서. 제가 떨쳐 버리지 못하는 제 생각을 인도하소서. 하나님이 하시면 하나님의 뜻이 이루어 지리이다." 친구들과 거리를 걸으며 잡담을 하면서도 당신 자신을 계속 되는 순종에 드리라. 나는 이러한 내적이며 지속적인 기도의 삶이 절대적으로 필요하다고 생각한다. 그것은 낮에도 밤에도, 바쁜 업무 중에서도, 집에서도 학교에서도 할 수 있다. 그러한 순종의 기도는 간단할 수도 있다. 한 문장을 이용해서 "하나님의 저의 의지가 되어 주소서." 또는 "당신 앞에 나를 여나이다." 또는 "하늘을 통해 땅을 보소서."가 될 수 있다. 이러한 은밀한 기도의 삶은 얼마 지나지 않아 말이나 구절이 아니라 단순히 "하나님, 하나님, 나의 거룩하신 절대자, 내 사랑" 등등. 말이 멈춰지고 우리는 서 있든지 앉아 있든지 누워 있든지 말없는 찬양과 순종과 기쁨과 희열과 영광의 상태로 있게 된다.

거룩한 순종의 셋째 단계는 이것이다. 만약 실수로 한 시간 정도 하나님을 잊었다면, 고통스러운 후회나 자기 비난에 시간을 너무 많이 보내지 말고 자신의 자만을 시인하고 지혜에 의지하여 다시 시작하라. 바로 지금 있는 그 자리에서.

거룩한 순종의 넷째 단계는 이것이다. 이를 악물고 주먹을 불끈 쥐며 "난 할거야! 난 할거야!" 하지 말라. 마음을 편히 가지라. 그냥 하나님께 자신을 맡기라. 수동적인 목소리로 하지 말라. 삶이 당신을 통해서(하나님의 뜻대로) 이루어지게 하라. "난 할거야!" 라고 말하는 것은 순종이 아니기 때문이다.

나는 어떠한 순종을 시작하겠는가?

____

마지막으로 우리가 본문에서 주님이 손이 오그라든 사람에게 하시는 말씀을 살펴보고 그 이유에 대해서 상고하며 오늘 말씀을 정리하고자 한다.

본문의 3절에서 예수께서 손이 오그라든 사람을 많은 무리들 중앙 앞으로 나오게 한다. 왜 그렇게 불러 내셨을까?

네. 거기에는 두 가지 이유가 있을 수 있다. 하나는 평소에 늘 죄인처럼 간주되었던 한 병자로서 알게 모르게 습관화 내지 내면화되어 버린 주눅이 들어있는 한 영혼을 회복시키려는 도전이었다. 과감하게 그러한 옛 모습을 벗게 하시려는 의도이다. 자신감을 회복시켜 주시려고 한다. 또 다른 하나는 그 사람으로 하여금 그곳의 주체가 되게 하려는 것이다. 주님은 늘 많은 사람 가운데 가장 비천한 자를 들어서 소위 귀한 자를 자처하는 이들을 부끄럽게 만드신다. 가난한 자를 들어서 부유한 자를 부끄럽게 하시기도 하고, 약한 자를 들어서 강한 자를 부끄럽게 하시기도 한다. 이처럼 한 영혼을 회복하시려는 주님의 강한 부르심이 있다.

본문의 5절에서 주님께서 손이 오그라든 사람에게 오그라든 그 손을 내밀라고 하신다. 여기서 손이 오그라든 것을 내민다는 것은 우리에게 무엇을 의미하는가? 그것은 한 사람의 가장 연약한 부분이다. 주님은 가장 연약한 부분, 가장 자신이 없는 부분을 내밀라고 하신다. 그 이유는 우리의 연약함을 통해서 하나님께서 위대한 역사를 세우고, 회복시키기 위함이었다. 결국 우리를 온전하게 세우시기 위해서 그와 같이 요구하시는 것이다.

나의 연약함을 주님 앞에 내어 놓으라는 주님의 분부에 어떠한 연약함을 내어 놓겠는가?

주님이 내어 놓으라고 하실 때는 주님께서 그 부분에 대한 회복을 약속하신다. 지금 우리의 연약함을 주님 앞에 내어 놓아야 한다.

제 16장 작은 배 한 척을 마련하는 제자들

막 3.7-12

7 예수께서 제자들과 함께 바닷가로 물러가시니, 갈릴리에서 많은 사람이 따라왔다. 또한 유대와 8 예루살렘과 이두매와 요단 강 건너편과 그리고 두로와 시돈 근처에서도, 많은 사람이 그가 하신 모든 일을 소문으로 듣고, 그에게로 몰려왔다. 9 예수께서는 무리가 자기에게 밀려드는 혼잡을 피하시려고, 제자들에게 분부하여 작은 배 한 척을 마련하게 하셨다. 10 그가 많은 사람을 고쳐 주셨으므로, 온갖 병으로 고통받는 사람들이, 누구나 그에게 손을 대려고 밀려들었기 때문이다. 11 또 악한 귀신들은 예수를 보기만 하면, 그 앞에 엎드려서 외쳤다. "당신은 하나님의 아들입니다." 12 그러면 예수께서는 "나를 세상에 드러내지 말아라" 하고, 그들을 엄하게 꾸짖으셨다.

지금까지 마가가 본 예수 이야기 중 예수의 공생애 준비(1.1-13), 전기 갈릴리 사역(1.14-3.6)까지 살펴보았다. 여기서부터는 예수의 후기 갈릴리 사역(3.7-6.6a)에 대해서 살펴보고자 한다. 전기와 후기 사역에서 공통된 부분은 "반대와 불신의 상황 속에서 예수의 선교가 발전했다"(1.14-15과 3.7-12; 1.16-20과 3.13-19; 3.6과 6.1-6a)는 것이다.

예수의 주위에 모여든 엄청난 군중, 대중들에 대한 치유, 무리를 이룬 귀신들이 예수를 하나님의 아들로 선포함, 그리고 귀신들에 대한 예수의 꾸짖음 등에 관하여 발췌적으로 보도되어 있다. 유일하게 특징적인 내용은 배 한 척을 대비시킨 것이다.

여기서 "배 한 척을 대비시킨 것"과 관련하여 주님께서 우리에게 어떠한 메시지를 주시는지 나누어 보자.

갈릴리에서 온 많은 사람들이 예수님을 따랐다(비전문적 의미, "함께 어울려 지냈다"). 그리고 그가 행하고 있는 모든 것(즉 병고치는 기적들)에 매혹되어 많은 사람들이 갈릴리 밖의 지역에서 왔다-남쪽 유대, 예루살렘, 이두매, 동쪽 요단강 건너편(베뢰아), 북쪽 해안 도시 두로와 시돈. 예수께서는 이 모든 지역에서 시간을 보냈다(이두매를 제외하고; 5.1; 7.24,31;10.1;11.11).

이두매는 갈릴리 남쪽이었다. 두로와 시돈은 북서쪽에 있었다. 갈릴리와 마찬가지로, 이두매와 베뢰아는 종교적으로는 유대 영토지만 한때 이방인들의 통치를 받은 적이 있었다. 여기서는 그 도시들에 사는 유대인 주민들을 염두에 두고 말했을 가능성이 많은 듯하다(7.27).

요단강 건너편은 요단강의 동쪽에 위치한다. 두로와 시돈은 팔레스틴의 지중해 북쪽에 위치한 고대 베니게(Phoenicia,현대의 레바논)의 도시들이었는데, 사마리아가 가까운 곳에 있었는데도 본문에 언급되지 않았다는 사실은 주목할 만하다(요 4.9). 랄프 얼의 경우, 사마리아가 본문에 언급되지 않은 이유에 대해서, "사마리아 사람들이 유대인들에게 환영을 받지 못했기 때문일 것"이라고 보기도 한다.

예수의 병 고치는 사역의 영향과, 병을 가진 자들이 그를 만지려고 몰려들었기 때문에 그는 군중들의 혼잡을 피할 수 있도록 작은 배를 대라고 제자들에게 말씀하셨다. 마가만이 이것을 상세하게 기록하였는데 그것은 베드로와 같은 눈으로 본 증인들이 기억을 암시해 주는 것이다.

배는 마지막 도피수단으로서 그에게 밀려드는 군중으로부터 그를 보호하려는 것이었다. 배는 이제부터 갈릴리에서의 활동에 수반될 것이다. 병자들과 귀신들로 둘러싸인 예수상은 인간의 비참함을 뚜렷이 나타내준다. 인식만으로 믿음에 이르지 못한다. 귀신들린 자들의 비참함은 그들을 지배하는 악한 귀신들과 동일시되는 데서 드러난다. 결국 예수께서 귀신들을 제압했음이 전제된다.

새로운 전망에서 다시금 본문을 살펴보자. 마가가 본 예수와 제자들의 안식처내지 피난처는 바닷가였던 것이 아닐까? 안식일에 손이 오그라든 사람을 고쳤다는 것 때문에 바리새파 사람들과 헤롯 당원들의 모의를 통한 위협이 예수 일행을 향하여 있었을 때, 그 직후에 예수와 제자들이 바닷가로 이동하였기 때문이다.

물론 이에 대해 "적대자들의 살해계획을 피하기 위한 것인지는 의심스럽다"고 지적한 학자도 있지만, 그 가능성을 배제할 수는 없다. 3장 22절에 예수의 적대자들이 곧장 등장했다는 것을 근거로 이러한 전망이 가능성이 없다고 본 것은 섣부른 판단이다. 왜냐하면 이것은 적대자들을 피하여 바닷가로 갔음에도 불구하고, 오히려 적대자들을 만날 수밖에 없을 정도로 급박한 상황을 강조하려는 마가의 의도가 있을 수 있기 때문이다. 예수께서 죽으시고 부활 승천하신 이후 한 세대 이후에 교회 공동체에 속한 마가는 자신들이 처한 위치가 바로 예수님과 제자 일행이 어디로 가나 노출되었던 사례와 동일시하면서, 자신들 또한 그러하였다는 것을 시사하는 것으로 볼 수 있다. 그러나 더 나아가 마가 공동체 멤버들은 그들이 노출될 수밖에 없었지만, 서로 같은 뜻을 품고 귀한 사역을 예비하고 지속하였던 것으로 보인다.

또 다른 전망은 예수께서 전기 갈릴리 사역을 마감하고 후기 갈릴리 사역을 시작하는 시점과 더불어 장소의 이동이 이루어진 것으로 보는 것도 적절하게 보인다. 이러한 이동과 더불어 갈릴리, 유대, 예루살렘, 이두매, 요단 강 건너편, 두로와 시돈 근처에서부터 많은 사람들이 그 장소로 나와 왔다. 어떻게 이렇게 많은 사람들이 예수께로 나아 올 수 있었을까?(여기서 언급된 지명은 마가공동체의 구성에 있어서 현재 또는 그 이전 시기를 반영하고 있는 것은 아닐까?)

이렇게 올 수 있었던 것은 (단지 마가가 즐겨 사용하던 문장이었다고 말하면서 그 의미를 일축해 버리기 보다는 오히려) 많은 사람이 예수께서 늘 물러가신 곳이 어디인지를 소문을 익히 들어 알고 있었기 때문이리라. 소문만을 믿고서 길을 나선다는 것은 그리 쉽지는 않다. 하지만 당대에 그 소문은 너무나도 많은 증인들이 있었기에 부인할 수 없는 그 무엇이 있었을 것이다. 따라서 그러한 증인들로 인하여 모두가 확증을 가지고 그곳으로 나아갔을 것이다. 예수께서는 그들을 맞이할 준비를 철저히 하고 계셨다. 그 이유는 무엇이었을까?

"누구나 그에게 손을 대려고 밀려들었다"는 것은 문자적으로 "그 위로 넘어지고 있었다"라는 뜻이다. 수많은 사람들이 예수께로 다가와 그를 만지려고 무척 애를 썼다. 그래서 밀고 밀리는 군중들 때문에 그의 신변이 위태로웠다.

바로 예수께서는 이러한 사태를 미리 내다보시고 배를 준비시키셨다. 더 나아가 당대에 마이크 시설이 없었기에 자연의 현상을 이용해서 소리가 멀리까지 퍼져 나가도록 하는 방법 중 하나로서 배에 올라서기도 했다. 종종 우리는 선하고 고귀한 일을 하면서도 미처 대비하지 못한 경우가 많다. 하나님의 일을 감당하면서도 초래될 수 있는 여러 가지 위험에 미리 대비하거나 주의하지 못해서 하나님의 영광을 얼마나 많이 가리었는지 모른다. 여기서 철저한 대비의 중요성에 대해서 다시 한번 강조해도 지나침이 없으리라.

또 하나는 마가복음서에서 예수의 일행에게로 나아오리라 예상했던 수많은 추종자들을 염두에 두면서 예수의 제자들이 예수님의 말씀대로 준비하였다. 만약에 배를 준비하지 않았다면 어떠한 해프닝이 있었을까? 아마 예수께서는 물속에 잠겨 버렸거나 사람들에게 파묻혀서 어떠한 사역도 행하기가 쉽지 않았을 것이고 아수라장이 되었을 것이다. 이와 같이 하나님께서 요즈음 우리에게 다가올 미래를 믿음으로 예비하는 자세가 필요하지 않은가 생각한다.

11 또 악한 귀신들은 예수를 보기만 하면, 그 앞에 엎드려서 외쳤다. "당신은 하나님의 아들입니다." 12그러면 예수께서는 "나를 세상에 드러내지 말아라" 하고, 그들을 엄하게 꾸짖으셨다

한편 우리는 악한 귀신들이 예수를 하나님의 아들이라고 선포하자 예수께서 악한 귀신들을 침묵시키신 것을 볼 수 있다(11-12절). "많이 경계하시니라"는 말은 직역하면 "그들을 여러 번 경계시키고 있었다"는 뜻이다. 예수께서는 "자신의 신성을 귀신들이 증거하는 것을 원하지 않으셨던 것"일까?아니면 "그들의 계속적인 외침을 잠잠케 함으로써 예수께서는 그의 정체와 사역을 점진적으로 나타내시기 위한 하나님의 계획에 순종하고 있다는 것을 재확증" 하셨던 것일까?

귀신들도 예수를 "하나님의 아들"로 증언하는데 종교지도자들이나 제자들도 오히려 무지한 상태이다. 이것은 역설이다. 폭로이다. 우리가 믿음의 사람이라고 스스로 자부하는 데 때로는 어처구니없는 신앙 정도, 바닥에 가까운 신앙 상태를 드러낼 때가 있다. 우리의 삶 속에서 다시금 신앙을 점검해 보는 것이 필요하다. 우리는 행여나 성경에서 등장하는 종교지도자들과 다름없는 신앙상태에서 자신의 삶을 살고 있지는 않은가?

토론을 벌이는 쌍방이 모두 자신들과는 다른 패러다임의 관점에서, 그것이 얼마나 쓸데없는 일인지를 깨닫지 못한 채, 서로를 비판하는 동일한 실수를 범한다. 패러다임이 다르면 서로 양립할 수 없다. 다음과 같은 간단한 예를 하나 들면 이 점이 보다 명료해진다. 우리에게 있는 유일한 식사 도구가 나이프와 포크라고 가정해 보자. 다루어야 할 음식(주제)이 한쪽은 스테이크이고 다른 쪽은 스프이다. 이런 경우에 아마도 사람이 먹기에 스테이크는 매우 적절한 종류의 음식물인 반면, 스프는 아주 어색하며 완전히 부적합하다는 결과가 나올지도 모르겠다. 이

예화는 우리가 직면하고 있는 어려움을 잘 보여준다. …나이프와 포크
밖에 없는 사람들은 스프의 가치를 평가할 수 없다. 서로 동떨어진 신학
적 주제들에 관한 토론들이 그토록 무익해진 이유를 나는 이것으로 본
다. 스프에 조금만 더 양념을 치면 훨씬 먹을 만할까 하는 문제에 시간
을 보내면서도, 실제 문제가 완전히 다른 차원에 있다는 사실은 무시되
고 있다.

제 17장 신앙공동체의 미래상

막 3.7-19

13예수께서 산에 올라가서서, 원하시는 사람들을 부르시니, 그들이 예수께로 나아왔다. 14예수께서 열둘을 세우시고 [그들을 또한 사도라고 이름하셨다.] 이것은, 예수께서 그들을 자기와 함께 있게 하시고, 또 그들을 내보내어서 말씀을 전파하게 하시며, 15귀신을 쫓아내는 권능을 가지게 하시려는 것이었다. 16[예수께서 열둘을 임명하셨는데,] 그들은, 베드로라는 이름을 덧붙여 주신 시몬과, 17 천둥의 아들' 을 뜻하는 보아너게라는 이름을 덧붙여 주신 세베대의 아들들인 야고보와, 그의 동생 요한과, 18안드레와 빌립과 바돌로매와 마태와 도마와 알패오의 아들 야고보와 다대오와 열혈당원 시몬과, 19예수를 넘겨준 가룟 유다이다.

마가가 본 예수는 제자들과 함께 동행한다. 예수는 제자들과 함께 나가고 그들과 함께 물러간다. 그런데 여기에 또 다른 대상이 동행하고 있음을 볼 수 있다. 그들은 큰 무리이다. 여기서 큰 무리는 예수와 제자들이 물러가는데도 불구하고 갈릴리에서 쫓았다고 보도된다.

7예수께서 제자들과 함께 바닷가로 물러가시니, 갈릴리에서 많은 사람이 따라왔다. 또한 유대와 그렇다면 큰 무리가 예수와 제자들을 좇고 있는 이유는 무엇인가? 이에 대해 마가는 허다한 무리가 예수의 하신 큰일을 들었다고 보도한다.

8예루살렘과 이두매와 요단 강 건너편과 그리고 두로와 시돈 근처에서도, 많은 사람이 그가 하신 모든 일을 소문으로 듣고, 그에게로 몰려왔다.

이러한 일련의 보도에는 마가가 희망하는 새 세대의 공동체에 대한 비전이 담겨 있는 것 같다. 이러한 비전과 더불어 마가는 큰 무리가 추종하는 마가의 예수상을 조명하고 이와 같이 자신의 공동체가 굳건히 세워지기를 소망한 것 같다. 마가가 가졌던 비전은 바로 이 시대의 우리에게도 매우 중요한 시사점을 제공한다.

1. 치유가 있는 공동체

여기서 "그의 하신 큰 일"은 무엇인가? 개역성경에는 '그의 하신 큰 일'로 번역되었지만, 이에 해당되는 헬라어 단어, "호사 에포이에이"(hosa epoiei)의 의미는 "그가 행하셨던 것들"이다. 여기서 그의 하신 일은 일회적인 것이 아님을 가늠할 수 있다. 단지 단수가 아닌 복수이기 때문만이 아니라, 3장 8절의 허다한 무리가 한 곳에서 오지 않고 도처에서 나아온 것에서 가늠할 수 있다. 결국 우리말 개역성경은 여러 차례에 걸쳐서 행한 그의 일들을 가리켜서 큰일이라고 번역한 것이라 할 수 있다. 그렇다면, 여기서 예수가 여러 차례에 걸쳐서 행한 일들은 무엇인가? 그 일에 대해서 추정할 수 있는 단서는 10절에 담겨있다.

10그가 많은 사람을 고쳐 주셨으므로, 온갖 병으로 고통 받는 사람들이, 누구나 그에게 손을 대려고 밀려들었기 때문이다.

"이는"(gar)이라는 단어 이하에서 허다한 무리가 예수를 따르게 된 배경을 이해할 수 있다. 즉 무리가 예수에게 나아온 것은, 예수가 "많은 사람을 고치셨으므로"이다. 10절에서도 "병에 고생하는 자들"이 예수를 만지고자 하여 지속적으로 나아오는 것으로 보도된다. 무리들은 치유받고자 예수에게로 나아온 것이다. 이 시대의 신앙공동체는 멤버들을 치유하고 있는가?

인도기독교 신비주의자로 알려진 선다싱(S. Sundar Singh, 1889-1929, 펀자브지방의 부유한 힌두교 가정에서 출생, 1904년 신비 체험 후 기독교로 개종, 인도/티베트에서 전도)이 설교할 때 불치병을 앓던 병자가 즉석에서 낫는 역사가 자주 일어났다. 그가 신유의 능력이 있다는 것을 알게 된 사람들은 인산인해로 모여들었다. 그러자 그는 사람들을 피했다. 그가 피한 이유는 영혼구원이 목적인데 육체구원을 위해 쓸 시간이 없다는 것이었다. 그리고 모든 영광을 하나님께 돌려야 하는데 자기에게 돌릴까 봐 두려워서였다. 그렇다고 그가 육체를 소홀히 여긴 것은 아니다. 육체도 하나님의 전으로 알고 건전하게 보존하도록 힘썼다.

2. 섬김이 넘치는 공동체

마가의 예수는 병에 고생하는 자들이 자신에게로 다가오기 전에 작은 배를 등대하도록 제자들에게 명하신다. 이는 무리의 에워싸 미는 것에 대한 대비책임을 알 수 있다. 이는 단지 자신의 신변을 보호하려는 차원이 아니라, 보다 효과적으로 자신의 사역을 수행하기 위한 행동지침이었다고 할 수 있다. 또한 배에 오르게 됨에 따라 무리가 예수를 만질 수 없게 되지만, 만지지 않더라도 치유되는 그 능력을 체험하게 되리라.

9예수께서는 무리가 자기에게 밀려드는 혼잡을 피하시려고, 제자들에게 분부하여 작은 배 한 척을 마련하게 하셨다.

마가의 예수가 그 당시에 무리에 대한 대비책으로 작은 배를 준비한 것은 우리에게 어떠한 의미를 주는 것일까? 우리가 준비해야할 "작은 배"는 무엇인가? 이는 예수를 추종하는 무리, 곧 이 시대의 성도들의 일부가 아닌 나아오는 모든 이들이 그를 만나고 체험할 수 있는 기회를 제공할 수 있는 행위라 할 수 있다. 말을 바꾸면, 예수를 만날 수 있는 통로, 예수에 대해서 쉽게 듣고 다가갈 수 있는 시스템을 구축하는 일이라 할 수 있다. 이는 오늘날 네티즌들에게는 온라인을 통해서 예수를 만날 수 있도록 돕는 것이라 할 수 있다. 컴맹, 넷맹들에게는 오프라인에서 예수를 만날 수 있는 장을 마련해 주는 것이라 할 수 있다. 여기서 중요한 사항은, 예수를 만나려고 하는 자들에게 마땅히 섬기는 공동체로 서야함을 알 수 있다. 세상을 향하여 섬김공동체가 되도록 해야할 것이다. 이를 위해서 교회와 신앙공동체의 리더들은 준비해야한다. 이 시대의 작은 배를! 물론 동일한 기회를 부여받았다고 해서 모두가 예수를 만날 수 있다는 것은 아니다. 들을 귀 있는 자만 듣게 될 것이다.

동전을 만드는 것은 물질이나 재료가 아니라 인침이다. 마찬가지로 섬김을 이루는 것은 행위가 아니라 인침인 것이다. 왕으로 하여금 놋쇠에 인을 치도록 하라. 만일 그 놋쇠 위에 왕의 인이 쳐진다면 그것은 통용될 것이다. 만일 우리가 한 행위에 하나님의 인이 쳐진다면 그것은 하나님을 섬기는 행위가 될 것이다. 교회 안에서 뿐만 아니라 우리가 생활하는 구체적인 장소들에서도 우리의 전생애는 하나님을 섬기는 것이 될 것이다.

3. 겸손의 미덕을 실천하는 공동체

마가의 예수는 자신이 하나님의 아들임을 더러운 영, 곧 귀신들이 드러내려는 것을 금지하고 있다. 여기서 예수와 같이 타자의 칭찬과 명예와 인정 등의 유혹을 경계할 수 있는 능력을 배양하는 것이 중요함을 알 수 있다.

11 또 악한 귀신들은 예수를 보기만 하면, 그 앞에 엎드려서 외쳤다. "당신은 하나님의 아들입니다." 12그러면 예수께서는 "나를 세상에 드러내지 말아라" 하고, 그들을 엄하게 꾸짖으셨다.

리더는 일단 겸손해야 하며 모르는 것에 대한 끝없는 호기심이 있어야 한다. 또한 배우기 위해서는 나이, 시간, 체면을 따지지 않는 적극성이 있어야 한다. 일본의 전설적인 검객 미야모도 무사시는 "가장 강하다고 생각하는 사람이 가장 약한 자"라고 하면서, "진정한 무사는 3살짜리 어린애와 마주설 때도 몸조심을 해야 한다"고 했다. 히브리어에서는 '가르친다' 와 '배운다' 를 다 하나의 동사인 '라마드' 로 쓴다. 가르치는 자는 계속 배워야 하고, 남을 인도하려면 자기도 인도받아야 한다는 뜻이다. 당신이 리더가 되고자 한다면 먼저 평생 성실한 학생이 될 결심을 해야 한다.

4. 동역으로 다음 세대를 준비하는 공동체

13예수께서 산에 올라가서서, 원하시는 사람들을 부르시니, 그들이 예수께로 나아왔다. 14예수께서 열둘을 세우시고 [그들을 또한 사도라고 이름하셨다.] 이것은, 예수께서 그들을 자기와 함께 있게 하시고, 또 그들을 내보내어서 말씀을 전파하게 하시며, 15귀신을 쫓아내는 권능을 가지게 하시려는 것이었다. 16예수께서 열둘을 임명하셨는데,] 그들은, 베드로라는 이름을 덧붙여 주신 시몬과, 17 천둥의 아들' 을 뜻하는 보아너게라는 이름을 덧붙여 주신 세베대의 아들들인 야고보와, 그의 동생 요한과, 18안드레와 빌립과 바돌로매와 마태와 도마와 알패오의 아들 야고보와 다대오와 열혈당원 시몬과, 19예수를 넘겨준 가룟 유다이다

예수께서는 혼자서 사역하는 것으로 그치지 않는다. 그가 사역하는 동안, 차세대 리더들에 대한 훈련과 겸하였다. 예수는 자신의 사역을 진행하면서도 수시로 산에 올라 제자양육에 총력을 기울인다. 주님은 자신이 원하는 자를 세운다. 이 시대의 우리는 어떠한 사람을 차세대의 주자로 준비시키는가? 우리는 주님이 원하시는 자가 아니라, 자신이 원하는 자를 세울 때가 많다. 과연 그가 주님이 원하는 자인가라는 질문 앞에 진지한 숙고도 관심도 없다. 다만 자기가 좋아하는 대상이면

그만이라는 식이 많은 실정이다. 이 시대의 종교분야뿐만 아니라, 사회, 정치, 경제, 문화 등 모든 분야에서 차세대의 지도자다운 지도자를 찾기가 어렵다는 이유가 여기에 있지 않을까 생각한다. 바로 차세대 주자들을 자신들이 원하는 자들로만 세우려 하기 때문이 아닐까? 우리는 내가 원하는 자에서 머물지 말고, 진정으로 주님께서 원하시는 자인가를 생각하며 차세대 주자들을 준비시켜야 한다.

마가의 예수는 제자들을 자신과 함께 거하게 한다. 바로 그것은 주님 당신 자신을 닮게 하려는 것에 있다. 여기에는 나눔이 전제되어 있다. 우리가 동역할 대상도 바로 우리의 나눔을 통해서 시작될 수 있으리라 본다. 우리의 부족함에서 머물지 말고 주님과 함께 거할 수 있도록 돕는 것이리라 생각한다. 또한 영혼을 사랑하는 마음을 진작시켜주는 것이 필요하리라 본다. 한 영혼을 천하보다도 귀하게 여길 수 있는 마음을 길러주는 것이다. 신앙공동체의 경우, 보내어 전도하게 함으로 영혼을 사랑하는 자로 만들 수 있으리라! 또한 주님의 권세를 갖는 성령의 사람이 되도록 도와야 할 것이다.

우리는 마가의 예수가 열둘이라는 지도부를 준비하면서도 지도부의 핵심 멤버들을 훈련하는 것을 볼 수 있다. 비율은 12 중 3이다. 25%의 비율을 갖는다. 별명을 더하는 사랑과 헌신으로 그들을 리더 가운데 리더로 세우는 모습을 볼 수 있다. 이승문 목사

제 18장 하나님의 뜻을 행하는 사람

막 3.20-35

20예수께서 집에 들어가시니, 무리가 다시 모여들어서, 예수의 일행은 음식을 먹을 겨를도 없었다. 21 예수의 가족들이, 예수가 미쳤다는 소문을 듣고서, 그를 붙잡으러 나섰다. 22예루살렘에서 내려온 율법학자들은, 예수가 바알세불이 들렸다고 하고, 또 그가 귀신의 두목의 힘을 빌어서 귀신을 쫓아낸다고도 하였다. 23그래서 예수께서 그들을 불러 놓고, 비유로 그들에게 말씀하셨다. "사탄이 어떻게 사탄을 쫓아낼 수 있느냐? 24한 나라가 갈라져서 서로 싸우면, 그 나라는 버틸 수 없다. 25또 한 가정이 갈라져서 싸우면, 그 가정은 버티지 못할 것이다. 26 사탄이 스스로에게 반란을 일으켜서 갈라지면, 버틸 수 없고, 끝장이 난다. 27 힘센 사람을 묶어 놓지 않고서는, 아무도 그 사람의 집에 들어가서 세간을 털어 갈 수 없다. 묶어 놓은 뒤에야, 그 집을 털어 갈 것이다. 28내가 진정으로 너희에게 말한다. 사람들이 짓는 모든 죄와 그들이 하는 어떤 비방도 용서를 받을 것이다. 29그러나 성령을 모독하는 사람은 용서를 받지 못하고, 영원한 죄에 매인다." 30예수께서 이 말씀을 하신 것은, 사람들이 "그는 악한 귀신이 들렸다" 하고 말하였기 때문이다. 31 그 때에 예수의 어머니와 동생들이 찾아와, 바깥에 서서, 사람을 들여보내어 예수를 불렀다. 32무리가 예수의 주위에 둘러앉아 있다가, 그에게 말하였다. "보십시오, 선생님의 어머니와 동생들과 누이들이 바깥에서 선생님을 찾고 있습니다." 33예수께서 그들에게 대답하셨다. "누가 내 어머니이며, 내 형제들이냐?' 34그리고 주위에 둘러앉은 사람들을 둘러보시고 말씀하셨다. "보아라, 내 어머니와 내 형제자매들이다. 35누구든지 하나님의 뜻을 행하는 사람이 곧 내 형제요 자매요 어머니다."

예수께서는 식사를 하려고 제자들과 함께 가버나움의 잘 알려진 집으로 들어간다. 그러나 그들은 무리가 극성스럽게 몰려드는 바람에 필요한 휴식을 취할 수 없게 된다. 집 안의 장면은 뒷전으로 물러나고 다른 곳에 있는 "그의 사람들"이 등장한다. 여기서는 친족들을 의미한다고 볼 수밖에 없다. 그들은 예수를 데려오기 위해 고향을 떠나왔다. 그들이 (예수에 대해) 들었던 소문은 매우 불확실하다. 그들이 내린 판단은 그들의 형제(예수)의 활동에 대한 그들의 인상을 총괄한 것인데 "그가 정신나갔다"는 판단은 너무 혹독하다. 이 판단의 혹독함은 언제나 개정의 대상은 되었지만 약화되지는 않았다. 계시자의 활동은 가족들까지 포함한 사람들의 몰이해에 직면하게 된다. 복음서 저자가 구약성서의 선례들을 거의 염두에 두지 못했다 하더라도 예언자도 이미 그와 유사한 경험을 했다는 사실을 회상하는 것은 의미 있는 일이다. 예레미야는 경고를 받는다. "너의 집 식구, 너의 동기들도 너를 배신한다. 그들이 모두 네 뒤에서 작당하고 있다"(렘 12.6/ 11.21).

예수의 친족들이 그의 일을 중단시킬 목적으로 찾아 나섰다. 율법학자들이 예루살렘에서 내려와 예수께서는 사탄과 결탁했다고 비난하며, 이에 대해 예수께서 반박했다. 친척들의 찾아옴과 참된 가족에 대한 그의 가르침이 있다. 귀신을 쫓아내는 사람은 종종 더 약한 영을 쫓아내기 위해 더 강한 영을 불러냈다. 그래서 예수의 반대자들은 예수께서 사탄에게 의지하여 마술로 귀신을 쫓아내는 권세를 얻었다고 비난했다. 미친 것(3.21)은 종종 귀신들린 것과 연관되어 있었다(3.22). 거짓 교사들은 보통 마귀들의 영감을 받은 것으로 여겨졌고, 이런 식으로 하나님의 백성을 현혹시키는 것에 대해 공식적으로 내려지는 벌은 사형이었기 때문에(신 13.5;18.20), 예수의 가족들은 법률 전문가들이 예수님께 이르기 전에 먼저 예수께 다가가려 했다(법률전문가들이 사형을 집행할 수는 없었다. 팔레스틴은 로마치하에 있었기 때문이다. 그러나 공개적인 고발만으로도 가족들에게 창피를 줄 수 있었을 것이다).

22-26절에서 예루살렘 율법학자들의 등장으로 새로운 상황이 조성되는데 이 새로운 상황은 전의 상황과 무관하지 않다. 마가에 있어서 예루살렘은 예수가 죽임을 당한, 그리고 몰락해버린 적대적인 도시이다. 예루살렘의 율법학자들은 "최대의 적대자들"이다(Wellhausen). 적대자들의 비난은 두 가지이다. 첫째 비난은 예수가 귀신들렸다는 것이다. 바알세불은-이 이름은 "오물의 신(Baal)"을 의미하는 것으로 보이며-마가에 있어서는 귀신들의 두목이 아니라 귀신들 가운데 하나일 뿐이다(3.30). 둘째 비난은 악마와 결탁했으며 주술을 행한다는 비난이다. 여기서 예수에게 행해진 비난들은 처음 나온 것이지만 가장 오래된 그리스도교-유대교의 논쟁에서도 거듭 반복된다. 이 비난들은 백성을 미혹한다는 고발과 관련된다(요 7.20,21;8.48; 10.20; Just. Dial 69).

영어번역인 브엘세붑(Beelzebub)은 고대 가나안 족속의 신의 이름인

(왕하 1.2) "파리의 신"을 의미하는 히브리어 "바알세붑"(구약성서에는 사용되지 않았음)을 반영하고 있다.

예수께서는 그를 비난하는 자들을 부르시고 그들의 비난을 비유로 논박하셨다(이야기가 아니라 하나의 짧은 격언적인 속담). 사탄이 자기 자신에 거스러서 행동한다고 하는 그들의 근본적인 가정의 불합리성을 보여줌으로써 그는 우선 두 번째 비난을 다루었다(23-26절). 한 나라나 집(가정)이 목적이나 목표에 있어서 스스로 나뉘어져 있다면 그것은 스스로 설 수 없다는 점을 분명히 하기 위하여 두 가지 설명을 사용하셨다. 만일 사탄이 자기 자신을 반대하고 그의 영역이 나뉘어져 있다고 가정한다면 사탄도 마찬가지로 스스로 설 수 없을 것이다. 이것은 그의 종말이, 즉 인격적인 존재가 아니라 그의 능력이 종말이 왔다는 것을 의미하는 것일 것이다. 분명히 이것은 잘못이다. 왜냐하면 사탄은 아직도 강한 존재로 남아 있기 때문이다(27절; 벧전 5.8). 그러므로 예수께서 귀신을 쫓아내시는 것이 사탄의 능력 때문이라는 비난은 잘못된 것이었다.

예수께서 시험받으실 때(1.12-13), 그리고 귀신을 쫓아내시는 것을 통하여 예수께는 성령에 의해 능력을 받았으므로 보다 더 강한 자라는 것을 입증하셨다(3.29). 그의 사명은 사탄과 대면하여 그를 물리치고(협동하는 것이 아니라) 사탄의 노예가 된 사람들을 구원하는 것이다.

인간관계의 유대 속에서 우리 모두가 끔찍이 아끼고 소중히 여기는 것이 있다. 사회생활의 유대와 혈연관계는 세상에서 우리 모두가 소중히 여기는 것들이다. 영혼과 육체를 한데 묶어주는 것처럼 소중하고 때로는 그보다 더 소중한 것이 된다. 이런 유대 관계를 통해서 우리는 하나님에 대해 더 많은 것을 알게 된다.

28-30절에서 성령을 훼방하는 것이란 예수님이 메시아가 되신다는 사실을 너무나 확고하게 반대하는 나머지, 예수의 신원을 확증하는 성령의 표적을 마술이라 속이는 것을 의미한다. 교사들은 어떤 죄가 영원히 사하심을 얻지 못하는지에 대해 토론을 벌였다. 예수의 말씀은 아마도 마음이 너무 굳어져서 결코 회개할 생각을 하지 않으려 하는 것을 의미할 것이다.

'성령을 훼방하는 것'은 용서를 받을 수 없다고 선언하셨다. 이 맥락으로 보아 이 말은 성령으로 권능을 받은 예수의 인격과 사역에 나타난 인간을 구원하는 능력을 거부하는, 하나님을 향한 공격적이고 적대적 태도를 언급하는 말이다. 그것은 비록 빛에 드러났으나 사람들이 어둠을 더 좋아하는 행위이다(요 3.19). 그런 완고한 불신앙을 고집하는 태도 때문에 하나님의 영에 의해 중재된 회개와 용서가 불가능해지는 상황으로 굳어질 수가 있다. 이 사람은 영원한 죄를 범한 사람이다. 가룟 유다가 이 말의 현실성을 입증해 주었다. 율법교사들(3.22)이 계속해서 예수께서 귀신에 사로잡혔다고 말했기 때문에 예수께서 이 모든 것을 말씀하셨다고 마가는 보도 한다(22절하). 예수께서는 말 그대로 서기관들이 용서받을 수 없는 죄를 범했다고 말한 것이 아니라 예수의 축사(귀신을 쫓아냄)가 실제로 성령에 의하여 일어났는데도 그의 축사를 사탄의 능력이라고 돌려버림으로써 더욱 더 위험에 빠지게 되었다고 말했던 것이다. 그들은 성령을 거의 "사탄"이라고 부른 것과 다름이 없었다.

예수의 어머니와 그의 형제들이 도착하였다는 말로 3장 21절에서 중단된 이야기를 다시 시작하고 있다. 그들은 집 밖에 서서 그를 둘러싸고 있는 군중들 사이로 어느 한 사람을 보내어 그의 활동을 제지하고자 개인적인 대화를 요청했다. 예수의 수사적인 질문(33절)이 가족관계를 논박한 것은 아니었다. 그는 자기와의 관계에 대한 훨씬 더 깊은 차원의 문제를 밝혀주고 있었던 것이다. 그것은 질적으로 매우 유효한 질문이다: "누가 내 어머니이며, 내 형제들이냐?" 그런 다음 예수께서 자기 주위에 둘러앉은 사람들을 둘러보시고 나서, 그들의 친척은 자연적 가족관계를 뛰어넘는 것이라고 말씀하셨다.

같은 종교를 믿는 사람들을 형제자매로 생각하는 것은 흔한 일이었다. 나이 든 사람들을 어머니 혹은 아버지로 존중하는 풍습 역시 널리 퍼져 있었다. 하지만 종교 공동체 내의 유대가 가족의 유대보다 우선한다는 것은 유대교에서는 들어 본 적이 없는 것이었다. 어떤 이방인이 유대교로 개종하여 자신의 새로운 가족을 이전의 가족보다 더 중요하게 여긴 경우만 예외였다.

예수께서는 하나님의 뜻을 행하는 자는 누구든지 자기 가족의 일원이라고 말씀하심으로써 참석해 있던 사람들 그 이상으로 관련성을 확대시켜 놓았다. 헬라어 관사가 없이 나타나고 있는 형제와 자매와 모친이라는 말은 예수의 영적인 가족을 상징적으로 나타내준다. 하나님의 뜻을 행하는 것은(예를 들면 1.14-20) 예수의 영적인 친척이 되는 사람들의 특징이다.

토마스 모어(Thomas More,1478-1535)는 영국의 인문주의자들 가운데 한 사람이었다. 에라스무스의 친구이자 저명한 문학가였으며 많은 작품을 썼다. 그의 대표작 Utopia는 지금도 널리 읽히고 있다. 모어는 종교적 열정과 영적인 삶에 대한 헌신으로도 유명하다. 세상에서 경력이 가장 화려한 시절에도 그는 일주일 중에 하루를 따로 떼어 묵상과 기도의 시간을 충실하게 가졌다. 황실의 고문으로 임명된 해인 1518년부터 그는 헨리 8세 정부에서 활동했다. 많은 명예를 얻게 된 그는 부재상, 기사 작위, 옥스퍼드와 케임브리지 대학교의 사무장, 영국 왕실의 직할 영지인 랭카스터의 대법관을 지냈다. 헨리8세가 아라곤의 캐서린과 이혼하려 할 때, 모어는 깊은 생각 끝에 헨리8세를 지지할 수 없다고 선언했다. 그리고 국왕이 교회의 수장이 되는 것을 지지하지 않았다. 이 일로 모어는 반역죄로 런던탑에 갇혔다가 1535년 단두대의 이슬로 사라졌다. 모어는 태연하게 죽음으로 나아갔다. 심지어 집행관과 농담을 하기도 했다. 그는 삶을 즐겼다. 가끔 축제에서 비중 있는 역할을 담당하기도 하고, 궁전에서 연극이 공연될 때에는 즉흥적으로 연기를 하기도 했다. 그러나 모어는 그런 오락에 우주적인 의미를 부여하지는 않았다. 그의 마음은 언제나 하나님을 향해 있었기 때문이다.

토마스 모어의 "신적 묵상"은 다음과 같다.

"선하신 주여, 제게 당신의 은혜를 허락하소서

세상이 제게 무가치한 것이 되게 하시고
제 마음을 당신께 고정시키시어
사람의 입술의 축복에 매이지 않게 하소서
홀로 있는 것에 만족하게 하시고
세상적인 사귐을 갈구하지 않게 하시며
세상을 조금씩 조금씩 완전히 버리게 하셔서
제 마음이 모든 세상일로부터 벗어나게 하소서
제가 어떤 세상일에 대해서도 듣기를 원하지 않게 하시고
오히려 제게는 세상적인 환상에 대해 듣는 것이
불쾌한 일이 되게 하소서
기쁘게 당신을 생각하고
간절하게 당신의 도움을 구하게 하시며
당신의 위로에 기대게 하시어
열심으로 당신을 사랑하게 하소서
저의 천함과 야비함을 제가 깨닫게 하시고
저를 당신의 권능의 손아래 겸손하고 낮아지게 하시며
과거에 지은 죄를 슬퍼하게 하소서
인내로 역경을 이김으로 그 모든 죄악들을 씻어 내게 하소서
여기서 기쁨으로 제 속죄를 감당하게 하시고
시련을 기쁨으로 받아들이게 하시고
생명으로 인도하는 좁은 길을 걷게 하시고
그리스도와 함께 십자가를 지게 하소서

지난 일을 기억하게 하시고

제 눈앞에 다가온 죽음을 받아들이게 하셔서
죽음이 제게 낯설지 않게 하소서
지옥의 영원한 불을 미리 보고 생각하게 하시고
심판이 오기 전에 용서를 위해 기도하게 하시고
그리스도께서 저를 위해 받으신 고난을
끊임없이 마음에 간직하게 하시고
그가 베푸신 은혜에 쉬지 않고 감사하게 하소서
제가 이전에 잃은 시간을 다시 사게 하시고
헛된 잡담을 그만두게 하시며
가볍고 어리석은 즐거움과 기쁨을 피하게 하시고
쓸데없는 오락은 끝내게 하소서
세상 물질, 친구들, 자유, 생명을 포함한 모든 세상 것을 잃는 것이
그리스도를 얻는 일에는 아무것도 아니게 하시고
증오와 미움으로 자신을 대한 형제들에게
요셉이 사랑과 호의를 베푼 것처럼
제게 가장 나쁜 원수를 최고의 친구로 생각하게 하소서
모든 사람이 왕이 가진 모든 보화보다
이런 마음 갖기를 더 소망하게 하시고
그리스도인과 이방인이 모두 하나 되게 하소서"

하나님의 뜻을 발견하고 실천하자. 우리가 믿음을 가졌을 때 처음 행
동은 하나님의 뜻을 처음으로 행하는 것이다. 우리의 전 생활이 하나님
의 뜻을 행하는 것이다. 하나님의 뜻을 행하는 가운데 우리가 누구의
사람이며 어떤 혈족 관계에 속해 있으며 어떤 가정 혹은 권속에 속한

사람인지가 나타난다. 이러한 하나님의 뜻을 실제로 행한다는 사실이 우리가 하늘의 관계에 속해 있음을 보여 주는 증거이다. 이러한 하나님의 뜻을 전혀 행하지 않거나 그 뜻에 반대하는 것은 모두가 이 세상 친족 관계에 속했음을 보여 주는 것이다. 그렇다면 여기서 우리는 하나님의 뜻을 행하는 생활을 우리의 기독교 신앙을 시험하는 시금석으로 볼 수 있다.

1. 우리는 자신이 그리스도인이라고, 즉 그리스도의 친족이라고 말한다. 그렇다면 우리 자신을 시험해 보자. 우리가 하늘에 계신 아버지, 곧 그리스도의 아버지이시며 우리의 아버지이신 하나님의 뜻을 행하고 있는가? 그럼으로써 우리가 하나님께 속했다는 것을 공적으로 드러내고 있는가?

2. 우리의 마음이 아버지의 뜻을 행하고 있는가? 하나님의 뜻이 곧 우리의 뜻인가? "마음으로 하나님의 뜻을 행하여"(엡 6.6).

3. 우리의 지성으로 아버지의 뜻을 행하고 있는가? 오늘날 사람의 지성은 전적으로 하나님께 반항한다. 우리의 지성은 하나님께 즐거이 복종하였는가?

4. 우리의 목적이 아버지의 뜻을 행하고 있는가? 매일의 생활은 목적과 계획으로 가득 차 있다. 우리의 목적과 계획은 어떤 것인가? 세상적인 것인가 아니면 하늘에 속한 것인가? 거룩한가 아니면 믿음이 없는 것인가?

5. 우리의 생활이 아버지의 뜻을 행하고 있는가? 생활은 짧든 길든 많은 일로 이루어져 있다. 우리가 일상 생활이라고 부르는 것을 구성하는 이 많은 일들의 성격은 어떤 것인가?

6. 우리의 가정생활이 아버지의 뜻을 행하고 있는가? 우리가 가정 생활을 꾸려가는 방식에 비추어 볼 때 우리가 주 예수 그리스도의 친족임이 드러나고 있는가?

7. 우리의 사업 활동이 아버지의 뜻을 행하고 있는가? 우리는 사업에 하나님을 모셔들였는가? 모든 계약서를 하나님의 임재를 의식하고 하나님의 인정을 받기 바라는 마음으로 작성했는가?

이와 같이 우리의 그리스도와의 관계를 시험해보도록 하자. 예수께서는 "주여 주여" 하는 자가 아니라 "내 아버지의 뜻대로 행하는 자"(마 7.21)가 하나님의 아들의 친족이라고 말씀하신다. 예수께서는 그런 사람을 가리켜 "내 형제요 내 자매요 모친이니라"고 하신다. 호라티우스 보나 (1808-1889), 그리스도에 대한 관계(막 3.31-35).

제 19장 들을 귀가 있는 사람들

막 4.1-20

1 예수께서 다시 바닷가에서 가르치기 시작하셨다. 매우 큰 무리가 모여드니, 예수께서는 배에 오르셔서, 바다 쪽에 앉으셨다. 무리는 모두 바닷가 뭍에 있었다. 2 예수께서 비유로 여러 가지를 가르치셨는데, 가르치시면서 그들에게 이렇게 말씀하셨다. 3 "잘 들어라. 씨를 뿌리는 사람이 씨를 뿌리러 나갔다. 4 그가 씨를 뿌리는데, 더러는 길가에 떨어지니, 새들이 와서 그것을 쪼아 먹었다. 5 또 더러는 흙이 많지 않은 돌짝밭에 떨어지니, 흙이 깊지 않으므로 싹은 곧 나왔지만, 6 해가 뜨자 타버리고, 뿌리가 없어서 말라 버렸다. 7 또 더러는 가시덤불 속에 떨어지니, 가시덤불이 자라 그 기운을 막아 버려서, 열매를 맺지 못하였다. 8 그런데 더러는 좋은 땅에 떨어져서, 싹이 나고, 자라서, 열매를 맺었다. 그리하여 삼십 배, 육십 배, 백배가 되었다." 9 예수께서 덧붙여서 말씀하셨다. "들을 귀가 있는 사람은 들어라."

가버나움 근처의 골짜기 같은 팔레스틴의 몇몇 장소는, 골짜기 한가운데서 말하는 사람의 목소리를 칠천 명이나 되는 사람이 들을 수 있도록 자연적인 음향 효과를 내 주었다. 랍비들은 보통 비유로 가르쳤다. 비유들의 주제는 주로 왕궁을 중심으로 한 것이었지만, 평민을 대상으로 가르치는 교사들은 종종 예수님이 여기에서 사용하신 추수 이야기

같이 좀더 현실적인 비유를 사용했다. 종종 땅을 일구기 전에 씨를 뿌리는 경우가 있었는데, 그럴 때 씨는 보통 여기에 나온 운명 중 하나에 처하게 되었다. 길은 아마도 밭 가운데 나 있는 보행자용의 좁은 길일 것이다.

삼십 배, 육십 배, 백 배는 갈릴리 땅에서는 엄청난 풍작이다. 비옥한 요단 골짜기에서는 보통 열 배에서 백 배 사이의 소출이 나왔다. 그러므로 백 배로 맺는다는 것이 꼭 일부 사람들이 생각한 것처럼 기적에 의한 수확은 아니다. 하지만 대부분의 팔레스틴 지역에서는 수확량이 열 배 정도였으며(이는 씨를 한 개 뿌릴 때마다 열 개의 씨를 맺었다는 의미다), 예수님께서 말씀하시는 양은 모두 매우 많은 수확량을 나타낸다. 그 정도 산출량이라면 뿌린 씨 중 낭비된 것을 상쇄할 만하다(전 11.1-6).

좋은 땅은 열매를 맺는다. 좋은 땅이란 어떠한 것일까? 들을 귀가 있는 사람들이 모인 곳이 바로 좋은 땅이다. 들을 귀가 있는 사람은 어떠한 사람인가? 하나님의 말씀 듣기, 말씀 받아들이기, 열매 맺기라는 3단계의 과정만이 그들에게 있는 것이다.

10 예수께서 혼자 계실 때에, 예수의 주위에 둘러 있는 사람들이, 열두 제자와 함께, 그 비유들이 무슨 뜻인지를 예수께 물었다. 11 예수께서 그들에게 말씀하셨다. "너희에게는 하나님 나라의 비밀을 맡겨 주셨다. 그러나 저 바깥 사람들에게는 모든 것이 수수께끼로 들린다. 12 그것은 '그들이 보기는 보아도 알지 못하고, 듣기는 들어도 깨닫지 못

하게 하서서, 그들이 돌아와서 용서를 받지 못하게 하시려는' 것이다."
13 그리고 예수께서 그들에게 말씀하셨다. "너희가 이 비유를 알아듣지 못하면서, 어떻게 모든 비유를 이해하겠느냐?

예수의 청중들에게는 그를 믿을 기회가 없었던 것은 아니다. 그러나 그들이 계속해서 그들의 마음을 그의 메시지에 열어놓지 않았으므로 그들은 예수께서 비유를 사용하시는 것 때문에 그 비유를 좀더 깊이 이해하지 못했다. 그러나 비록 진리를 가리운 비유라 할지라도 생각을 일깨우고, 생각을 밝혀주고 궁극적으로는 진리를 나타내기 위하여 사용되었다. 그것들은 사람들의 신앙의 자유를 독특하게 보존해주었다. 그러나 한편으로 그러한 결단이 하나님의 가능케하심에 좌우된다는 것을 입증해 주었다.

4장 13절에 나오는 두 질문은 씨뿌리는 비유의 중요성을 강조한다. 예수의 제자들이 그 의미를 알지(오이다테, oidate "직관적으로 이해한다") 못한다면 그들은 어떠한 하나님 나라 비유도 알지(그노세스테, "경험에 의하여 알다") 못할 것이다.

14 씨를 뿌리는 사람은 말씀을 뿌리는 것이다. 15 길가에 뿌려지는 것들이란 이런 사람들이다. 그들에게 말씀이 뿌려질 때에 그들이 말씀을 듣기는 하지만, 곧바로 사탄이 와서, 그들에게 뿌려진 그 말씀을 빼앗아 간다. 16 돌짝밭에 뿌려지는 것들이란 이런 사람들이다. 그들은 말씀을 들으면 곧 기쁘게 받아들이기는 하지만, 17 그들 속에 뿌리가 없어서 오래가지 못하고, 그 말씀 때문에 환난이나 박해가 일어나면 곧 걸려 넘어진다. 18 가시덤불 속에 뿌려지는 것들이란 달리 이런 사람들

을 가리키는데, 그들은 말씀을 듣기는 하지만, 19 세상의 염려와 재물의 유혹과 그밖에 다른 일의 욕심이 들어와 말씀을 막아서 열매를 맺지 못한다. 20 좋은 땅에 뿌려지는 것들이란 이런 사람들이다. 그들은 말씀을 듣고 받아들여서, 삼십 배, 육십 배, 백 배의 열매를 맺는다.”

  -아래의 단계별 설명과 관련하여, 여러분 자신은 어느 단계에 신앙이 놓여 있다고 보는가?( ) 단계, 그렇게 답한 이유는?(   )

  *1단계-길가에 뿌려지는 것들: 말씀듣기 ? 사탄에게 뿌려진 그 말씀을 빼앗김(15절)

  *2단계-돌짝밭에 뿌려지는 것들: 말씀듣기 ? 기쁨으로 받아들이기 ? 말씀으로 인한 환난이나 박해가 일어나면 곧 걸려 넘어짐(16-17절)

  *3단계-가시덤불 속에 뿌려지는 것들: 말씀듣기 ? 세상의 염려, 재물의 유혹과 다른 일의 욕심이 들어와 말씀을 막아서 열매 맺지 못함(18-19절)

  *4단계-좋은 땅에 뿌려지는 것들: 말씀듣기 ? 받아들임 ? 30, 60, 100배의 열매 맺음(20절)

  실패한 세 차례의 파종 그리고 마지막으로 열매를 맺은 씨앗이 비유 이야기와 부분적으로 세밀히 연결되어 서술된다. 비유에서보다 씨를 뿌리는 사람-선포자의 성과없는 활동이 보다 많은 지면을 차지하고 있는 것이 두드러진다. 비유에 나오는 “떨어졌다”(epesen) 대신에 네 차례 모두, 뿌려진 것 (즉 씨앗)이라고 말한다. 사람에게 뿌려진 말씀이 언급되는가 하면, 다른 편에서는 사람들이 뿌려지는 대상으로 언급되는 것과 같은 불일치가 주목할 만하다. 비유의 해설에서 듣는 것이 네 차례 언급되는데 네 번째에서만 현재형이 사용된다. 말씀이 열매를 맺는 것은 말씀을 듣는 행위가 지속적인 행위이기 때문이며 말씀이 열매를 맺지 못한 경우에는 들으려는 의사가 더 이상 없는 경우이다. 해설에서 지배적인 시제는 비유와는 반대로 현재이다. 세상은 이야기되지 않고 평가되고 있다.

- 복음을 증거하려 할 때, 우리는 어떠한 마음을 갖는가? 혹시 실패에 대한 두려움을 갖고 있지는 않는가?

두려움이나 염려를 갖는 우리에게 세 번의 실패와 단 한 번의 성공에 대해서 비유로 이야기를 전하는 예수로 인하여 용기를 갖게 한다. 또한 우리가 뿌리는 씨 자체에는 아무런 문제가 없으며, 다만 씨를 받는 대상의 상태에 달려 있다는 것을 지적하고 있다.

13-14절에서 이 가장 기본적인 메시지는 나머지 부분에 대한 토대이다. 곧 예수의 메시지는 인내로, 그리고 세상에 의해 마음이 산란해지지 않고 받아들여야 의도한 결과를 낳을 수 있다는 것이다. 유대교는 사탄을 궁극적인 비난자 및 시험자로 인식했다. 예수께서 사탄을 언급함으로써 즉각 제자들에게 말씀을 잊어버리는 것이 심각한 것임을 알려 주셨다. 다른 랍비들 역시 성경의 가르침을 잊어버리는 것은 심각한 범죄라고 가르쳤다. 하지만 그들은 자신의 메시지가 유일한 권위를 가지고 있다고 주장하는 교사를 보면 분개했을 것이다. 유대교는 죽음에 직면해서도 하나님의 말씀을 타협하지 않았던 과거 유대교의 영웅들을 귀중하게 여겼다. 그러므로 예수께서 하나님 나라의 메시지를 위해 핍박을 받고 배교하는 것에 대해 말씀하실 때, 제자들의 마음은 불편해

졌을 것이며 스스로 돌아보게 되었을 것이다. 열매를 많이 맺는 씨들은 아마도 말씀을 전파하고 제자들을 증가시킬 것이다(잘 훈련된 랍비의 제자들은 교사가 되었을 때 당연히 그렇게 해야 했다. 그 목표 중 하나 는 율법에 더 잘 순종하려는 것이었다).

　다른 사람들과 대조적으로 어떤 사람들은 하나님의 말씀을 듣고 이 것을 받아들여 (파라테콘타이, "자신을 위해 그것을 받아들였다") 결 실을 즉 영적인 열매를 맺는다. 이런 사람들이 참 제자들이다. 그들은 앞으로 수확할 때에 많은 양의 열매를 거둬들이게 될 것이다. 그 열매 는 삼십 배, 육십 배, 백 배가 된다.

　우리가 속한 교회는 땅으로 말하면 '좋은 땅' 인가? 만일 그렇다면, 좋 은 땅은 당연히 소중한 열매를 맺어야 한다. 단지 우리는 예수께서 친 히 보여주셨듯이, 삼 년의 공생애 기간 동안 열 두 제자, 그 중 특히 세 사람을 리더로 세우고 변화시키셨다. 이와 같이, 우리는 미래의 3년이 라는 시간을 헌신하자. 우리의 모든 능력, 모든 소유, 모든 것을 다 쏟아 부어버릴 각오로 사랑하자. 그렇게 될 때, 우리는 세 사람을 놀랍게 변 화시킬 수 있을 것이다. 그로 인하여 우리의 삶도 놀라운 은총 가운데 거하게 될 것이다.

　예를 들어, 한 사람이 이러한 비전을 꿈꾼다면 세 사람을 인도(1차 번 식)하고, 그 세 사람이 또 각각 세 사람씩 인도하면 9사람(2차 번식)이 되고, 9사람이 각각 세 사람씩 인도하면 27명(3차 번식)이 되고, 27명이 세 사람씩 인도하면 81명(4차 번식)이 되고, 그 81명이 세 사람씩 인도하면 243명(5차 번식)이 된다. 이것은 단 한 사람이 그렇게 할 수 있을 때, 이러한 결과를 남기게 된다는 것이다. 여기서 한 사람은 언제나 처음 자기가 인도한 세 사람을 위해서 자신의 거의 모든 역량을 할애한다. 그리고 자신이 인도한 세 사람이 나머지 아홉 사람을 도울 수 있도록 하면서도 동시에 양육한다.

만약에 처음부터 12명이 이 일을 시작하게 된다면, 12명이 세 명씩 품으면 36명(1차)이 되고, 그 36명이 또 세 명을 품으면 108명(2차)이 될 것이다. 108명이 세 명을 품으면 324명(3차)이 될 것이다. 324명이 세 명을 품으면 972명(4차)이 될 것이다. 972명이 세 명을 품으면 2916명(5차)이 될 것이다.

우리들이 속한 교회 공동체 안에서 서로 유기적인 사랑으로 이러한 일들이 시작되기를 기대해 본다. 우리들로부터 먼저 이러한 일이 시작된다면 위대한 역사를 열게 되리라 믿는다. 단지 한 사람이 세 사람만 목숨을 내어줄 정도로 사랑해 준다면 그들의 인생은 어떠한 모습으로든 아름답게 변화될 것이다.

제 20장 등불은 어디에?

막 4.21-25

21 예수께서 그들에게 말씀하셨다. "사람이 등불을 가져다가 말 아래에나, 침상 아래에 두겠느냐? 등경 위에다가 두지 않겠느냐? 22 숨겨 둔 것은 드러나고, 감추어 둔 것은 나타나기 마련이다. 23 들을 귀가 있는 사람은 들어라." 24 예수께서 그들에게 말씀하셨다. "너희는 새겨들어라. 너희가 되질하여 주는 만큼 너희에게 되질하여 주실 것이요. 덤으로 더 주실 것이다. 25 가진 사람은 더 받을 것이요. 가지지 못한 사람은 그 가진 것마저 빼앗길 것이다."

예수께서는 여러 사건에 대하여 여러 구절에서 비유적인 말씀을 사용하셨다. 마가는 비유들이 갖고 있는 메시지가 예수의 하나님 나라 비유의 메시지를 강화시켜주고 또 비유에 타당한 응답을 해야 할 필요성을 입증하여 주었기 때문에 여기에다 비유를 갖다 놓았다. 이 비유 속에서 예수께서는 기름으로 가득찬 얕은 흙주발에 담겨 있는 불붙은 심지에 등불을 켜서, 그릇이나 평상(문자적으로는 "식사할 때 쓰는 긴 의자") 아래에 두는 것이 아니라 오히려 빛을 비추어 줄 등경 위에 놓아야 한다는 자명한 사실을 지적하였다

마가가 이 이중적인 말씀들을 비유의 장에 삽입하였다는 점에 대부

분의 학자들은 거의 일치된 견해를 보인다. 이 말씀들은 본래 비유들로 규정되지는 않았다. 등불에 대한 그림말은 토기로 만든 기름등잔 하나로 불을 켜는 팔레스틴의 조그만 집을 연상시킨다. 이 등잔이 긴 다리가 있는 쇠받침대 위에 놓여져서 집안을 밝게 한다. 말은 원래 곡물을 재는 도량형인데, 십일조를 계산하는 데 꼭 필요했기 때문에 유다 가정에는 반드시 말이 있었다. 나무 기둥에 불길이 붙는 것을 방지하기 위해 또는 불을 끄기 위해 사람들은 이 말을 가지고 등불을 덮었다. 이렇게 등불을 끌 때면 좋지 않은 연기가 났을 것이다.

복음서의 말씀은 빛처럼 세상을 비출 것이다(트로크메, E. Trocme는 이 말씀의 선교적인 성격을 옳게 강조한다). 인격적인 표현인 "등불이 오겠느냐"에서 마가는 오로지 그리스도를 생각했을 것이다. 메시아 비밀은 그 인물에 관련되어 있다. 숨기운 것의 드러남에 관한 격언이 등불에 관한 말의 근거가 된다. 이중적인 병행을 이루도록 동일한 사상이 반복되어 있는 점이 목적을 나타내는 문장이 두 차례나 사용된다는 사실에서 특히 두드러진다. 이 구절에서 마가는 격언을 자신의 사고에 맞게 한다. 숨겨져 있는 것은 결국 언젠가는 드러나지기 위해 숨겨져 있을 뿐이다. 예수께서 메시아이시며 동시에 하나님의 아들이심을 십자가와 부활을 통해 계시하고 복음의 선포를 통해 세상에 알리려 했던 하나님이 이 비밀 배후에 있으시다. 또한 하나님의 나랑 관한 잇따르는 두 개의 비유에서 모든 가리움과 덮개가 완전히 벗겨지는 때, 즉 하나님 나라의 궁극적인 계시의 때를 고려해야 할 것이다. 각성을 촉구하는 공식은 이런 연관성에 대한 이해까지를 요구한다. 그러므로 대단한 주의가 요청된다.

문장의 형태를 볼 때 마가복음의 본문은 의문문인 반면에, 마태복음과 누가복음은 서술문으로 되어 있다(막 4.21; 마 5.15; 눅 8.16). 이와 더불어 어떤 학자는 내용에 있어서 마가복음과 누가복음의 본문은 일치하는 반면에, 마태복음의 본문은 전혀 다른 의미를 가지고 있다고 말하기도 한다. 즉 마가복음과 누가복음의 본문은 예수께서 "그리스도이심"을 나타내는 반면에, 마태복음의 본문은 그리스도인의 착한 행실에 관한 말씀이라고 보는 것이다. 이러한 측면의 해석을 하는 사람들은 본문에 등장하는 '등불' 이 그리스도를 지칭하는 것이라고 본다. 과연 그러한가? 그렇다. 그리스도는 등불 같으신 분, 아니 그 이상이신 분이시다. 하지만, 본문에서 등장하는 등불은 오히려 예수뿐만이 아닌 우리 인생을 상징적으로 드러낸 것으로 보인다. 우리가 예수 그리스도를 주님으로 모시고 살아가는 인생이라면 그 인생은 등불 그 자체가 되는 것이다. 왜냐하면 우리 안에 등불이신 그리스도가 계시기 때문이다. 그래서 그리스도를 주님으로 모셔 들인 사람들을 가리켜서 그리스도인이라고 부를 수 있는 것이다. 그러나 여기서 주의할 점은 마치 그리스도와 분리시켜서 우리 자신을 등불이라고 부르는 것은 자칫 인본주의로 치닫기 쉽다. 우리는 하나님의 아들, 하나님이신 예수 그리스도로 인하여 우리 자신이 또 하나의 등불의 역할을 수행할 수 있는 특권을 누리게 된 것을 잊지 말아야 한다.

예수께서는 우리 인생의 등불이시다. 그 분은 우리의 갈 길을 비추어 주신다. 아니 우리가 가야하는 길 자체이시다. 길은 가야할 방향을 알려줄 뿐만 아니라, 우리로 밟고 지나가게 한다. 자신을 희생하여 자신을 통해서 나아가게 한다. 바로 그리스도께서 공생애와 십자가상에서 하신 일은 그 역할이었다. 그리스도 예수께서는 자신의 존귀한 모든 권위를 우리를 구원하기 위해서 잠시 내려놓으셨다. 우리를 참된 생명의 자리로 인도하시기 위해서, 하나님의 거룩한 존전에 나아가는 길을 여시기 위해서 십자가 상에서 무참하게 짓밟히시는 끔찍한 고통을 인내하심으로 죄로 점철된 우리 영혼을 구원하시는 길을 열어놓으셨다. 예수 그리스도만이 우리 인생에 참 길이 되신다. 우리는 그리스도를 '등불' 의 본연의 모습 그 자체로 보아야 한다.

사람도 등불을 말 아래에나 침상 아래에 두지 않는 것처럼, 주님은 우리 인생을 그렇게 다루지 않으신다. 그런데 우리들은 원래 등경 그 자체에 불과한 존재들임에도 불구하고, 주님이 우리를 등불과 같은 대상으로 간주해 주시고 있다는 것을 알아야 한다. 아니 등경이 이 세상에서 참된 의미를 갖는 것은 등불을 받치고 있을 때만이다. 우리 크리스천은 그리스도가 제 위치, 크리스천의 내면의 중심에 있을 때만이 등경의 바른 역할을 수행할 수 있게 되는 것이다. 그 등불이 만방에 빛을 발하도록 해야 한다.

때때로 우리는 '등경' 인 우리 아래에 '등불' 이신 그리스도를 내려놓고 등경 그 자체가 마치 등불인양 행세하는 것처럼 우스운 꼴을 보일 때가 많다. 주님께로 돌아가야할 모든 영광을 인간이 독차지하려는 어리석음을 범할 때가 많다. 등경 그 자신이 모든 영광을 다 거두는 교만하고 패역한 모습으로 서 있는 우리 자신을 본다. 악하고 더러운 영인 사탄은 언제나 우리를 조종하려든다. 우리가 그리스도를 배제한 상태로 모든 것을 다 할 수 있다고 가르친다. 우리가 그리스도를 배제시킨

상태로 혼자서 참선을 하고 자신을 비우면서 도를 닦는다고 하면서 하나님께로 다가갈 수 있으리라는 생각을 하는 것은 매우 어리석은 행동이며 매우 위험한 행동이다. 종종 우리 주변에서 이러한 일을 하면서 악한 영에게 사로잡히는 경우를 많이 본다. 요가를 하거나 도를 익힐 때 주의해야 점은 자신의 내면에 거하시는 주님조차도 비우는 어리석음을 범하게 되고 그 안에 엉뚱한 것, 더러운 것들이 자리 잡도록 방치하게 되는 것을 보게 된다. 우리는 이것을 경계해야 한다.

우리의 삶 가운데 그리스도에 대한 신앙고백을 부끄럽게 여기고 등불을 등경 아래로 밟아 누르려는 듯한 삶의 유혹과 미혹으로부터 우리는 벗어나야 한다. 주님이 우리를 등불이라고 간주하시는 것은 등경 그자체의 역할이 바로 등불이 빛을 제대로 발할 수 있도록 구석 구석 어두운 곳을 밝힐 수 있도록 고안된 것이기 때문이다. 그 목적이 하나이기 때문이다. 등불과 함께 있는 한 우리 자신도 등불과 같은 존재로 설수 있기 때문이다. 이제까지 저와 여러분의 삶 가운데 어느 때부터인가 등불을 등경 아래에 내려놓고 그냥 등경 그 자체로 서 있는 삶을 살아가고 있다면 이제 등불이 본래의 자리로 서도록 해야 하며, 다른 그 무엇이 등경위에 놓여 있지 않도록 비우고 오직 등불만이 그 자리에 서기에 적합하도록 해야 한다. 등불을 다시금 원래의 위치로 올려 두는 것처럼, 그리스도를 우리의 최고의 자리에, 우리의 중심에 명확하게 서시도록 해야 한다. 그 때에야말로 우리에게 소망이 있고, 우리가 참으로 능력있게 소망을 말할 수 있게 된다.

우리가 등불이라고 이야기하여놓고, 결국 등불 그 자체이신 예수 그리스도를 등경 아래 더 나아가 말 아래에다 두려는 어리석음을 범치 말아야 한다. 이 시대를 살아가는 수많은 지식인 크리스천들이 예수 그리스도에 대한 분명한 신앙고백을 부끄럽게 여기는 것을 종종 본다. 우리는 여기서 속지 말아야 한다. 교회 자체는 다른 어떤 집단이 아니다. 단순한 친교집단도 아니고 사교집단도 아니다. 교회 내에 친교가 없어서는 안되지만, 그리스도가 분명하게 드러나지 못하는 친교는 그 본래의 의미를 상실한 것이라 하겠다. 식사 때마다 빵과 잔을 나눌 때마다 그리스도가 기념되었던 것을 보게 된다. 여기에 중요한 의미가 있다. 친교의 시간에도 주님만이 우리의 신앙고백의 대상이 될 수밖에 없다는 것이다. 예수 그리스도에 대한 명확한 신앙고백이 있는 그 공동체를 참된 크리스천 공동체, 참된 교회라고 볼 수 있다.

　종종 하나님은 왜 우리 인생을 돌보지도 않으시고 제대로 대우하시지도 않느냐고 반문하는 이들의 소리를 들을 때도 있다. 그러나 주님께서 우리를 향하여 대우하시는 것이 어느 정도인지 다 드러나게 되어 있다. 숨겨둔 것은 드러나고, 감추어 둔 것은 나타나게 마련이기 때문이다. 주님이 우리를 대하시는 것이 지금은 다소 숨겨진 것처럼, 감추어 둔 것처럼 보일지 모르지만 언젠가는 우리가 깨닫게 될 날이 오게 되어 있다.

　24-25절에서는, 만일 어떤 사람이 그의 선포를 받아들이면 하나님께서는 지금 그의 나라의 몫을 그에게 줄 것이고 심지어 더 많은 것을 미래의 확증에다 더하여 줄 것이다(4.21-23). 그러나 만일 그의 말씀을 거부한다면 그 사람은 절대적인 손실을 당하게 될 것이다. 왜냐하면 현재 하나님 나라의 몫으로 가지고 있는 기회마저 언젠가는 빼앗겨 버릴 것이기 때문이다.

"너희는 새겨들어라"는 청중을 문제삼는다. 듣는 자는 말씀과의 만남에서 직접 하나님의 행동을 경험한다. 하나님은 인간이 사용하는 척도에 따라 (인간을) 평가한다. 그러한 이 말은 무슨 뜻일까? 문맥에 비추어 볼 때 말씀을 듣는 자가 열매를 맺도록 촉구받는다고 생각하는 것이 가장 그럴 듯하다. 이 때 듣는 자는 하나님을 의지한다. 하나님은 기대한 것보다 많이 주며 풍부하게 베푼다. 이 점에서 마가의 격언은 응보의 법을 나타내는 랍비 문헌의 유사한 말들과는 구별된다. 지혜문학과 묵시문학에 수많은 병행구들이 나오는 격언 하나가 이유를 말해준다: "지혜로운 사람을 가르쳐라, 그러면 그는 더욱 지혜로와질 것이다!"(잠언 9.9). 자신을 여는 사람은 말씀을 들음으로써 풍요로와진다. 그러나 자신을 닫는 사람은 빈곤해진다. 말씀이 인간들을 심판한다.

우리는 하나님을 낯선 사람 대하듯 할 때가 많다. 때로는 하나님께 냉정할 때도 적지 않다. 자신에게 관대하면서도 하나님께는 매우 지나칠 정도로 엄격하다. 하나님께서 우리에게 주신 만큼만 우리는 하나님께 보답한다는 식으로 신앙생활을 하는 경우도 적지 않다. 그러나 이것은 크나큰 오해에서 초래된 것이다. 아니 오해를 넘어서 크나큰 과오를 범하는 것이다. 사실 주님은 우리, 하나님의 자녀들에게 정확하게 돌려주실 뿐만 아니라 덤으로 더하여 항상 베풀어 주시는 분이시다. 따라서 우리는 한마디로 하나님 앞에서 '덤으로 살아가는 인생'이다. 이러한 인생인고로 우리 인생은 삭막하여질 수 있는 척박한 삶의 현장 속에서도 삶의 여유를 찾고 주님으로부터 새로운 힘을 얻어서 이 땅에서 힘있게 살아갈 수 있는 것 같다. 자신의 삶의 자락마다 '전적인 하나님의 은총'을 말하는 사람들이다.

저와 여러분이 성숙한 신앙의 길목에 들어설 때, 다음과 같은 경험을 가지셨으리라 본다. 우리 개개인이 살아가는 삶의 정황이 대부분 감사할 수 없는 상태로 다가올 때가 많다. 이로 인하여 사회나 이웃에 대한 불만이나 반감을 갖고 살아가기 쉽다. 그러던 중, 언젠가 주님이 인격적으로 우리 곁에 다가왔을 때, 우리는 삶의 조건이 전혀 바뀌지 않았음에도 불구하고 감사하며 기쁨과 웃음을 회복하게 되는 경우를 본다. 이는 주님이 우리를 지켜주고 계시기에 나의 삶이 이 정도로 지탱된다는 것을 깨닫게 된다. 이 시점에서 우리는 하나님의 은혜가 없이는 한 순간도 살아갈 수가 없다고 고백하기까지 하게 된다. 바로 이러한 삶을 살아가는 사람이야말로 주님이 주신 말씀의 진리를 제대로 맛본 사람이요 덤으로 살아가는 멋진 인생의 자리에 머물고 있는 것이라 할 수 있겠다. 늘 덤으로 살아가는 인생이라 생각하는 사람들은 자신의 소중한 것을 나눌 줄 안다. 자신도 지금 살아가기에 넉넉하지 못하지만, 아니 넉넉함과는 거리가 멀 정도로 빠듯한 삶을 살아감에도 불구하고 그러한 소중한 것들을 나누며 살아간다. 물론 항상 그러한 나눔을 할 수는 없을 것이다. 또한 이 땅에 살아가는 사람들이 언제나 감사하거나 기쁨을 유지하며 살아가기는 쉽지 않다. 일반적인 사회 속에 살아가는 사람들 중에 아마 그렇게 살아갈 수 있는 사람은 거의 없다고 볼 수 있다. 삶의 어떠한 조건에도 불구하고 각각 삶의 어려움이 있고 고민이 있기 마련이다. 그럼에도 불구하고 자신의 삶의 대부분의 시간을 감사와 기쁨과 아름다움으로 간직할 수 있게 될 것이다.

제 21장 하나님의 나라에 대한 무지와 앎
- 씨뿌리기와 추수

막 4.26-29

26예수께서 또 말씀하셨다. "하나님 나라는 이렇게 비유할 수 있다. 어떤 사람이 땅에 씨를 뿌려 놓고, 27밤낮 자고 일어나고 하는 사이에 그 씨에서 싹이 나고 자라지만, 그 사람은 어떻게 그렇게 되는지를 알지 못한다. 28땅이 저절로 열매를 맺게 하는데, 처음에는 싹을 내고, 그 다음에는 이삭을 내고, 또 그 다음에는 이삭에 알찬 낟알을 낸다. 29열매가 익으면, 곧 낫을 댄다. 추수 때가 왔기 때문이다."

이것은 마가복음에만 있는 독특한 비유이다. 씨뿌리는 비유처럼 하나님 나라의 도래에 대한 포괄적인 묘사를 표현하고 있다. 성장하는 측면을 강조하여, 씨를 뿌림(26절), 자라남(27-28절), 추수(29절). 씨뿌리는 자 한 사람만 세 가지 측면 모두에 나타난다.

첫 단계에서는 씨뿌리는 자가 땅에 씨를 흩어 뿌린다. 둘째 단계에서는 씨뿌리는 자가 나타나기는 하나 전혀 활동하지 않는다. 좋은 땅에 심어졌을 때는 인간의 개입 없이도 한 단계씩 자라서 곡식을 생산해내는, 생명을 낳는 씨앗 속에서 하나님은 역사하신다. 씨뿌리는 자의 궁극적인 관심은 세번째 단계 즉 추수이다. 곡식이 익을 때마다 추수할 때가 되었기 때문에 그는 즉시 곡식에 낫을 댄다(문자적으로 "낫을 보내다"의 의미, "추수꾼들을 보낸다"는 상징적인 표현; 욜 3:13).

몇몇 해석자들은 이 비유를 전도에 대한 묘사로 본다. 또 어떤 사람들은 한 신자에게 나타나는 영적인 성장을 묘사하는 것이라고 생각한다. 그리고 다른 사람들은 신비하고도 주권적인 하나님의 역사에 의하여 도래하는 하나님 나라에 대한 묘사로 보기도 한다. 이 비유의 강조점은 하나님의 주권 하에 있는 성장이다.

*하나님의 나라에 대한 무지 1: 어떻게 자라나는 지를 모름

씨 뿌리기 ? 싹이 나고 자람 ? 열매를 맺음

우리는 종종 '하나님 나라'에 대해서 생각할 때, 신앙 공동체인 교회를 떠올린다. 따라서 하나님 나라의 자람에 대해서 이야기를 하면, 교회의 성장과 부흥을 생각하는 것 같다. 교회의 성장과 부흥을 어떻게 이루어야 할지를 염려하고 고민하는 부류들이 있다. 그러나 이에 대해서 주님은 비유를 통해서 진정한 하나님의 나라는 우리가 어떻게 해야 자람이 있는지를 모르는 것이 정상이라고 가르쳐 주고 있다. 그럼에도 불구하고 종종 우리는 마치 어떤 교회가 성장했다고 하는 이유로 인하여 거기에 노하우(know-how)가 있다고 생각하고 그것을 카피하여 자신의 교회에 적용해 보려고 하는 모습이 있다. 물론 누구나 그러한 시도를 해볼 수는 있다. 하지만, 여기서 종종 간과하는 점이 있다.

하나님 나라를 위해서 우리가 할 수 있는 것은, 단지 우리가 씨 뿌리기 만을 하면 된다. 그러나 우리는 다른 모든 것을 다 하면서도, 불필요한 염려는 다 하면서도 정작 해야 할 씨 뿌리기만은 하지 않는다. 다른 모든 과정은 주님께 달려 있다. 우리는 씨를 뿌리고 그 씨가 싹이 나고 자라서 열매를 맺기까지 주님께 의탁하는 자세가 필요하다. 우리가 최선을 다하면서도 우리가 할 수 있는 일이 아무 것도 없다는 것을 아는 겸허한 자세만이 필요할 뿐이다. 주님께 의지하고 맡기는 자세만이 필요하다. 따라서 우리는 오늘 말씀에 근거해서 전도하기에 힘써야 하겠다. 전도하고 선교해야 한다. 그래야 하나님의 나라가 세워져 간다. 전도는 다양한 방식으로 진행될 수 있다.

우리가 하나님의 나라가 어떻게 자라는가를 알 수는 없을지라도 그 자람의 과정을 볼 수는 있다. 아래와 같다.

*하나님 나라에 대한 앎 1: 자람의 과정 절차

씨 - 싹 ? 이삭 ? 이삭에 알찬 낟알 ? 낫을 댐(추수함)

우리는 씨를 뿌려놓고 그 씨가 싹이 나오고 있는지를 보아야 한다. 그 싹에서 이삭이 나오고 있는지, 그 이삭에 알찬 낟알이 있는지를 면밀하게 살펴야 한다. 그 시기에 우리는 낫을 대어 추수를 하면 된다. 바로 여기에 복음 증거의 열매를 발견할 수 있다.

마가공동체에 속한 사람들도 하나님의 나라가 자신의 공동체 내에서 구현되고 있는지, 의구심이 들었다. 암울한 시대적인 정황 속에서 자신들이 속한 공동체가 정체 되어 있는듯한 느낌을 가졌을 수 있다. 왜냐하면 늘 그 상태 그대로인 것처럼 보였기 때문이다. 그러나 마가는 공동체를 향해서 지금은 우리가 어떻게 할 수는 없지만, 씨 뿌리기를 지속적으로 실행해야 한다는 것을 가르쳐 주었다. 죽음에 대한 위협 앞에서도 굴하지 않고 담대하게 증거하는 자세가 필요하다고 본 비유를 통해서 시사한다. 또한 추수기의 시기를 잘 구별해야 한다고 이야기를 한다. 자칫 덜 익은 열매를 거두는 것은 마가공동체를 드러나게 하는 것이요 공동체 전체가 노출되어 위험에 처할 수 있다는 것을 경고하는 메시지가 담겨 있다. 교회에 대해서 거부감이 있거나 적대감이 있는 대상들의 경우, 별생각이 없이 복음의 씨를 받았다가 하나님께서 그 안에서 자라게 하셔서 때가 되어 거두게 될 때가 있다는 것을 알아야 한다. 다른 사람이 오래 전에 뿌린 씨를 우리가 거둘 수도 있으며, 우리가 뿌린 씨앗을 다른 사람들이 거둘 수도 있다는 것을 인정해야 한다. 그러나 추수기에는 반드시 그 때를 놓치지 않고 어떤 농부라도 그것을 거두어야 할 것이다.

*그렇다면 우리가 지금 해야할 일은 무엇인가?

우리가 지금 해야 할 일이 바로 이것이다. 추수기에 있는 이 땅의 백성들을 살펴야 한다. 그분들이 지금 우리의 추수를 기다리고 있음에도 불구하고 우리는 분주함과 또 다른 이유로 인하여 그렇게 낫을 기다리

는 이들을 회피하고 있는지 모른다. 매해 추수기를 맞을 때마다 추수기에 있는 대상들을 찾아나섬과 동시에 누군가가 추수를 할 수 있도록 파종하는 것을 잊지 않아야 한다. 하나님께서 우리 인생들에게 맡겨주신 것은 씨를 뿌리는 일과 거두는 일이 다. 가장 기쁘고 즐겁고 의미있는 일을 우리에게 맡겨주셨다. 하나님은 그 모든 중간 과정을 책임지신다. 다만 우리가 포기하지 않고 편견을 갖지만 않는다면, 주님은 반드시 큰 수확을 우리에게 알려주실 것이다. 적절한 그 때가 되었을 때 정중하게 초청하자. 하나님께서 우리를 이 땅에 보내신 이유가 무엇인지를 알아야 한다. 우리를 추수를 앞두고 있는 농토의 농부로 부르신 주님을 따르자.

하나님의 나라가 한번 우리에게 임하면 스스로 확장된다. 하나님의 나라는 씨가 땅에 뿌려지면 우리가 알든 모르든지 간에 성장하는 열매와 같다. 처음에 싹이 나고, 그 후엔 이삭이, 결국 이삭에 충실한 곡식이 된다. 이와 같이 이삭이 충실한 곡식이 되면, 추수를 하게 된다. 하나님의 나라는 자생력이 있다. 하나님의 나라는 스스로 세워진다. 일단 우리가 한번 하나님의 나라를 소유하게 된다면, 우리는 확고한 하나님의 나라로 세워져 간다. 우리의 삶이 하나님의 나라를 드러내는 모습으로 변화되어간다.

추수 때가 되었는데도 불구하고 하나님의 나라가 한 사람에게서 드러나지 않는다면 그 사람의 인생은 다시 한번 신중하게 점검해 보아야 할 필요가 있다. 추수할 때가 이르렀는데도 불구하고, 아직도 싹이 나는 정도에서 머무는 정도라면 그 사람이 선 땅을 점검해 볼 필요가 있다. 다시금 자신의 환경을 믿음의 토대 위에 세워야 할 것이다. 여러분 가운데 이미 하나님의 나라가 임하였는데도 불구하고 여전히 지옥과 같은 생을 살아가고 있다면 하루빨리 그러한 삶에서 벗어나야 한다. 하나님의 나라가 당신 안에 심겨져 있는가? 그렇다면 하나님의 나라가 당신을 통해서 증거되어야한다. 당신을 통해서 열매를 맺어야한다. 새로운 생명을 주님 앞으로 인도하는 삶을 실천해야 할 것이다.

사람의 구원이라는 큰 과업에서는 다음 두 가지 조건이 곡식을 성장시키는데 도움이 된다. 첫째는 인간의 필요에 대한 지식이다. 둘째는 인간 영혼에 대한 사랑이다. 이 두 요건이 합쳐지면 사람은 기도와 증거와 자기 부인에 이르게 된다. 하나님의 생명이 우리의 것이 되어야한다. 그 생명은 위아래로 자라서 우리 속에 뿌리를 내리고 하나님을 위해 열매를 맺어야 한다. 하나님의 나라를 진정으로 우리의 소유로 만들고 그 나라가 좀더 신속하고 체계적으로 재생산되고 퍼져나가도록 돕는 것은 무엇이든 그 나라의 광대한 목적을 이루는 것으로 크나큰 가치가 있다(A.T.피터슨).

심는 일과 거두는 기쁨이 영적 밭에서는 동시에 진행된다. 자연의 영역에서 농부는 한 철에 씨를 뿌리고 다른 철에 거두는 것이 전부이다. 그러나 하나님의 말씀은 그와 다른 경험을 제공한다. 하나님의 나라에서는 일년 중 씨를 뿌려서는 안 되거나 곡식을 거둘 수 없는 때가 없다. 이 두 가지 과정이 경험상에는 아주 밀접하게 연관되어 있다. 이 두 과정은 교대로 상호간에 원인이 되기도 하고 결과가 되기도 한다. 우리가 지상 생활에서 조금이라도 거둘 수 없게 된다면 씨를 뿌리는 일은 맥빠지게 진행되거나 아예 그치게 될 것이다. 또 한편으로 씨 뿌리는 일을 그친다면 오랫동안 계속해서 거두는 일도 없을 것이다.

*당신은 이 비유가 무엇을 가르쳐 준다고 생각하십니까?

____

이 비유는 하나님의 나라는 사람들의 반응과는 아무런 관계도 없이 예수의 삶과 가르침을 통하여 이미 시작되었음을 가르치기 위한 것이기도 하다. 하나님의 나라는 인간의 어떤 노력, 율법을 위한 노력이나, 정치적, 혁명적인 노력으로 도래하는 것이 아니라 하나님의 주권적인 의지와 역사하심에 힘입어 자연스럽게 온다.

*당신의 삶에서 하나님이 주신 인생의 사명을 한 가지 적어 보라.

인생의 사명 한 가지:

____

제 22장 그럼에도 불구하고

막 4.35-41

1. 한 영혼, 그럼에도 불구하고 먼저(4.35)

35 그 날 저물 때에 제자들에게 이르시되 우리가 저편으로 건너가자 하시니

예수께서는 참으로 급하신 모양이다. 예수께서는 제자들에게 바다 건너편에 소재한 거라사인의 지방(막 5.1)으로 건너가자고 명하신다. 그것도 하필 "저물 때" 말이다! 예수께서는 무엇 때문에 그렇게 발길을 재촉하셨을까? 여기서 예수께서는 거라사 지방에서 벌어질, 위대한 영적 전쟁을 위하여 출정하신다. 이 전쟁을 위대한 영적 전쟁이라고 명명하는 것에 대해서 의아하게 생각하는 이가 있을지도 모르겠다. 그런 이가 있다면, 그것은 이제까지 물량주의에 길들어져 있기 때문인지 모른다.

그럼에도 불구하고 나는 이 전쟁을 〈위대한 영적전쟁〉이라 명명하고 싶다. 그것은 21세기를 살아가는 구도자들조차도 규모가 있고 많은 수의 사람들을 구원한다는 결실에 대한 확신이 들 때, 급하게 서둘러 그 행사만을 계획하고 진행하는 모습을 보이기 때문이다. 이러한 속성에 길들어져 있는 나 자신에 대한 실망감이나 거부감도 부인할 수 없으리라.

예수가 그렇게도 재촉해서 바다를 건너가 치르게 될 영적전쟁의 대상은 누구인가? 그 대상은 우리의 예상과는 달리, 일견 너무나도 초라하고 작게 보이는 대상, 수많은 군중이 아닌 〈단 한 영혼〉이다. 바로 예수께서는 한 영혼을 구원하기 위해서 날이 저물 때에 발걸음을 재촉하고 있는 것이다. 많은 사람을 해방시키는 것도 아닌데 왜 그렇게 서두르셨을까? 오히려 예수의 서두르는 발걸음은, 한 영혼이 천하보다도 귀하다고 강하게 호소하였음에도 불구하고 한 영혼, 소수의 구원이 무시되고 있는 이 시대의 교회의 선교 현장을 고발하는 예수의 발걸음은 아닐까?

단 한 영혼만을 구원하는 데는 뒷걸음질하는 이 시대의 교회를 향하여 고발하는 예수의 몸부림이신지도 모른다. 소수 또는 한 영혼의 구원을 위해서는 아무도 예수처럼 서두르지 않기에 예수의 이 발걸음이 너무나도 이색적이며 그것이 감격적이어서 나는 이 전쟁을 위대한 영적전쟁이라 다시 한번 강조하고 싶은 것인지도 모르겠다. 예수께서는 귀신에 붙잡혀 살아가는 한 인생을 거듭나게 하기 위해서 이 어려운 길을 택하셨다.

2. 두려움, 그럼에도 불구하고 순종(4.36)

36 저희가 무리를 떠나 예수를 배에 계신 그대로 모시고 가매 다른 배들도 함께 하더니

위 본문에 보도된 예수께서는 어떠한 상황 속에서도 평정을 유지하

신다. 이와 달리 제자들은 예수의 가는 길을 추종하며 순종하다가도 자신들의 불안과 두려움 앞에서 무력하게 넘어지는 것을 볼 수 있다. 그것은 예수께서 자신의 갈 길을 명확하게 인식한 것과 달리, 제자들은 그 길에 대한 인식이 명확하지 않아 항상 상황에 자신을 노출시키고 있음을 볼 수 있다.

한편, 위 본문에서 제자들이 지체없는 순종의 모습과 달리 광풍을 만났을 때 예수께 불평을 늘어놓는 모습에서 그들의 가는 길에 대한 무지를 예측할 수 있다. 제자들의 순종은 다가올 광풍에 대한 무지 때문이었는지도 모른다. 왜냐하면 광풍을 만났을 때 그들은 예수께 대한 불평 곧 불순종의 모습을 드러내었기 때문이다.

때때로 광풍 등으로 인하여 갈릴리 바다에서 저녁시간에 배를 타는 것이 위험하였으리라. 광풍이 불기라도 하는 날엔 생명도 위험하였으리라는 것을 알만한 어부 출신의 제자들조차도 그날은 머뭇거림도 없이 그대로 예수를 배에 모시고 바다를 건너가기 시작한다. 당시 갈릴리 바다에 대한 정확한 지식이 있는 어부 출신의 제자들로서는 갈릴리 바다를 너무나도 잘 알고 있었기에 자신들의 경험으로 터득한 지식이 그들의 발걸음을 쉽게 재촉했는지도 모른다. 달리 말하면, 제자들은 갈릴리 바다의 사면이 산으로 둘러쌓여 있어서 때때로 광풍이 일어나는 것을 익히 알고 있었음에도 불구하고, 그 날의 일기는 안전하리라는 선판단과 지식의 전제가 있었던 것을 알 수 있다. 왜냐하면 광풍 정도는 기꺼이 극복할 수 있으리라는 자신감이나 자만감이 있었다면 그 어떠한 광풍에도 굴하지 않고 그에 맞서서 싸웠으리라 볼 수 있기 때문이다.

만약 어부 출신의 제자들이 갈릴리 바다의 저녁날씨를 헤아릴 수 있었다면, 저물 때의 그 상황에서도 배에 오를 수 있었던 것은 무엇 때문이었을까? 우리의 기대와는 달리, 그것은 제자들이 예수께서 자신들과 함께 하신다는 믿음 때문이었을 가능성도 크다! 제자들은 예수께서 자신들과 함께 배에 오르시기에 광풍이나 그 무엇도 피하여 가리라는 확신이 있어서 배에 올랐을 수 있다. 그러나 그들의 기대와는 달리, 광풍이 〈다른 배들〉을 강타한 보도는 없고 예수께서 함께 하는 〈제자들의 배〉를 침몰시키려 하였다는 보도만 있을 따름이다.

제자들의 순종은 예수께서 자신들과 함께 배에 오르신 것에 의존한 것이었다. 예수께서 육신으로 자신들과 함께 하기에 순종한 제자들과는 달리, 위 본문 가운데는 비록 예수께서 자신들과 함께 배에 오르지 않았음에도 불구하고, 예수의 명령에 순종하여 바다를 건너가는, 〈다른 배들〉도 있었음을 알 수 있다. 제자들의 모습을 통해서, 자신이 성공하고 평탄할 때는 예수께 대한 신앙을 유지하면서도 조금이라도 어려운 상황이 닥쳐오면 불평과 불만이 담긴, 불신앙의 목소리를 발하는 어리석은 우리 자신의 모습을 볼 수 있다.

이 두 대상, 즉 예수와 함께 배에 오르기에 바다를 건너기로 작정한 자들과 예수와 다른 배에 승선함에도 불구하고 예수의 명령에 순종하는 자들을 비교해 볼 때, 어느 부류가 순종하기에 더 어려웠을까? 당연히 〈다른 배들〉에 승선한 자들이었으리라 볼 수 있다. 〈다른 배들〉에 속한 자들은 비록 예수께서 육적으로 자신들과 같은 배에 승선하지 않았음에도 불구하고 함께 하시리라는 성숙한 믿음으로 순종하였다.

주께서 우리에게 기대하시는 것은, 그럼에도 불구하고 끝까지 순종하는 삶이다. 우리에게 주어진 환경은 수시로 변할 수 있다. 비록 주님이 우리와 함께 하시더라도 우리에겐 어려움과 환난이 다가올 수 있다.

주는 거라사 지방의 위대한 영적 전쟁을 위하여 출정하셨다. 여기서 주님이 거라사 지방을 향하시는 것은, 단 한 영혼을 살리기 위함이셨다. 군대 귀신에 붙잡혀 살아가는 인생을 거듭나게 하기 위해서 이 길을 택하신 것이다. 주님은 한 영혼을 구원시키기 위해서 그 발걸음을 향하고 계신다. 바로 한 사람을 살리기 위하기 위해서 말이다. 이 위대한 발걸음에 여러분 함께 참여하고 싶지 않으십니까?

3. 순종, 그럼에도 불구하고 환난(4.37-38)

37 큰 광풍이 일어나며 물결이 부딪혀 배에 들어와 배에 가득하게 되었더라

예수 일행이 탄 배가 바다를 건너고 있을 때 광풍이 불고 풍랑이 일어났다. 우리의 신앙의 여정에서도 갑작스럽게 다가오는 환난이 있기 마련이다. 큰 광풍과 같고 거센 물결이 배에 넘쳐 들어오듯이, 우리의 삶의 중심으로 큰 환난과 위험이 다가온다. 이것은 우리의 발걸음을 돌이키도록 만드는 요소가 될 수 있다. 그러나 겁낼 것 없다. 우리와 함께 계시는 예수께서 계시기에 우리의 생은 언제나 안전하기 때문이다.

38 예수께서는 고물에서 베개를 베시고 주무시더니 제자들이 깨우며 가로되 선생님이여 우리의 죽게 된 것을 돌아보지 아니하시나이까 하니

제자들의 말은 예수께 탄원하는 차원이 아니라, 예수를 원망하고 있다. 왜 우리를 이런 곳으로 인도하여 어려움과 환난을 맞게 하는가? 라고 말이다. 우리 자신들도 종종 그런 신앙의 모습으로 불평을 한 적이 있지 않은가?

더 나아가 제자들은 "왜 주님의 말씀에 순종하며, 주님께 순종하는 길을 택하여 나아가는 데도 불구하고 환난이 찾아오는가?"라는 의구심에 사로 잡혀 불평하고 있음을 알 수 있다. 불평의 뒤편에는 언제나 불신앙이 자리하고 있다. 모든 것은 불신앙에서 나온다. 우리는 환경에서 불평이 나온다는 피상적인 인식에 머물 때가 많다. 하지만 우리의 불평은 불신앙에서 나올 때가 많다.

동아리 모임이나 어떤 공동체의 모임에서 어려움이 닥치면, 리더가 잘못 인도해서 이렇게 어려움이 발생했다고 비난하는 것을 쉽게 발견할 수 있다. 그러나 이러한 경우를 통해서 우리로 하여금 한 영혼의 소중함을 깨닫게 만드시는 주의 가르침을 발견할 수 있다. 한 영혼을 구하기 위해서 수많은 생명을 건 사투를 마다하지 않으신다. 우리가 한 영혼을 거듭날 수 있도록 돕는, 봉사와 섬김을 위해 출정하는 것도 바로 이러한 견지에서이다. 한 영혼의 생명을 구하기 위해서 나아가는 것이다.

4. 바람과 바다, 그럼에도 불구하고 순종(4.39-41)

제자들은 환난이나 핍박이 일어나는 때에 곧 넘어지는 자로 전락하고 있다. 예수께서 배에서 전하셨던 씨뿌리는 비유 가운데 돌밭에 뿌리운 씨의 결과를 남길 수밖에 없는 부류에 제자들이 서 있다(4.16-17). 어찌보면 제자들은 완전한 결실을 맺지 못한 부류에 속한 것이라 할 수 있다. 주님의 말씀에 대해 순종한다는 것은 한번 주어진 그 말씀을 환난이나 시험이 있음에도 불구하고 넘어지지 않고 견디어 이겨내는 신앙의 실천을 말한다.

진정한 순종을 위해서는 깊은 뿌리인, 깊은 신앙이 요구된다. 참된 신앙이 없이 그냥 순종만 할 때에는 어려움이 닥쳐올 때 넘어지게 되어 있다. 우리가 주님의 사역을 감당하면서 주님께 대한 신뢰가 없다면 넘어지는 인생이 되고 말 것이다. 제자들이 순종하지 않으니까, 이제는 말도 통하지 않는 바람과 바다가 순종하고 있다. 바람과 바다가 순종할 때 평온함이 회복되었다. 참된 믿음에 바탕을 둔 순종이 있을 때, 우리들도 상황에 좌우되지 않는 진정한 평안을 되찾을 수 있다. 참된 믿음, 참된 순종 가운데 참된 평안이 깃들리라.

그럼에도 불구하고 인생에서 풍요로운 삶을 살아가는 방도가 있다.

우리가 튼튼하게 뿌리를 내린 나무들로부터 배워 왔던 교훈들이다.

도전적인 태도, 이는 매우 중요하다. 만약 당신이 '나는 되는 일이 없어' 라든지 '이건 너무 어려운 일이야' 라는 마음가짐으로 접근한다면 무너진 돌들은 그저 무너진 돌로 남을 뿐이다. 그러나 만약 자신의 의도를 분명히 하고 자신이 얻고자하는 바를 마음속에 확고하게 그리고 있다면 그것을 성취하기 위한 창조적인 방법들이 당신의 눈앞에 나타날 것이다.

자신감. 당신 자신과 당신의 의도에 대한 확신이 결정적인 힘을 발휘한다. 자신감을 기르기 위해서는 여러분 주위의 우주(사랑하는 사람들, 친구들, 동료들 그리고 일상에서 부딪치는 모든 사람들)로부터 오는 모든 의견들에 귀를 기울이고 당신의 행동이 낳는 결과들을 잘 관찰해야 한다.

열린 마음, 새로운 전망을 향해 마음이 열려 있다면 길을 가기가 더욱 수월해진다. 산들바람에 몸을 굽힐 줄 아는 나무가 사나운 폭풍을 견뎌내는 것처럼 주위 환경으로부터 오는 자극에 열린 마음으로 응답하는 것이 당신이 가진 의도를 창조적으로 표현할 수 있는 유연성을 갖게 해줄 것이다.

이 세 가지 자질이 우리가 무너진 돌들을 디딤돌로 바꾸는 데 도움을 준다. 긍정적인 태도, 자신감 그리고 열린 마음으로 무장한 여러분은 인생에서 마주치는 장애물들을 또 다른 기회로써 기꺼이 받아들이고 하늘을 향해 힘찬 한 걸음을 옮길 수 있을 것이다.

세상에는 세 부류의 사람이 있다. 즉, 무언가를 이루는 사람, 그것이 이루어지는 것을 지켜보는 사람, 이미 일어난 일에 감탄하는 사람이다.

세 번째에 속한 사람은 희생자이다. 우리들 모두는 인생의 어떤 지점에서 자신이 희생자가 된 것처럼 느끼게 된다. 많은 사람들은 자신이 '굴러들어 오는' 복과는 아무런 상관이 없는 사람이라고 스스로 체념하고 그나마 자신은 다른 사람에 비해서는 운이 좋은 편이라고 스스로를 위안하기도 한다. 이런 식으로 자신을 받아들이는 것이 무언가를 이룰 수 있는 능력을 앗아간다.

장애물을 헤치고 나가기 위해서는 과거에 실패했을 때 뿐만 아니라 성공했을 때 우리가 했던 역할을 생각해 볼 필요가 있다. 우리는 보통 실패만을 검토한다. 그러나 성공한 일에서 자신이 했던 기여를 회상해 봄으로써 우리는 자신의 비전과 목표를 떠올리게 되고 인생의 참된 목적을 다시 조명할 수 있게 된다.

제 23장 "마지막 남은 그 불꽃을 향하여!"

막 5.21-34

21예수께서 배를 타고 맞은편으로 다시 건너가시니, 큰 무리가 예수께로 모여들었다. 예수께서 바닷가에 계시는데, 22회당장 가운데서 야이로라고 하는 사람이 찾아와서 예수를 뵙고, 그 발아래에 엎드려서 23 간곡히 청하였다. "내 어린 딸이 죽게 되었습니다. 오셔서, 그 아이에게 손을 얹어 고쳐 주시고, 살려 주십시오." 24그래서 예수께서 그와 함께 가셨다. 큰 무리가 뒤따라오면서 예수를 밀어댔다. 25그런데 열두 해 동안 혈루증을 앓아 온 여자가 있었다. 26 여러 의사에게 보이면서, 고생도 많이 하고, 재산도 다 없앴으나, 아무 효력이 없었고, 상태는 더 악화되었다. 27 이 여자가 예수의 소문을 듣고서, 뒤에서 무리 가운데로 끼여 들어와서는, 예수의 옷에 손을 대었다. 28(그 여자는 "내가 그의 옷에 손을 대기만 하여도 나을 터인데!' 하고 생각하고 있었던 것이다.) 29그래서 곧 출혈의 근원이 마르니, 그 여자는 몸이 나은 것을 느꼈다. 30 예수께서는 곧 자기에게서 능력이 나간 것을 몸으로 느끼시고, 무리 가운데서 돌아서서 "누가 내 옷에 손을 대었느냐?' 하고 물으셨다. 31 제자들이 예수께 "무리가 선생님을 에워싸고 떠밀고 있는데, 누가 손을 대었느냐고 물으십니까?' 하고 반문하였다. 32그러나 예수께서는 그렇게 한 여자를 보려고 둘러보셨다. 33그 여자는 자기에게 일어난 일을 알므로, 두려워하여 떨면서, 예수께로 나아와 엎드려서 사실대로 다 말하였다. 34그러자 예수께서 그 여자에게 말씀하셨다. "딸아, 네 믿음이 너를 구원하였다. 안심하고 가거라. 그리고 이 병에서 벗어나서 건강하여라."

우리나라 초대교회시절에는 목회자와 성경이 무척 귀했다. 그나마 선교사의발길이 닿는 곳에는 교회가 세워졌고 한 교회만 돌볼 수 없는 선교사는 여러 교회를 순회하면서 주일예배를 인도하였다. 그 외의 집회 때는 그 교회의 교인중 그래도 글자를 알아 성경을 읽을 정도의 교인을 뽑아 〈조사〉로 임명하여 그에게 성경을 한 권 맡기고 예배를 인도하게 하였다.

경상북도 어느 산골의 예배당에 교인들이 모여오고 그 교회의 조사님이 예배인도를 시작하였다. 성경을 봉독할 순서가 되어 조사님은 〈시편23편〉을 봉독했다. 그러나 그 옛날 산골의 예배당에 전깃불이 있을 리 없었다. 어두침침한 등잔불 아래에서 두터운 돋보기를 끼고 겨우겨우 읽어 내려갔다. 그나마 당시의 한글성경에는 띄어쓰기가 전혀 되어있지 않았고 조사님의 한글실력이 모자라는지라 제대로 읽어 내리기가 여간 어렵지 않았다.
"여...호와는나...의... 목자이시니...내가부...족... 함이 없으리로...다..."
겨우겨우 성경봉독을 마친 조사님과 교인들은 그만, 이 본문을 이렇게 이해하고 말았다.
'여호와는 나의 〈목 자르시니〉, 내가 부족함이 없으리로다!
조사님은 성경을 내려놓고는 참으로 비장한 얼굴이 되어 설교를 시작했다.

"여호와가 내 목 짜르셔도 내가 부족함이 없씀네다!'
조사님이 큰 소리로 외치자 온 교우들이 두 손들 들고 함께 외쳤다.
"내두!... 내두!.."
참된 신앙이란 무엇이고 어떠한 삶이 참된 신앙인의 삶일까?
여기서 알 수 있듯이, 참된 신앙과 가짜 신앙은 어려운 환경에 노출될 때 판별됩니다.

전 세계의 크리스천들로부터 존경을 받는 할머니인
코리텐 붐(Corrie Ten Boom)이 다음과 같은 사실을 말했다.
소련의 어느 지하교회에서 예배를 드리려 하는데 어떻게 알아냈는지 두 명의 소련 군인이 문을 걷어차면서 들이 닥쳤다. 기관단총의 총부리를 겨누며 군인들이 소리쳤다.
"5분간의 시간을 준다. 예수를 버리고 살 사람은 5분내로 밖으로 나가라. 남아있는 자들은 5분 후에 죽음을 맛볼 것이다!'
모든 신자들이 이 무서운 시험에서 이길 수 있는 용기의 믿음을 위해 조용히 기도하며 견디고 있는 그 시각,
몇 사람이 일어나 밖으로 나갔다. 시계를 바라보던 군인들이 다시 소리쳤다.
"마지막 50초다! 또 나갈 사람 없어?'
남아있는 성도들의 얼굴은 모두 거룩한 표정으로 자기들의 주님을 위해 죽을 각오가 되어있는 결단적인 모습들이었다.

"5초, 4초, 3초, 2초..." 성도들은 조용히 눈을 감았다.
군인들이 "1초!' 하고 외치더니 안으로 문을 걸어 잠궜다. 그런데 총을 땅에 내려놓고는 군인들이 말했다.

"모두 눈을 뜨시오, 형제들이여! 우리 두 사람은 크리스천이오. 그러나 우리는, 주님께 진정으로 헌신하고 주님 위해서 죽을 각오가 되어있는 진정한 크리스천들과 함께 예배를 드리고 싶었다오. 자, 이제우리 주님께 함께 경배 드릴까요?"

이처럼, 참된 신앙은 상황에 좌우되지 않는 고유의 빛을 발산한다.

전문가가 아니더라도 진짜와 가짜 다이아몬드를 구별해내는 방법이 있다. 조그만 유리그릇과 그 안에 담을 물, 그리고 환하게 비추는 햇살만 있으면 된다.

과거에 다이아몬드 원석이 많이 나기로 유명했던 미국 콜로라도 부근의 인디오들은 예로부터 한낮에 시냇물에 나가 물장난을 치면서 유리알을 구별해냈다. 그들에게 반짝이는 유리알이란 바로 다이아몬드였다. 인디오에게서 배울 수 있는 간단한 다이아몬드 감별법은 조그만 유리 그릇에 물을 가득 담고 그 안에 다이아몬드를 넣어보는 것이다. 그 다음엔 유리그릇을 햇볕이 잘 드는 곳에 놓아두고 다이아몬드를 통해 부서지는 광채를 유심히 살펴보면 그 진위를 알수 있다. 그 원리는 간단하다. 본래 다이아몬드는 모조품이라도 햇볕이 잘 비치는 곳에서 육안으로 보면 형형색색의 빛깔을 발산하게 되어있다. 하지만 공기 중에서는 그렇게 찬란한 빛을 내던 모조품도 일단 물속에 들어가고 나면 그 빛이 퇴색하고 빛을 투과시키는 양도 급격하게 그 빛을 잃고 탁한 기운을 내뿜는다. 반대로 진짜 다이아몬드는 공기 중에 있을 때나 물속에 있을 때나 그 색이 변화가 없다. 어떤 경우에는 대기 중에서 보다 물속에서 빛을 더 받을 때 더 맑고 깨끗한 빛깔들을 내는 다이아몬드들도 있다. 바로 이런 원리로 옛 인디오들은 길가에서 빛나는 유리알들을 주워서 한낮에 시냇물 속에 던져 넣었다. 그리고는 자맥질을 해서 그 가운데 가장 아름답게 빛나는 무지개 빛 유리알들을 골라냈다. 이것이 인디오들에겐 가장 손쉬운 다이아몬드 감별법이었다. 여기서 배운 지혜로 인디오들은 지금까지 이런 교훈을 후손에게 물려주고 있다. "좋은 사람, 나쁜 사람은 물에 던져보면 알 수 있다."

이와 같이 참된 신앙을 소유한 사람과 그렇지 않은 사람은 물과 같이 어려운 환경에 노출될 때, 판별되는 것을 보게 된다.

21예수께서 배를 타고 맞은편으로 다시 건너가시니, 큰 무리가 예수께로 모여들었다. 예수께서 바닷가에 계시는데,

예수의 발걸음은 또 다시 어디론가 향하신다. 그것도 쉴 새 없이! 주로 예수께서 가시는 곳마다 큰 무리가 모여든다. 큰 무리 앞에 서시는 예수의 모습 속에서, 자칫 예수님을, 큰 무리가 모이는 곳을 즐겨 찾아 나서시는 분으로 규정하거나 인기와 명성 따위의 것을 추구하시는 분으로 전락시키려는 이가 있을 런지도 모른다. 그러한 생각을 가진 이들의 기대와는 달리, 예수께서 오히려 큰 무리 가운데서 소외당하고 있는 당신의 소수, 아니 단 한 사람을 만나기 위해서 그 발걸음을 재촉하고 계신다. 왜 그들을 찾아 나서는 것 일까? 그것은 그들 중에 아직도 소망을 잃지 않고 살아가는 한 영혼이 있음을 간파하였기 때문이다. 간절하게 주님을 찾는 자가 기다리고 있기 때문이다. 주님의 손길을 애타게 갈구하고 있는 당신의 백성이 단 한 사람일지라도, 그 영혼이 머물 수 있는 곳에 주님은 찾아 나서신다.

혼자서는 다가설 수 있는 용기마저 잃어버린, 한 영혼을 위해 주님은 큰 무리로 은폐의 장소까지 허락하고 계심을 볼 수 있다. 이 시대의 우리들의 찢긴 모습이다. 이 모습은 익명의 모습으로는 마음껏 자신의 어려움과 아픔을 나누면서도 공개적으로는 드러내기를 기피하고 있는 우리의 모습과 다르지 않다.

주님, 그 사랑을 어찌 잊을 수 있겠는가? 우리는 가끔씩 자신의 수고와 번거로움 때문에 귀한 주님의 마음을 잃어버릴 때가 있다. 큰 무리로 둘러 싸여서 밀침을 당하는 수고와 번거로움을 마다하지 않으시고 당신의 한 영혼, 쑥스러워하는 당신의 소중한 한 사람을 만나기 위해서 그 자리에 머물러 서 계시는 주님을 찬양한다.

주님은 한 영혼을 부르신다. 한 사람의 간절한 소망의 불꽃, 육적인 건강의 회복을 확인시켜 주시기 위해서 부르신다. 더 나아가 한 사람의 회복의 주체를 명확하게 규정해 주시기 위해서 부르신다. 이 시대의 신앙인들은 내가 너를 위해서 능력을 행하여 고쳐주었다고 자랑하며 뻐길 수도 있는 상황이지만, 주님은 오히려 회복된 그 여인이 바로 회복을 가능케 한 주체자 였음을 확인시켜 주고 계신다. 말을 바꾸면, 예수의 옷자락의 능력으로 그가 회복된 것이 아니라, 바로 회복의 당사자인 그 여인 자신의 적극적인 믿음 때문에 자신의 구원을 이룬 것임을 천명한다. 그것은 한 영혼의 온전한 정신과 온전한 육체의 회복을 원하시며 믿음과 신앙의 주체로 세우시고자 하심이다. 이 모든 것이 바로 우리 주님의 마음이다.

주님이 그토록 사랑하시는 영혼, 그것은 많은 이가 아니라 소수, 단 한 사람과의 만남을 위해서도 그렇게 수고를 아끼지 않으시는 일련의 예수의 상에서 많은 것을 느꼈기 때문인지도 모른다.

이 세대의 사람들은 회당장같이 사회적 위치가 높은 이들을 만나기 위해서는 다른 약속을 철회하면서 방문의 우선순위에 놓을 수 있지만, 주님은 그러한 모습과는 달랐다. 이 시대의 사람들은 때로는 매우 어설픈 이유를 들이대면서 그 우선순서를 어기면서까지 지체 높으신 분들을 모든 일의 우선 대상이 되는 경향을 보이는 경우가 많다. 더군다나 성서에 보도된 본문의 상황이라면, 지체 높은 이를 우선적으로 만날 수 있는 명분이 있을 때는 더더욱 그러하다. 그러나, 우리는 예수께서 지체 높으신 야이로를 먼저 만날 수 있는 충분한 이유와 당연히 그러하셔야 한다는 고정관념과는 달리, 야이로의 딸이 아닌 열 두 해 혈루증을 앓은 여인을 먼저 만나신다.

22회당장 가운데서 야이로라고 하는 사람이 찾아와서 예수를 뵙고, 그 발 아래에 엎드려서 23간곡히 청하였다. "내 어린 딸이 죽게 되었습니다. 오셔서, 그 아이에게 손을 얹어 고쳐 주시고, 살려 주십시오."

열 두 해 혈루증을 앓는 여인을 만나기 전에는 주님이 야이로 회당장과 함께 길을 나섰다. 그때 큰 무리가 따라가며 에워싸 밀고 있다. 이번에는 열 두 해를 혈루증을 앓는 한 여자를 만나시게 된다. 이제는 포기할만한 한 사람이 소망을 저버리지 않고 있기에 주님은 그곳을 찾아가셔서 만나주신다. 사람들이 모이는 곳을 피하여 다니던 이 한 여자가 창피를 무릅쓰고 기꺼이 선택한 방법은, 무리 가운데 섞이는 것이었다. 사람들이 그 여인을 부정한 여인이라고 꺼려해서 밀쳤을지도 모른다. 다들 피하려 했기에 오히려 부정한 여인과 부딪히지 않기 위해서 약간 비켜나고, 그래서 오히려 쉽게 밀려서 주님 부근까지 갈 수 있었는지도 모른다. 그녀는 예수의 옷 가의 접촉만으로도 충분한 회복을 믿을 정도로, 신뢰하는 믿음으로 가득 차 있었다.

24그래서 예수께서 그와 함께 가셨다. 큰 무리가 뒤따라오면서 예수를 밀어댔다. 25그런데 열두 해 동안 혈루증을 앓아 온 여자가 있었다. 26 여러 의사에게 보이면서, 고생도 많이 하고, 재산도 다 없앴으나, 아무 효력이 없었고, 상태는 더 악화되었다. 27 이 여자가 예수의 소문을 듣고서, 뒤에서 무리 가운데로 끼여 들어와서는, 예수의 옷에 손을 대었다. 28(그 여자는 "내가 그의 옷에 손을 대기만 하여도 나을 터인데!" 하고 생각하고 있었던 것이다.)

우리 자신이 열 두 해를 동일한 질병, 심각한 질병, 자신의 희망과는 달리 사람들로부터 따돌림을 당하는 한 여인의 고통을 짐작하기란 쉽지 않다. 이와 동일한 아픔을 경험해 보지 못한 이들이라면 그 아픔은 피상적인 이해에서 머물기 쉽기 때문이다. 이 여인은 한 두 의원이 아닌 많은 의원들에게 진료를 받았지만 괴로움만 받았다고 성경은 보도한다. 또한 소유하던 모든 소유물도 다 허비할 정도로 많은 진료를 받았던 것을 가늠할 수 있다. 날이 갈수록 더 중한 질병으로 치닫고 있는 그 여인은 결코 포기하지 않았다. 그녀 가슴 속 깊은 한 구석에서 끊임없이 솟아오르는 희망의 빛 한줄기는 바로 한 마디의 소문이었다. 소문이 그녀에게 마지막 남은 소망의 불을 더욱 더 힘차게 자극하였다. 그녀는 예수의 소문을 들으면서 자신의 마음 가운데 예수의 옷을 만지기라도 하면 자신의 질병이 나으리라는 확신이 들었다. 여기서 우리는 신앙인의 참 모습을 볼 수 있다. 진정한 믿음은 예수께서 참된 구원자이심을 믿는 것이다.

예수께서 죽어가고 있다던 한 소녀를 찾아가지 않으시고, 발걸음을 멈추서서 열두 해 혈루증을 앓아왔던 한 사람을 만나기 위해서 서 계시는 이유는 무엇이었을까? 그것은 혈루증을 앓는 여인의 주변에 그를 위해 소망을 갖는 이가 없었고, 다만 그녀 홀로 꺼지지 않는 소망의 촛불을 밝히고 있었기 때문이라 할 수 있다. 주께서 바로 이러한 영혼의 구원의 간절한 소망의 불꽃을 유지하고 있는 자를 찾으신다. 우리의 주위 사람들 중에 지금 마지막 남은 소망의 촛불을 켜고 그 하나의 가능성만을 목도하며 깊은 한숨을 몰아 쉬고 있는 영혼을, 바로 그러한 생으로 일관하는 자가 있는가? 그를 향해서 지금 당장 달려가길 바란다.

주님께서도 자신을 향한 한 영혼의 소망과 더불어 우리 모두의 소망도 이제는 함께 강렬하게 불타오를 수 있기를 소망하신다. 하나의 가능성만을 가지고라도 주님을 찾는 이들을 향해 우리는 매진하여야 한다. 그들을 주님께로 인도하여야 한다.

29 그래서 곧 출혈의 근원이 마르니, 그 여자는 몸이 나은 것을 느꼈다.

그의 믿음대로 예수의 옷 가를 만져서 혈루 근원이 곧 마르는 치유를 얻는다. 이는 잠시 멈추게 하였다거나 조금 수그러드는 정도가 아닌, 근본적인 육체적 치유를 받게 되었다. 그 여인은 육적인 치유를 받고서 만족했는지도 모른다. 다만, 예수께서 그 여인이 육체적 치료만을 받으러 왔을지라도 그의 인식과는 별도로 그녀의 영적인 참된 치유와 구원을 베푸시고자 하셨다.

30 예수께서는 곧 자기에게서 능력이 나간 것을 몸으로 느끼시고, 무

리 가운데서 돌아서서 "누가 내 옷에 손을 대었느냐?" 하고 물으셨다. 31제자들이 예수께 "무리가 선생님을 에워싸고 떠밀고 있는데, 누가 손을 대었느냐고 물으십니까?" 하고 반문하였다. 32그러나 예수께서는 그렇게 한 여자를 보려고 둘러보셨다.

왜 예수께서 자신의 옷에 손을 댄 자를 찾으셨나요? 제자들조차도 예수의 관점을 간과하고 있다. 예수께서 한 사람을 찾고 계시지만, 제자들은 무리밖에 보지 못한다. 집단의 움직임, 숲은 보나 개인의 움직임, 한 그루의 나무를 보지 못하는 격이다. 사람이 무엇에 관심하느냐에 따라 보는 것이 달라진다. 평소에 자신의 마음속에 그리는 상이 있다면 비슷한 것이 있어도 자신이 생각하던 그것에 비유하며 언급하는 것을 볼 수 있다. 무리에 대한 관심, 명예와 권력에 눈이 어두웠던 제자들은 무리의 움직임만을 보고 있다.

허락도 없이 만졌다고 혼을 내기 위해서 였을까? 아니다. 다만, 예수의 옷 때문에 육적인 치유함으로 머물려는 그를 온전한 치유, 육과 더불어 영혼의 치유를 더불어 행하시기 위함이었다. 주님을 만나게 될 때, 우리는 육의 필요와 더불어 영혼의 필요를 공급 받을 수 있다는 것을 잊지 말아야 한다. 또한 예수의 옷 자체가 능력이 있어서 치유함을 입었다는 그의 고정관념을 깨뜨리고, 바로 예수님께 그 능력이 있음과 예수를 향한 그 믿음을 소유한 바로 당사자의 믿음으로 인하여 구원을 얻게 된다는 것을 확인하고 격려하고 계심을 볼 수 있다.

더 나아가 예수께서 그 사람을 찾으신 이유는, 영육의 평안과 건강의 회복에 대한 확신과 더불어, 공개적으로 다른 사람들 앞에서 정결함을 선언하여 주시기 위함이었다. 그 동안 혈루증을 앓던 그 여자가 부정하다고 간주되어 항상 격리 또는 따돌림을 당하던 그의 영혼의 질병, 따돌림의 깊은 곳의 상처를 공개적으로 이제는 따돌림으로부터의 해방을 선언해 주고자 하였다.

33그 여자는 자기에게 일어난 일을 알므로, 두려워하여 떨면서, 예수께로 나아와 엎드려서 사실대로 다 말하였다. 34그러자 예수께서 그 여자에게 말씀하셨다. "딸아, 네 믿음이 너를 구원하였다. 안심하고 가거라. 그리고 이 병에서 벗어나서 건강하여라."

그렇다면 우리는 여기서 다음과 같은 질문을 제기할 수 있다. "주님, 왜 죽어가는 어린 아이를 먼저 치료하지 않으시고 오랫동안 앓고 있던 여인, 지금 당장 고치지 않아도 그만인 대상을 먼저 치료하셨습니까?" 우리는 항상 예전부터 질병을 갖고 계셨던 분에 대해서 등한시하는 경향이 있다. 항상 질병으로 인해 고통 당하던 사람들에게 우리는 "뭐 하루 이틀의 문제인가?", "늘 그렇지 뭐?" 하면서 그 사람의 고통을 당연한 것으로 간주하는 경향이 있다. 아무도 그 사람에 대한 소망을 이야기하지 않는다. 심지어 그 사람, 당사자는 소망을 갖고 있는데도 말이다. 바로 여기에 등장하는 한 여인의 삶도 그러한 것을 볼 수 있다. 자신의 어려움을 그 누구에게도 호소할 수가 없었다. 아무리 호소를 해도 그 누구도 알려 하지도 않았다. 그럼에도 불구하고 그는 주님을 향한 소망을 갖고 주님을 만나면 반드시 자신의 질병을 치유할 길이 있으리라는 확신과 소망을 가지고 임하였다. 주님은 소망을 저버리지 않고 주님을 만나고자 애쓰는 당신의 백성, 당신의 자녀를 찾고 만나주셨다.

지금 이 시간에도 당신 곁의 사람들 중에 마지막 남은 소망의 불꽃이 꺼져가고 있다. 그 마지막 불꽃이 꺼지기 전에 급히 달려가길 원한다.

제24장 "전도자의 지향점"

막 6.1-13

1. 위로부터 부여되는 지혜와 권능을 받으라

1 예수께서 거기를 떠나사 고향으로 가시니 제자들도 좇으니라 / 2 안식일이 되어 회당에서 가르치시니 많은 사람이 듣고 놀라 가로되 이 사람이 어디서 이런 것을 얻었느뇨 이 사람의 받은 지혜와 그 손으로 이루어지는 이런 권능이 어찌 됨이뇨

예수의 사역은 이 땅의 지혜와 능력을 넘어서는, 위로부터 부여된 하나님의 지혜와 능력의 사역이었다. 제자들은 예수와 동행함으로 예수의 지혜와 권능의 사역을 볼 수 있었다. 이는 세상의 지혜와 권능의 초라함을 여실히 대조하여 볼 수 있는 기회의 장이기도 했다. 이를 토대로 제자들은 예수의 사역을 보고 배웠다. 그 후 그들이 예수의 사역을 계승하여 주체적으로 그 사역을 수행하게 되었던 것이다.

예수의 사역은 복음이 필요로 하는 곳을 찾아 가시는 사역이었다. 때로는 복음보다는 다른 것에 관심을 갖는 부류들에게는 최소한의 사역을 행하고, 보다 더 효과적인 복음 증거 사역을 할 수 있는 곳을 찾아 가셨다. 이 시대에도 우리를 통해 복음이 증거될 곳이 있다. 그 곳을 찾아

나아가야 할 것이다. 우리가 복음을 전하기에 익숙하고 편한 곳이 좋은 곳이 아니라, 우리에겐 낯설고 어렵게 생각되는 곳이지만 오히려 복음이 절실한 곳이 있다는 것을 간과해서는 안될 것이다.

3 이 사람이 마리아의 아들 목수가 아니냐 야고보와 요셉과 유다와 시몬의 형제가 아니냐 그 누이들이 우리와 함께 여기 있지 아니하냐 하고 예수를 배척한지라/ 4 예수께서 저희에게 이르시되 선지자가 자기 고향과 자기 친척과 자기 집 외에서는 존경을 받지 않음이 없느니라 하시며/ 5 거기서는 아무 권능도 행하실 수 없어 다만 소수의 병인에게 안수하여 고치실뿐이었고/ 6 저희의 믿지 않음을 이상히 여기셨더라 이에 모든 촌에 두루 다니시며 가르치시더라

2. 이제는 협력사역을 도모하라

왜 예수께서는 열 두 제자들조차도 둘씩 보내셨을까? 한 명씩 파송하면 오히려 더 많은 곳에 복음을 증거할 수 있지 않았을까 생각하는 분이 계실지도 모른다. 함께 가라고 하는 것은 무엇 때문일까? 이는 전도자가 직면하게 될 다채로운 상황에 대응하도록 돕도록 하시려는 것 같다. 더 나아가 두 사람의 사역의 열매를 서로 확증하게 하고, 둘 중에 한 명이 사역을 감당할 때 한 명은 기도로 지원하며, 사역의 시너지 효과를 창출하시려는 목적도 있었으리라 본다. 둘 중에 한 사람은 숙달된 전도자라면, 한 사람은 이제선배 전도자의 표본을 보고 익히는 수련을 겸하게 되었으리라.

7 열 두 제자를 부르사 둘씩 둘씩 보내시며 더러운 귀신을 제어하는 권세를 주시고

3. 전도자의 바른 자세를 가지라

가. 자세 하나: 여행을 하는 마음-외모나 의상을 초월한 평안 소유하기!

예수께서는 전도를 여행이라 명하신다. 여행이라는 단어가 주는 이미지는 무엇인가? 물론 여행이라는 것은 모험이라고 표현할 수도 있다. 현대를 살아가는 우리는 여행을 위해서는 참으로 만전의 준비를 기한다. 그러나, 여기서는 여행자가 갖추어야 할 최소한의 것만을 준비케 하신다. 주님은 제자들을 전도자로 파송하실 때 몇 가지 당부를 하신다. 그 중 하나는, "무엇을 먹고 마실까 무엇을 입을까 어디서 머물 것인가 등을 염려하지 말라"는 것이다. 단 한 벌의 옷, 신발, 지팡이만으로 충분하다는 것이다. 이는 무엇을 의미하는가? 비록 전도자들이 위험에 노출되어 있다고 하더라도, 주님께서 전도자의 가는 길을 보호하시고 도우신다는 약속이 전제되어 있고, 전도자에 대한 복과 긍휼히 여김을 받게 되리라는 암시가 내포되어 있다.

8 명하시되 여행을 위하여 지팡이 외에는 양식이나 주머니나 전대의 돈이나 아무 것도 가지지 말며/9 신만 신고 두 벌 옷도 입지 말라 하시고

나. 자세 둘: 비굴하지 말고 담대하게 증거하라!

전도자는 구걸하러 가는 것이 아니라, 마땅히 전할 귀한 복음 전파 사역을 위하여 간다. 이 시대에는 복음 전도 사역하는, 전도자가 회복해야할 자존감의 문제가 시급하다. 전도자가 되면, 마음속으로 전도대상자에게 미안한 마음을 갖고 접근하는 경우가 허다하다. 주님은 우리게 명하신다. 전도자여! 담대하게 나아가라! 이는 복음을 전하는 것이 하나님의 말씀을 단지 전달하는 차원이 아니라, 선포하며 증거하는 것이며 강권하는 것이기 때문이다. 더 나아가 우리가 복음에 대한 자부심을 가지라는 것이다. 하나님의 나라와 의는 위대한 것이며 인간의 언어로 형용할 수 없는 보배보다 값진 소중한 것이라는 깨달음이 요구된다. 우리는 복음에 대한 자긍심이 얼마나 있는가? 복음 증거의 자긍심이 있는 자라면 다음 11절에 보도된 것처럼 복음에 대해 냉대하는 이들에게 대해 증거를 삼을 수 있는 그런 모습이 이 시대에 필요한 것이 아닌가 생각이 든다. 물론 복음을 전할 때, 참으로 섬기는 마음과 사랑의 마음으로 전하는 것이 당연한 사항이지만, 때로는 우리의 마음에 복음에 대한 자긍심을 회복해야 하는 것이 아닌가 생각이 든다.

10 또 가라사대 어디서든지 뉘 집에 들어가거든 그곳을 떠나기까지 거기 유하라/ 11 어느 곳에서든지 너희를 영접지 아니하고 너희 말을 듣지도 아니하거든 거기서 나갈 때에 발아래 먼지를 떨어버려 저희에게 증거를 삼으라 하시니

4. 전도자여! 주의 능력을 확증하는 주체로 서라

언제나 제자들의 사역은, 우리들 사역의 거울 역할을 한다. 주님께서

제자들에게 능력을 부어주심과 같이 우리에게도 강한 능력을 부어주
실 것이다. 이 시대에도 우리가 주의 복음을 확증할 때, 더러운 귀신이
쫓겨나며 병든 자가 고침을 받는 역사가 드러나리라.

  12 제자들이 나가서 회개하라 전파하고/ 13 많은 귀신을 쫓아내며 많
은 병인에게 기름을 발라 고치더라

제 25장 "쉼은 기적을 낳는다"

막 6.30~32

30 사도들이 예수께로 몰려와서, 자기들이 한 일과 가르친 일을 다 그에게 보고하였다. 31 그 때에 예수께서 그들에게 말씀하셨다. "너희는 따로 외딴 곳으로 와서, 좀 쉬어라." 거기에는 오고가는 사람이 하도 많아서 음식을 먹을 겨를조차 없었기 때문이다. 32 그래서 그들은 배를 타고, 따로 외딴 곳으로 떠나갔다

우리는 음식을 편안하게 먹을 겨를조차 없는 삶을 살아갈 때가 많다. 이는 단지 육체적인 쉼이 없다는 것만은 아니다. 정신적인 쉼을 상실하고 살아가는 분들이 많다는 것이다. 영혼의 쉼을 상실하고 살아가는 사람들이 많다는 이야기이다.

잠시 쉼을 취하려고 배를 타고 떠나가는 예수와 제자들의 일행은 자신들보다 더 먼저 그곳에 도착해서 자신들을 기다리는 무리들을 만났다. 그들을 사랑과 긍휼로 가르치기 시작했다. 이러한 쉼을 얻으려고 했을 때, 오히려 오병이어의 놀라운 기적을 이루었다. 사랑하는 여러분, 우리는 항상 뭔가를 우리가 계획하고 우리가 진행하고 우리가 주도해야만 하는 데 익숙해져 있다. 하지만, 때로는 하나님께서 주도하시도록 맡겨드리는 때가 필요할 때가 있다.

여기서 주목할 수 있는 또 한 가지의 특징은 식사할 겨를이 없던 제자들의 일행과는 달리, 시간의 문제가 아니라 먹을 것조차도 없는 무리들이 그들을 기다리고 있다는 것이다. 여기에 놀라운 비밀이 담겨 있다. 하나님은 우리가 생각하지도 못한 방식으로 당신의 가장 절실한 자녀들과의 만남을 허락하신다는 것이다.

옛날에 어떤 큰 도시에 한 청년이 살고 있었다. 저녁마다 그는 똑 같은 식당에 가 똑 같은 자리에서 식사를 했다. 이 청년은 몹시 외로웠다. 그러던 어느 날 언제나 앉는 식탁에 예쁜 장미 한 송이가 꽂혀 있는 것을 보았다. 꽃을 보자 마음이 훈훈해졌다. 그는 날마다 식당에 찾아와 장미를 쳐다보며 식사를 했다. 슬플 때도 있고 행복할 때도 있고, 심드렁할 때도 있고 화가 날 때도 있었다. 문득 자기 기분은 그렇게 늘 다른데 장미는 항상 똑같다는 생각이 들었다. 이해할 수 없었다.

그래서 그 청년은 아주 조심스레 장미를 만져 보았다. 전에는 감히 생각조차 못한 일이었다. 딱딱한 잎사귀 가장 자리를 만지는 순간 장미가 생화가 아니라는 것을 깨달았다. 정교한 조화였다. 청년은 화가 나 자리를 박차고 일어나 물 없는 꽃병에서 장미를 뽑아서는 손으로 으스러뜨리고 말았다. 그리고는 울었다. 전보다 훨씬 더 외로웠다.

하나님께서도 죽은 인간의 몸을 입고서야 우리가 사랑하는 대상이 되었다. 그분이 우리의 구주가 되신 것은, 반드시 죽을 수밖에 없는 그분의 실존과 죽음이, 죽음으로 끝나는 것이 아니라 희망에 이르는 길이었기 때문이다.

2천 년 전이나 마찬가지로 마음을 차분하고 평온하게 유지하고, 순수하게 받아들이고, 하나님 곁에 머무르면서 세상의 생명이 그분 안에서 자라나 영원무궁한 기쁨으로 피어날 때까지 그분과 함께 쉬는 것이 곧 성령의 오심을 준비하는 일이 되는 것이다.

안식을 잘 지키는 것에는 기도와 놀기 둘 다 포함된다. 놀지는 않고 기도만 하는 안식이나, 기도는 하지 않고 놀기만 하는 안식은 반쪽자리 안식이다. 놀지 않고 기도만 하면, 활기 없고 의무적인 종교로 변질될 수 있다. 기도는 하지 않고 놀기만 하면 영적으로 둔해지는 일탈 행위가 될 수 있다.

제 26장 수양회 그 이후

막 6.45-56

45 예수께서는 곧 제자들을 재촉하여, 배를 태워, 자기보다 먼저 건너편 벳새다로 가게 하시고, 그 동안에 무리를 헤쳐 보내셨다. 46 그들과 헤어지신 뒤에, 예수께서는 기도하시려고 산에 올라가셨다. 47날이 저물었을 때에, 제자들이 탄 배는 바다 한가운데 있었고, 예수께서는 홀로 뭍에 계셨다. 48그런데 예수께서는, 그들이 노를 젓느라고 몹시 애쓰는 것을 보셨다. 바람이 거슬러서 불어왔기 때문이다. 이른 새벽에 예수께서 바다 위를 걸어서 그들에게로 가시다가, 그들을 지나쳐 가려고 하셨다. 49제자들은 예수께서 바다 위로 걸어오시는 것을 보고, 유령으로 생각하고 소리쳤다. 50그를 보고, 모두 놀랐기 때문이다. 그러나 예수께서 곧 그들에게 말씀하셨다. "안심하여라. 나다. 두려워하지 말아라." 51 그리고 예수께서 그들이 탄 배에 오르시니, 바람이 그쳤다. 그래서 제자들은 몹시 놀랐다. 52그들은 빵을 먹이신 기적을 깨닫지 못하고, 마음이 무뎌져 있었다. 53그들은 바다를 건너가서, 게네사렛 땅에 이르러 닻을 내렸다. 54그들이 배에서 내리니, 사람들이 곧 예수를 알아보고, 55그 온 지방을 뛰어다니면서, 예수께서 어디에 계시든지, 병자들을 침상에 눕혀서 그 곳으로 데리고 오기 시작하였다. 56 예수께서, 마을이든 도시이든 농촌이든, 어디에 들어가시든지, 사람들이 병자들을 장터거리에 데려다 놓고, 예수께 그 옷술만에라도 손을 대게 해달

라고 간청하였다. 그리고 손을 댄 사람은 모두 병이 나았다.

매해 7-8월이 되면, 교회와 기관마다 하계 수양회를 비롯한 신앙사역을 한다. 8월이 지나면서 거의 모든 하계 사역이 마무리된다. 따라서 8월 말경에는 항상 수양회와 사역 그 이후의 사후 관리에 대한 고민을 한다. 교회들마다 수양회와 사역의 흐름을 연계하지 못하고 그만 수양회 이전의 모습으로 돌아가는 경향이 많다. 그러나 여기서 우리는 주님께서 사역 이후에 보이신 그 모습을 고찰해 보고 우리가 수양회와 사역 그 이후에 어떻게 대처해야하는 가를 함께 살펴보고자 한다.

1. 수양회 그 이후에도 드려야할 기도(45-46)

45 예수께서는 곧 제자들을 재촉하여, 배를 태워, 자기보다 먼저 건너편 벳새다로 가게 하시고, 그 동안에 무리를 헤쳐 보내셨다. 46 그들과 헤어지신 뒤에, 예수께서는 기도하시려고 산에 올라가셨다.

본문은 오병이어의 기적 이후에 예수께서 제자들을 먼저 배를 태워 떠나보내고, 자신이 친히 남아서 무리들을 돌려보내심을 보도한다. 왜 예수께서는 무리를 보내는 일을 제자들에게 맡기지 않았을까? 그것은 무리를 작별하신 후에 홀로 기도하러 산으로 가시기 위함으로 볼 수 있다. 또한 사역 이후에 파송하는 사역의 소중함을 시사하는 것이기도 하다. 언제나 우리는 수련회나 사역을 진행할 때는 성심 성의껏 임하다가, 꼭 마무리하는 폐회 예배를 드릴 때나 마무리 할 때 대충 끝내는 경우가 허다하다. 그러나 예수조차도 그렇게 마무리하지 않으셨다. 예수께서 사역 직후에 무리의 파송과 기도하는 일에 가장 큰 비중을 두셨던 것을 볼 수 있다.

46절 이하를 통해서 주께서 우리에게 주시는 메시지는, "지도자는 항상 사역 직후에 기도하라!'는 것이다. 지도자와 크리스천들은 사역 이전뿐만 아니라 그 이후에도 반드시 기도하는 삶을 유지해야 한다. 자칫 오병이어의 기적과 같은 큰 사역 이후에 자신이 하나님께 돌아갈 영광을 가로채는 교만을 범하기 쉬운 유약한 존재임을 명심할 필요가 있다. 그 누구든지 기적을 맛보게 한 이들에 대한 무슨 기대나 보상을 요구하는 자는 주님께 합한 자가 아니다. 여기서 기대나 보상을 요구하는 자들은 타락한 지도자로 떨어질 수밖에 없다. 은연중에 그런 생각을 갖고 있는 자들은, 사역 이후에 찾아오는 공허감에 넘어지거나 무너질 수도 있음을 유념해야 한다. 반드시 지도자는 사역 후에 홀로 주님께 영광을 드리고, 주님의 나라와 의를 구하는 시간, 곧 기도하는 시간을 병행해야 한다. 그렇다면 기도한다는 것이 뭘까? 그것은 진재수님이 지은 〈누워서 하늘보기〉 시의 이것이 아닐까 생각해 본다.

〈누워서 하늘보기〉

누워서 하늘을 보니
하늘이 파랗다
누워서 하늘을 보니
하늘 속에 내가 빠져 있다

분주한 세월 지나다 보니
하늘은 저 멀리에 있었는데

누워서 하늘을 보니
내가 하늘 안에 있다
하늘이 내 안에 있다
누워서 하늘을 보니
하늘이 파랗다
누워서 하늘을 보니
하늘 속에 내가 빠져 있다

내가 혹시 멀리할지라도
하늘은 나를 떠나지 않았다
누워서 하늘을 보니
나는 하늘 속에 잠기고
하늘은 나와 하나가 된다
　　　　　　- 진재수, 누워서 하늘 보기

　지리산 바래봉의 하늘을 담은 사진과 함께 진재수님께서 나누어주신
이 시에서 기도한다는 것이 바로 이런 것이 아니겠는가를 떠올려본다.

　하늘을 바라보다가 우리가 하늘 속에 살고 있으면서 하늘을 느끼지
못하고 산다는 것을 깨닫게 되어 하늘 속에 살아가는 삶을 살게 되는
것이 기도이다.
　우리가 하나님의 은혜 속에 살고 있으면서 은혜를 깨닫지 못하고 있
는 것을 돌이켜서 다시금 은혜 속에 살아가는 삶이 기도의 삶이다.

우리 하늘을 품고 살아가는 사람들에게 요구되는 것은, 마음을 열고 세상을 관찰하는 것이 아니겠는가.

자명종이 요란하게 아침을 알린다. 급히 일어나 전쟁 준비를 마친다. 일사천리로 준비가 이뤄진다. 자동차로 뛰어든다. 차를 몰아 당신보다 앞서 출전한 전사들의 대열로 비집고 들어간다. 앞차의 뒤 범퍼에 바짝 붙는다. 조금이라도 틈을 주면 경쟁자들이 끼어든다.

당신 역시, 작은 공간만 보이면 고개를 들이민다. 이렇게 차선을 정신 없이 바꾸며 최단시간 기록 경신을 시도한다.

회사에 도착한다. 주차장으로 질주해 들어가 예리한 눈으로 빈 자리를 포착한다. 재빨리 차를 움직여 빈 공간을 막는다. 그 자리를 노렸던 운전자가 흠칫 놀란다. 패배자. 차를 세우고는 엘리베이터로 줄달음질 친다.

계속 울리는 전화벨 소리 속에서, 눈앞에 쌓인 일들을 처리한다. 점심 시간에는 패스트푸드를 먹으러 달려간다. 허겁지겁 음식을 입에 쑤셔 넣고 들어와 컴퓨터 화면에 눈을 고정시킨다.

회의에 회의를 거듭하고 나서야 밖에 어둠이 깔린 것을 발견한다. 이 제는 집으로 돌아갈 시간, 다시 전사들의 퇴근 대열로 비집고 들어간다.

기억하는가? 하고 싶었던 일을 위해 시간을 내어본 것이 도대체 언제 인지. 생활은 늘 바빠 '한가로움' 은 이제실현하기 힘든 이상이 되었다. 그러나 가던 길을 멈추고 잠시만 앉아보자. 그리고 관찰해보자.

개 한 마리가 주인을 끌고 가고 있다. 줄을 잡은 주인이 개의 힘을 당해낼 수 없는 듯 이리저리 끌려 다닌다.

개 주인 뒤에는 여자가 걸어간다. 그녀는 어린 남자아이의 손을 잡고 간다. 포장마차에서는 아기를 등에 업은 여자가 바쁘게 손을 놀린다. 아기의 뺨은 잘 익은 사과 같다. 열서너 살쯤 되는 소년이 자전거를 끌고 간다. 공이 굴러오자 오른쪽 발을 뻗어 한 무리의 소년들에게 차준다. 노란 기구가 하늘을 날아간다. 또 하나의 작은 태양 같다.

머리가 허연 노인이 큰 소리로 고양이를 부른다. 고양이는 이웃집 친구를 만나러 간 것일까? 머리를 길게 기른 두 사람이 팔짱을 끼고 다가온다. 가까워지고 나서야 왼쪽이 여자이고, 오른쪽이 남자라는 것을 알게 된다. 한 여학생이 티셔츠와 청바지를 입고 다가온다. 가슴에는 빨간색의 영어 문구가 씌어 있다.

"I Love You."

오토바이를 탄 사람이 파란색 헬멧을 벗다가 떨어뜨린다. 앞좌석의 바구니에는 표지가 반쯤 벗겨진 소설책이 들어 있다.

택시 기사가 횡단보도 앞에 차를 멈추고 신호등 색깔이 바뀌기를 기다리며 물병의 물을 한 모금 마신다.

노점상이 손수레를 밀고 어디론가 간다. 손수레에는 당근, 양파, 고구마, 배추 등 싱싱한 채소들이 가득하다. 그의 걸음걸이는 몹시 느렸다. 한 여자가 인파 속에서 유모차를 밀고 간다.

호객 소리가 거리에 울려 퍼진다.

"하나 사면, 하나를 더 드려요. 덤입니다. 덤이에요. 두 개를 한 개 값에 사가세요."

그 사이 태양은 구름 속에 숨었다. 참새 한 마리가 전선 위에서 흥겨운 곡조로 노래 한다….

인생의 행복과 즐거움은

평범한 일상의 구석구석에 숨어 있습니다.

발걸음을 멈춰 길가의 경치를 바라볼 때,

우연히 길을 잃었을 때,

가까운 길을 오히려 돌아갈 때,

당신은 아름답고 신비로운

인생의 풍경들을 발견하게 될 것입니다

-〈살아있는 동안 꼭 해야 할 49가지〉 중에서-

이 글은 우리가 조금만 마음의 문을 열고 세상을 관찰하면 담아낼 수 있는 것이다. 우리의 마음의 문을 열 때, 아름다운 세상을 담을 수 있다. 더 나아가 세상의 아픔과 신음소리를 들을 수 있다.

우리의 마음에 평안이 없을 때, 우리는 소중한 것을 놓치기 쉽다. 자신에게 평안이 없는 데 다른 사람을 돌아본다는 것은 어불성설이다. 아무리 극심한 상황 중에도 우리가 마음에 평안을 유지할 수 있다면, 우리는 그 평안의 힘으로 이웃을 돌아볼 수 있고, 세상을 돌아볼 수 있게 된다.

우리가 평안을 가지고 뉴올리언스 지역에 밀어닥친 카트리나 수재해의 아픔과 고통을 느낄 수 있다. 어린 갓난아이를 끌어안고 피눈물을 흘리며 고통을 호소하는 한 흑인 모자의 사진을 보았다. 집이 온통 물에 잠긴채 지붕 위에서 도움을 호소하며 옷을 흔들고 있는 사람들의 모습, 기진맥진하여 그 옆에서 누워있는 사람들의 모습이 눈에 선하다. 지역의 거의 대부분이 댐이 터지고 강물이 범람하여 보울처럼 저지대를 형성하는 뉴올리언스 지역에 흘러들어온 물들이 허리에 찰 정도로 가득 메워져 있고, 어떻게 할 수 없는 너무나도 막연한 힘겨운 상황에 있는 사람들의 신음소리를 듣는다. 약 1 만 명의 사상자를 예견할만큼 끔찍한 오래전 그 사건과 같은 것을 우리가 함께 풀어가야 한다. 지금 당장이라도 우리가 뛰어가야 하지만, 몸이 갈 수 없는 상황이라면, 물질에 마음을 담아 그들을 돕기 위한 귀한 나눔과 실천에 참여해야 한다.

2. 수련회 그 이후에도 계속되는 환란(47-48)

47 날이 저물었을 때에, 제자들이 탄 배는 바다 한가운데 있었고, 예수께서는 홀로 뭍에 계셨다.

2천 년 전에 제자들이 괴로이 노 젓는 모습을 보셨던 예수께서, 이 시대에도 우리의 노젓는 모습을 보고 계신다. 주님이 가라고 하셨음에도 불구하고 제자들의 모습처럼, 우리의 삶에도 어려움은 있기 마련이다. 또한 수많은 기적과 은혜, 축복의 자리에서 머물다 떠나가지만 여전히 우리의 삶의 주변은 변함없이 어렵고 힘이 든다. 그러나 이러한 모든 어려움을 우리가 어떻게 대응하여 나가느냐가 중요하다.

주님은 우리가 포기하지 않고 어려움을 대응하고 있을 때, 우리의 어려움을 돕기 위해서는 우리가 예상하지 못하는 시간에도 찾아오신다. 어느 때든지 항상 우리를 사랑스레 살펴보시고 주님은 우리를 도우시고 살리기를 원하신다.

48그런데 예수께서는, 그들이 노를 젓느라고 몹시 애쓰는 것을 보셨다. 바람이 거슬러서 불어왔기 때문이다. 이른 새벽에 예수께서 바다 위를 걸어서 그들에게로 가시다가, 그들을 지나쳐 가려고 하셨다.

3. 수양회 그 이후에도 변화되지 못한 삶과 주님의 변함없는 사랑 (49-52)

제자들의 문제가운데 하나는, 그 때까지 주님을 주님으로 인식하지 못한 것이다. 49절에서 볼 때, 제자들은 예수 그리스도를 인간예수 정도의 수준의 대상으로만 이해하고 있지, 초월적인 능력을 소유하신 아들 되시는 하나님이신 것을 간과하고 있다. 제자들의 문제점 가운데 또 하나는, 주님이 자신들과 늘 함께 하시리라는 확신의 결핍이다. 이러한 연유로 49절과 같은 제자들의 반응이 있는 것이다.

49제자들은 예수께서 바다 위로 걸어오시는 것을 보고, 유령으로 생각하고 소리쳤다.

제자들뿐만 아니라 우리가 예수의 동행하심으로 얻는 유익 중 하나는, 두려움을 넘어서는 평안이다.

50그를 보고, 모두 놀랐기 때문이다. 그러나 예수께서 곧 그들에게 말씀하셨다. "안심하여라. 나다. 두려워하지 말아라."

예수의 동행하심으로 얻는 또 하나의 유익은, 주께서 원하시는 때에 어려운 우리의 삶의 주변을 변화시킨다는 것이다. 예수께서 우리의 삶의 정황으로 오실 때 우리의 삶을 변화시키신다. 우리의 필요를 공급하신다. 우리는 늘 주님과 동행하는 삶을 살아가야 한다.

51 그리고 예수께서 그들이 탄 배에 오르시니, 바람이 그쳤다. 그래서 제자들은 몹시 놀랐다.

왜 제자들은 예수께서 함께 하심으로 바람이 그치는 일을 당연한 것으로 여기지 않고 마음에 심히 놀란 것으로 보도되는 것일까? 그것은 바로 그들의 마음이 둔하여졌음을 알 수 있다.

52 그들은 빵을 먹이신 기적을 깨닫지 못하고, 마음이 무뎌져 있었다.

우리는 주님이 베푸시는 수많은 기적과 은혜 가운데 살아가면서도 주 예수께서 성자 하나님이신 것을 간과하며 살아갈 때가 많다. 오병이어의 기적을 이루신 예수께서 바람을 그치지 못하시겠는가? 이미 마가복음 4장 39, 41절에서도 예수께서 제자들 앞에서 바람과 바다를 순종케 하셨다. 그때에 제자들의 모습은 심히 두려워했지만, 여기서는 심히 놀라고 있다. 왜 제자들은 반복되는 실수를 범하는 것일까? 이는 우리의 모습이기도 하다. 특히 주님에 대한 우리의 신뢰함이 자주 흔들리는 모습을 반영한 것이라 할 수 있다.

4. 수양회 그 이후에도 계속되는 사역과 그 열매(53-55)

53 그들은 바다를 건너가서, 게네사렛 땅에 이르러 닻을 내렸다.

예수게서는 제자들과 함께 배를 타고 게네사렛 땅에 이르신다. 제자들과 상반되는 반응이 게네사렛 사람들에 의해서 드러난다. 예수의 제자들은 예수에 대한 기대감이 없었다. 그러나 게네사렛 사람들은 예수께서 어떠한 분이신지를 너무나도 명확하게 인식한다.

그들의 예수에 대한 반응을 통해서 우리가 알 수 있는 것은, "강한 인식은 강한 실천을 동반한다"는 것이다.

게네사렛 사람들은 예수를 인식한 직후에 "달려 돌아다니며" 예수께서 베푸실 기적의 자리로 사람들을 초청한다. 당장 그들은 자신들의 인식에 기하여 병든 자를 침상 채로 메고 나아온다. 여러분의 주님에 대한 인식은 어느 선에 있는가? 병든 자를 메어온다는 것은 무엇을 말하는 것인가? 예수께서 병든 자를 치료하실 수 있는 전능하신 분이심을 믿는 것이 아니겠는가?

54그들이 배에서 내리니, 사람들이 곧 예수를 알아보고, 55그 온 지방을 뛰어다니면서, 예수께서 어디에 계시든지, 병자들을 침상에 눕혀서 그 곳으로 데리고 오기 시작하였다.

예수의 옷 술만으로도 치유가 되리라는 확신을 갖는 병자들의 모습을 본다. 한편, 우리는 예수의 옷이라 할 수 있다. 왜냐하면 우리 안에는 예수께서 거하시기 때문이다.

5. 수양회 그 이후에도 예수의 능력의 통로가 된 사람들

예수께서 입고 있는 옷 술에서 능력이 나갔듯이, 예수께서 거하는 우리에게서도 능력이 나가는 것은 당연하다. 예수께서 입고 있는 옷 술이기에 능력이 있었던 것이지, 예수와 상관없는 옷 술은 아무런 능력이 없다. 예수와 동행하는 삶을 살아가는 우리의 삶은 능력이 있지만, 예수와 동떨어진 우리의 삶은 무능력하고 초라할 수밖에 없다.

사람들이 예수의 옷 술을 터치하더라도 예수를 터치한 것으로 인식하였던 것처럼, 예수를 중심에 모시는 삶을 살아가는 우리를 터치하더라도 예수를 터치한 것으로 인식하게 될 것이다. 예수의 모든 능력이 내 능력이라는 확신을 갖고 살아가야 한다. 이는 당연한 것이다. 나의 능력과 모습을 넘어선 내 안에 내주하시는 주님이 계시기 때문이다. 주와 동행하는 우리의 삶을 통해 참된 능력, 가장 강력하고 높은 능력이 발산된다.

56 예수께서, 마을이든 도시이든 농촌이든, 어디에 들어가시든지, 사람들이 병자들을 장터거리에 데려다 놓고, 예수께 그 옷 술만이라도 손을 대게 해달라고 간청하였다. 그리고 손을 댄 사람은 모두 병이 나았다.

언젠가 한반도의 대구에서도 한 사건이 발생했다. 폭발사건이었다. 대구 목욕탕 건물 폭발사고 현장에서는 부상자를 돕고 현장 수습에 동참하는 시민정신이 빛을 발했다.

"사고 당시 2층 여탕에 있던 서모(32·수성구 수성동)씨는 "폭발 소리가 들리고 연기가 탕 안에 가득해 탈출방법을 못 찾고 있는데 유리창 밖으로 주민들이 사다리를 대어줘 무사히 빠져나올 수 있었다"고 상황을 전했다. 서씨는 "4살 난 딸아이를 구해달라고 소리를 치니 한 시민은 직접 사다리를 타고 2층으로 올라왔고 다른 네 사람이 밑에서 이불로 쿠션을 만들어 구조했다"고 말했다.

사고 건물에서 100여 미터 떨어진 곳에서 에어컨판매점을 운영하는 이모(50)씨는 폭발 소리를 듣고 반사적으로 현장에 달려갔다. 그는 건물 2, 3층에서 남녀 목욕객 20여명이 창문으로 뛰어내리거나 사다리를 타는 것을 보고 매트리스를 가져와 펼쳐놓고 이들의 탈출을 도왔다.

목욕객 김모(46·여)씨는 "황망한 중에 벌거벗은 채 건물 밖으로 뛰어나왔는데 이웃들이 야외용 돗자리를 갖고 와 알몸을 가려줬다"고 말했다.

양모(58·수성구 범어동)씨는 건물 1층 이발소에서 염색을 하다 '꽈광' 하는 소리와 함께 천장이 무너지자 밖으로 탈출, 자신의 부상에는 아랑곳 않고 1시간여 동안 시민들과 함께 부상자 이송을 도우다 병원에서 진료를 받았다. 주민들은 자신의 승용차를 이용해 부상자들을 병원으로 이송했다.

현장의 소방관과 경찰은 "주민들이 너나없이 구조 도구를 가져오는 등 자신의 일처럼 나섰다"며 "시민정신이 살아 있음을 느꼈다"고 말했다" [기사제공] 〈대구 폭발 현장, 시민정신이 생명 구했다〉 한국일보 9.2.2005

바로 이러한 정신이 그리스도의 정신이다. 북에 있는 우리 동포인 크리스천들의 신앙고백문은 매우 인상적이고 감동적이다.

〈예수 믿는 북한 형제들의 신앙 고백문〉

예수님 전사들(제자)의 수칙
여기서 제자들을 〈전사들〉로 표현한 것은 매우 인상적이다.
1) 예수 믿는 사람은 천대받게 되어있다.
그것이 긍지요, 기쁨이다.
"예수 믿는 사람들은 고난을 당하게 되어있다."
이것이 우리의 영광이요 승리이다.
2) 칭찬 받는 것보다 욕먹는 것을 먼저 배워라.
3) 우리 예수 믿는 사람은 인민의 눈물을 닦아주고 서로 눈물을 닦아
주며
주위의 모든 고통당하는 자들의 위로자가 되어야 한다.
4) 사랑이 사랑을 낳고 또 그 사랑이 새로운 사랑을 낳고,
그 사랑으로 인하여 많은 사람들을 예수의 전사로 만들어야 한다.
5) 성경이라는 잣대로 자기 먼저 살아가야 한다.

나는 여기서 3)번에 있는 인민의 눈물을 닦아주고 서로 눈물을 닦아주며 주위의 모든 고통당하는 자들의 위로자가 되어야 한다는 말에 많은 감동을 받았다. 4)번에서 사랑으로 예수의 전사를 만들어야 한다는 말도 귀한 감화를 주었다. 끝으로 성경이라는 잣대로 자기 먼저 살아가야 한다는 말에는 도전이 되었다. 성경이라는 잣대로 다른 사람을 비판

하는 자가 아니라 자신을 바로 세우고 그렇게 멋진 생을 살아가는 것, 그것이 바로 예수를 중심에 모신 사람, 예수의 옷 술의 마땅한 삶이 아닐까 생각하게 된다.

1982년 1월 13일, 미국의 수도 와싱턴 DC는 종일 낮게 가라앉은 잿빛 하늘에 눈이 쏟아 붓고 있었다. 수은주가 영하로 깊숙이 미끄러져 내려갔고 길거리의 행인들은 외투 깃을 움켜 쥔 채 추위에 떨어야 했다.

이런 악천후 속에도 에어 플로리다 소속의 보잉 90번 기는 이륙 준비에 부산했다. 기체가 내셔널 공항 활주로의 대기 구역에 굴러 나와 이륙 순번을 기다리는 동안 기장은 몹시 불안했다. 칵핏 창 밖으로 집요하게 쏟아붓는 눈으로 가시(可視)거리가 불투명했다. 뿐만 아니라 양쪽 날개에 두껍게 엉겨붙은 눈에도 신경이 쓰였다. 잠시 후, 조종사의 염려가 결코 기우(杞憂)가 아니었음이 처참한 형태로 입증되었다. 활주로를 이륙한 기체는 조종사의 사력을 다한 혼신의 노력에도 불구하고 상승력을 잃은 채 지상으로 곤두박질했다. 그러고는, 14번가를 잇는 다리 근처의 얼어붙은 포토맥 강으로 기수를 처박았다.

급보에 접한 해안 경찰 구조 헬리콥터가 현장으로 급파되었다. 사고 현장에 도착한 헬기는, 깨어진 얼음장 사이로 빠져나온 기체의 잔해에 매달린 채 손을 들어 구조를 요청하는 일단의 생존자를 발견했다.

헬기에서 즉시 밧줄이 내려졌다. 그런데 놀랍게도, 그 밧줄을 받아쥔 사람은 그것을 옆에서 허우적거리는 타인에게 건네주는 게 아닌가. 심장을 멎게 할 듯 차가운 얼음물 속에서, 게다가 흐르는 강물 속에서 인간이 버틸수 있는 한계는 그야말로 경각을 다투는 긴박한 현실이다. 그런 상황 하에서 그 사람은 한 번뿐이 아니라 다섯 번씩이나 자기에게 내려진 밧줄을 타인에게 양보했다.

되돌아온 헬기가 마지막으로 그에게 밧줄을 내려주려 했을 때, 그는 이미 시야에서 사라지고 없었다.

인간은 급박한 위기의식이나 생명의 위협에 직면하게 되면 예절과 체면을 잃고 동물적 의식만 남게 된다고 한다. 본능이 앞선다는 것이다. 그런데도 윌리암스 씨는 급박한 생사의 기로에서도 본능을 초월한 희생적 인간애를 발휘했다. - "타인에게 밧줄을 건네준 희생적 사랑"

내가 살아야 하는데 그 밧줄을 포기하고 양도하는 삶, 그것이 바로 주님께서 우리 크리스천들에게 보여주신 위대한 삶과 정신, 헌신이다. 주님 우리를 당신의 도구로 사용하소서.

제 27장 열정이냐 외식이냐

막 7:1-23

매년, 매월, 매주의 시작 때마다 우리는 열정을 보인다. 그러나 시간이 흐르면서 우리의 열정이 외식으로 변하여 열정의 진정한 의미가 상실된 상태에 머무는 경우가 많다. 그렇다면 우리 각자의 모습은 어떠한가? 시대적인 흐름을 볼 때, 열정을 가지고 임하는 자들이 대부분 한 사회나 공동체의 분위기를 주도하거나 지배하여 왔던 것은 사실이다. 그렇지만 이들이 갖는 '열정' 에는 긍정적인 기능과 아울러 역기능적인 요소가 있음을 쉽게 볼 수 있다. 한 그룹의 열정이 긍정적으로 기능할 때, 그들이 속한 공동체에 지대한 공헌을 하기도 하지만, 자칫 외식이나 겉치레의 문화를 이식하는 바람직하지 못한 역기능적 영향을 미치기도 한다. 이천 여 년전 예수 시대에도 남다른 열정을 가지고 종교적 삶을 영위하며 주변인들에게 많은 영향을 미치는 이들이 있었다. 그들은 종교지도자들로서 당시 이스라엘 백성들의 종교생활을 주도할뿐만 아니라 다스리는 그룹이었다. 그런데 이들은 마가가 본 예수의 시각에서 볼 때, 외식하는 자들이었다. 이 시대에도 우리 신앙인들은 자기 자신을 예수를 만나러 온 바리새인들과 서기관들의 모습과 비교해 볼 필요가 있다.

〈1-5〉 1 바리새인들과 또 서기관 중 몇이 예루살렘에서 와서 예수께

모였다가 2 그의 제자 중 몇 사람의 부정한 손 곧 씻지 아니한 손으로 떡 먹는 것을 보았더라 3 (바리새인들과 모든 유대인들이 장로들의 유전을 지키어 손을 부지런히 씻지 않으면 먹지 아니하며 4 또 시장에서 돌아와서는 물을 뿌리지 않으면 먹지 아니하며 그 외에도 여러 가지를 지키어 오는 것이 있으니 잔과 주발과 놋그릇을 씻음이러라) 5 이에 바리새인들과 서기관들이 예수께 묻되 어찌하여 당신의 제자들은 장로들의 유전을 준행치 아니하고 부정한 손으로 떡을 먹나이까

오늘 본문에서 바리새인들과 서기관들이 예수를 만나러 온 것을 볼 수 있다. 그러나 그들의 마음은 다른 곳으로 향하여 있다. 이들이 나아온 것은 진정으로 예수의 본질적인 것에 대한 관심 때문이 아니다. 오히려 주변 것에 대한 관심 때문에 그 자리에 온 것으로 볼 수 있다.

예수를 만나러 온 바리새인들과 서기관들(1-5절)을 보라. 그들이 처음엔 예수를 만나기 위해 온 자들이었지만, 예수만 바라보지 않고 제자들의 모습을 보고 실망을 하고 있다. 비크리스천들이 예수께 대한 관심 때문에 교회에 나왔다가 교회 내의 다른 성도들의 모습에 실망을 하고 교회를 떠나가는 사례를 연상할 수 있다. 마치 우리 성도들의 행동 하나 때문에 수많은 비기독인들이 예수와의 단절을 공고히 다짐하는 모습을 볼 수 있는 것과 같다. 우리의 삶과 행동 하나 하나를 돌아볼 필요가 있다.

우리의 삶은 어떠한가? 혹시 우리 중에도 어떠한 성도나 목회자 몇 몇 때문에 자신의 하나님을 향한 바른 신앙을 잃어버리지는 않았는가?

그것을 되찾기를 바란다. 이를 위해 우리가 무엇 때문에 예수께 나아왔는지를 돌아보며 깊이 생각해 볼 필요가 있다. 그리고 스스로에게 답해 보라. 여러분은 무엇 때문에, 무엇을 위해서 예수께 나아왔는가?

우리는 종종 예수께 나아오면서도 주변의 그 무엇만을 바라볼 때가 많다. 어찌하여 완전하신 예수를 바라보지 않고 불완전한 예수의 제자들만을 바라보는가? 어찌하여 예수의 십자가에 못박힌 손은 보지 않고, 제자 중 몇 사람의 부정한 손을 바라보는가? 어찌하여 예수의 본질적인 생명의 말씀을 듣지 못하고, 피상적인 관찰을 통해 자신의 편견된 시각으로 일관된 질문만으로 소중한 만남의 시간을 낭비하는가? 어찌하여 예수와 정면 승부하지 못하고, 주변인들을 빙자해서 신앙과 말씀을 왜곡하는가? 이러한 일련의 질문에 답을 해야 할 대상이라면 바로 그 대상들은 외식하는 자들이다. 마가가 제시하는 외식하는 자의 특징은 다음과 같다. 첫째, 입술로만 하나님을 존경하고 마음은 멀다. 둘째, 사람의 계명으로 교훈을 삼아 가르친다. 주된 관심은 사람의 유전을 지키는 것에 있다. 셋째, 하나님을 헛되이 경배한다. 오히려 하나님의 계명을 버린다.

〈6-9〉 6 가라사대 이사야가 너희 외식하는 자에 대하여 잘 예언하였도다 기록하였으되 이 백성이 입술로는 나를 존경하되 마음은 내게서 멀도다 7 사람의 계명으로 교훈을 삼아 가르치니 나를 헛되이 경배하는도다 하였느니라 8 너희가 하나님의 계명은 버리고 사람의 유전을 지키느니라 9 또 가라사대 너희가 너희 유전을 지키려고 하나님의 계명을 잘 저버리는도다 위 본문의 말씀은 부모 공경과 하나님께 드림의 우선 순위를 말하는 것이 아니다. 하나님께 드림을 빙자하여 부모 공경을 등한시하는 이들을 향한 날카로운 지적의 말씀이다. 우리는 어떠한가? 부모 공경을 신앙 생활의 이유로 등한시하지는 않는가? 왜 우리 자신의 게으름과 불효함을 하나님께 드림으로 핑계하는가? 이러한 핑계를 일삼는 이들은 부모공경에도 실패할 뿐만 아니라 하나님께 드리는 예배에도 실패한 자들이다. 진정으로 하나님을 경배하는 자들의 모습이 아니라, 외식하는 자들의 특징적인 단면이라고 할 수 있다. 비단 이는 부모의 영역뿐만 아니라 형제자매, 이웃과의 관계에서도 그러하다. 부모에게 마땅히 할 바를 다하라. 모세의 율법을 온전하게 성취하라.

〈10-13〉 10 모세는 네 부모를 공경하라 하고 또 아비나 어미를 훼방하는 자는 반드시 죽으리라 하였거늘 11 너희는 가로되 사람이 아비에게나 어미에게나 말하기를 내가 드려 유익하게 할 것이 고르반 곧 하나님께 드림이 되었다고 하기만 하면 그만이라 하고 12 제아비나 어미에게 다시 아무 것이라도 하여 드리기를 허하지 아니하여 13 너희의 전한 유전으로 하나님의 말씀을 폐하며 또 이같은 일을 많이 행하느니라 하시고

우리가 마땅히 생각해야할 부모님의 참모습을 상실해 가고 있는 이 세대에게 김현승님의 〈아버지의 마음〉이라는 글은 많은 것을 생각하게 한다.

〈아버지의 마음〉 - 김현승

바쁜 사람들도
굳센 사람들도
바람과 같던 사람들도
집에 돌아오면 아버지가 된다.

어린 것들을 위하여
난로에 불을 피우고
그네에 작은 못을 박는 아버지가 된다.

저녁 바람에 문을 닫고
낙엽을 줍는 아버지가 된다.

세상이 시끄러우면
줄에 앉은 참새의 마음으로
아버지는 어린 것들의 앞날을 생각한다.
어린 것들은 아버지의 나라다 - 아버지의 동포다

아버지의 눈에는 눈물이 보이지 않으나
아버지가 마시는 술에는 항상
보이지 않는 눈물이 절반이다.
아버지는 가장 외로운 사람이다.
아버지는 비록 영웅이 될 수도 있지만.....

폭탄을 만드는 사람도
감옥을 지키던 사람도
술가게의 문을 닫는 사람도

집에 돌아오면 아버지가 된다.
아버지의 때는 항상 씻김을 받는다.
어린 것들이 간직한 그 깨끗한 피로.....

   외식하는 자들이 말하는 부정함의 정의나 본질과는 달리, 오히려 마가의 예수께서 제시하는 부정함의 실례는 다음과 같다. 먼저 하나님께 드림을 핑계로 부모님을 공경하지 않는 것이다. 그 공경의 범주는 물질과 시간, 마음 모든 것이리라. 또한 부정함의 특징으로는, 개인적이거나 집단적인 편견 또는 관습이나 지식 등으로 하나님의 말씀을 폐하는 것이다. 이와 같은 부정함이 정결케 되어야 한다. 이를 위해 각자의 편견된 시각이나 잘못된 선입관을 제거해야 하리라.

   〈14-23〉 14 무리를 다시 불러 이르시되 너희는 다 내 말을 듣고 깨달으라 15 무엇이든지 밖에서 사람에게로 들어가는 것은 능히 사람을 더럽게 하지 못하되 16 사람 안에서 나오는 것이 사람을 더럽게 하는 것이니라 하시고 17 무리를 떠나 집으로 들어가시니 제자들이 그 비유를 묻자온대 18 예수께서 이르시되 너희도 이렇게 깨달음이 없느냐 무엇이든지 밖에서 들어가는 것이 능히 사람을 더럽게 하지 못함을 알지 못하느냐 19 이는 마음에 들어가지 아니하고 배에 들어가 뒤로 나감이니라 하심으로 모든 식물을 깨끗하다 하셨느니라 20 또 가라사대 사람에게서 나오는 그것이 사람을 더럽게 하느니라 21 속에서 곧 사람의 마음에서 나오는 것은 악한 생각 곧 음란과 도적질과 살인과 22 간음과 탐욕과 악독과 속임과 음탕과 흘기는 눈과 훼방과 교만과 광패니 23 이모든 악한 것이 다 속에서 나와서 사람을 더럽게 하느니라

앞에서 언급된 〈외식〉이란 〈열정〉의 반의어라 할 수 있다. 더 나아가 〈외식〉은 〈거룩함〉의 반의어라 할 수 있다. 말을 바꾸면, 적어도 하나님 앞에 서있는 우리 모두의 경우, 외식하는 자들에겐 긍정적인 측면의 진정한 열정이 없다는 것이며, 외식하는 자들은 부정함의 대상에 머물 수밖에 없다는 것이다.

제 28장 "에바다, 온전히 열리는 삶"

막 7.31-37

31 예수께서 다시 두로 지역을 떠나, 시돈을 거쳐서, 데가볼리 지역 가운데를 지나, 갈릴리 바다에 오셨다. 32 그런데 사람들이 귀 먹고 말 더듬는 사람을 예수께 데리고 와서, 손을 얹어 주시기를 간청하였다. 33 예수께서 그를 무리로부터 따로 데려가서, 손가락을 그의 귀에 넣고, 침을 뱉어서, 그의 혀에 손을 대셨다. 34 그리고 하늘을 우러러보시고서 탄식하시고, 그에게 말씀하시기를 "에바다" 하셨다. (그것은 열리라는 뜻이다.) 35 그러자 곧 그의 귀가 열리고 혀가 풀려서, 말을 똑바로 하였다. 36 예수께서 이 일을 아무에게도 말하지 말라고 그들에게 명하셨으나, 말리면 말릴수록, 그들은 더욱더 널리 퍼뜨렸다. 37 사람들이 몹시 놀라서 말하였다. "그가 하시는 일은 모두 훌륭하다. 듣지 못하는 사람도 듣게 하시고, 말 못하는 사람도 말하게 하신다."

오늘 이 단락은 마가에 의해서만 전해지고 있다. 그리스도의 공생애 가운데 어떠한 삶의 자취도 의미로 가득차 있다. 그리스도께서는 하나님 앞에서는 온전한 사람으로 서 계시며 또한 사람들 앞에서는 아버지의 "본체의 형상"으로 유일하게 홀로 서 계신다. 7장 31-32절을 살펴보면, 예수께서는 두로를 떠나 북쪽 20마일 떨어져 있는 해안 도시인 시돈을 지나가셨다. 그리고 그 다음에 남동쪽으로 돌아 갈릴리를 피하여 데가볼리 경내의 갈릴리 바다의 동편에 위치한 어떤 곳으로 가셨다. 몇 사람들은 거기에서 귀 먹고 거의 말을 할 수 없는(모길라론, "말할 때 어려움을 느끼는") 어떤 사람에게 손을 얹어 주기를 간청하고 있다. 거의 사용되지 않은 이 단어는 여기에서와 이 세상에 하나님의 통치가 올 것임을 약속해주는 구절인 70인 역의 이사야 35장 6절에만 나타난다. 이 약속된 개입은 이미 예수의 사역 속에서 일어나고 있었던 것이다

1. 우리가 해야할 일: 예수께 데리고 와서, 손을 얹어 주기를 간청하다

사람들이 귀먹고 말 더듬는 사람을 예수께 데리고 와서, 손을 얹어 주시기를 간청하였다(32절). 한 사람의 문제를 해결하기 위해서 예수와 만날 수 있는 길을 열어주고 있다. 어느 시대에나 이러한 사람들이 있기에 예수와 한 영혼의 만남의 자리가 마련되는 것을 보게 된다. 그러나 요즈음 우리의 삶 속에서는 한 해를 시작할 때, 사주팔자나 토정비결로 한 해를 돌아보고 하루의 삶을 시작하는 경우를 많이 본다. 우리의 인생을 걸만한 것이 되지 못한다. 웃지못할 일이 한국에서도 일어났다. 한 경찰청장이 점쟁이로부터 20년간 당신의 아내가 호적을 친정에 두어야 한다고 말한 것 때문에 그렇게 행정상 처리하고 살았다는 것이 보도되었다. 단지 이러한 일반인들뿐만 아니라 한국에서는 목회자, 교회 중직자분들 중에서도 적지 않은 사람들이 홍미 반, 기대 반 점을 본다는 말을 들은 바 있다. 한국에서는 점쟁이들의 숫자가 성직자의 숫자보다 더 많고, 점쟁이 집이 교회의 숫자보다 더 많다는 이야기를 들은 지 벌써 오래다. 이 땅에 수많은 사람들이 자신들의 운명을 그러한 거

짓된 사람들에게 속은 채로 신앙생활을 하는 경우가 많다.

다른 사람의 어려운 문제들을 나의 문제로 보는 경우를 보기 어렵다.

우리가 그리스도를 만나기 전에는 어떠한 상태인가? 마치 여기에 등장하는 영적으로 피어나지 못한 한 영혼처럼 귀가 막히고 혀가 풀리지 않은 것과 같은 상태에 놓여 있었다. 그러나 주님을 만난 이후에 우리의 귀가 열리게 되었다. 혀가 풀리게 되었다. 주님을 만나기 이전에 우리의 귀는 이 땅의 소리에는 열려 있었을지라도 하늘의 소리에는 닫혀져 있었다. 우리의 혀도 세상의 소리는 발하지만, 진정으로 하늘의 소리를 혀로 담아내지 못하였다.

2. 예수께서 하실 일(1): 예수께서 그를 무리로부터 따로 데려가서, …

왜 주님은 그 사람을 무리로부터 분리시켰을까? 그것은 자신을 아직 드러내실 때가 되지 않으셨기 때문에 은밀하게 행하셨던 것으로 볼 수 있다. 또 하나는 우리가 주님을 만나는 문제는 결국 ont to one으로 만나게 된다는 것을 말해주는 것이다. 우리는 일대일로 주님과 만나는 시간을 가져야 한다. 그렇게 될 때만이 우리에게 놀라운 일이 있다. 주님께서 은밀하게 만나시는 것 중 하나는 한 사람을 인격적으로 존중하기 때문이다. 때로는 대중 가운데서 신앙적 체험을 갖게 할 때도 있지만, 대체적으로 개별적으로 만남의 사건이 발생하는 것을 보게 된다. 이 땅을 살아가는 많은 크리스천들이 신앙체험을 한다. 그러나 종종 지나치게 은사 중심의 삶을 강조하면서, 그 은사를 효과적으로 사역으로 연결짓지 못하고, 자신의 신앙적 우월감을 고취시키는 하나의 수단으로 사용하려는 움직임이 있는데, 그 부분은 반드시 지적되어져야 할 것이다. 왜냐하면 하나님께서 주시는 은사는 우리가 자랑하라고 주신 것이 아니라 우리로 하여금 하나님의 사역을 온전히 감당하도록 돕기 위해서 주신 것이기 때문이다.

3. 예수께서 하신 일(2): 34절 그리고 하늘을 우러러보시고서 탄식하시고, 그에게 말씀하시기를 "에바다" 하셨다.(그것은 열리라는 뜻이다).

하늘을 우러러 보는 이 행동은 호소라기보다는 증거였다(요 11.41-42). 이같이 하늘을 우러러 보시는 행동에서 우리가 알 수 있는 것은 무엇일까?

하늘에 대한 독실한 믿음을 볼 수 있다. 주님의 눈은 신체적인 눈의 시야를 넘어서 영적인 눈으로 영원하신 하나님의 마음을 꿰뚫어 보신다.

하늘과의 의식적인 일치를 볼 수 있다. 우리가 만약 하나님의 영광을 보게 된다면, 어떻게 되겠는가? 선지자 이사야는 이렇게 말한다. "화로다 나여 망하게 되었도다"(사 6.1-5). 그러나 예수께는 하늘과의 완벽한 일치감이 있었다. 주께서는 하늘을 우러러보며 "나와 아버지는 하나이니라"는 말을 하실 수 있었다. 하나님은 내려다보시면서 "이는 내 사랑하는 아들이요 내 기뻐하는 자니"라고 말씀하실 수 있었다.

하늘에 대한 의심없는 신뢰가 담겨있다. 우리는 의심과 두려움이 많다. 죄의식이 들면 두려움이 생긴다. 다윗처럼 우리도 "나의 죄악이 내게 미치므로 우러러볼 수도 없으며"(시 40.12)라고 슬프게 말하지 않을 수 없다. 그러나 예수께서는 그렇게 말씀하실 필요가 없다. 주께서는 "죄를 알지도 못하시기" 때문이다. 그러나 아버지에 대한 주님의 신뢰는 굳건하고 흔들리지 않았다.

34절에서 예수께서는 하늘을 우러러보시고서 "탄식" 하셨다. 왜 탄식하셨을까? 주님의 탄식에는 주님의 거룩한 슬픔이 담겨 있다. 이것은 하나님이 창조하시던 때에 "하나님이 그 지으신 모든 것을 보시니 보시기에 심히 좋았더라"(창 1.31)고 기록된 것과 대조를 이룬다. 바로 죄가 세상에 들어온 이후에 주님은 세상을 보시고 마음에 근심하셨다(창 6.5-6). 예수의 탄식은 바로 죄로 인한 황폐 때문에 생긴 창조주의 슬픔이었다.

이 사람의 귀 먹은 상태는 이 세상을 가득 채우고 있는 혼란과 불행을 보여주는 한 예일 뿐이다. 이외에도 하늘과 땅의 현저한 차이가 암시되기도 하였다. 하늘에서는 모든 귀가 열려 하나님의 말씀을 듣고, 모든 혀가 하나님을 찬송하는데 사용된다. 하늘에서는 하나님의 뜻만이 존중받고 행해진다. 그러나 여기 세상에서는 어떠한가?

이러한 탄식에서는 주님의 거룩한 동정심을 엿볼 수 있다. 우리는 하나님을 볼 수도 없고 하나님의 동정심도 볼 수 없다. 하나님의 아들은 이 땅에 육의 몸을 입고 함께 함으로 우리가 인식할 수 있는 동정심을 보여 주셨다.

여기서 우리가 알 수 있는 것은, 탄식은 우리의 영역이 아니라는 말이다. 우리는 다만 주님께 나아가는 일만 하면 된다는 것이다. 주님께서 하시는 일이 바로 탄식하시는 일이다. 우리의 상황과 처지를 아시는 그분께서 보다 근원적인 우리의 문제도 간파하시고 계시기 때문에 그 모든 것을 맡겨야 한다.

고귀한 마음을 지닌 사람과 홀로 함께 있는 것은 큰 일이다. 자유로운 대화가 있고 정직한 충고와 말이 있을 때 즉 영혼과 영혼의 참된 사귐이 있을 때 그 혜택은 이루 다 헤아릴 수 없다. 이런 사람들과 몇 시간 함께 지내는 것은 흔한 일상적인 잡담으로 몇 해를 보내는 것보다 낫다.

4. 예수께서 하신 일(3): 에바다

주님은 어제나 오늘이나 늘 우리의 문제를 해결하기 위해서, 우리가 온전히 회복될 수 있도록 소중한 말씀, 기적의 말씀을 하신다. "에바다." 이 말은 거기 모인 무리들에게 매우 친근감있게 들렸을 것이다. 에바다는 "열리라"는 의미를 가졌다. 문자적으로는 "완전히 열리라"는 의미이다. 지나온 삶 속에서 삶의 문제가 풀리기는 하는데 완전히 풀리지 않는 경우가 있다. 이 말은 사랑의 말이었다. 친절함이 풍기며 마음에서 나와서 마음으로 전달되는 말이었다. 서로에게 기쁨을 주는 말이었다.

올 한 해에 여러분의 모든 삶의 자리에 에바다가 울려퍼지시길 바란다. 풀리지 않았던 문제들이 풀려지시길 소망한다. 막혀 있던 관계가 새롭게 열려지시길 기대한다. 건강이 좋지 못했던 분들은 그 건강의 문제가 열리게 되고 영적으로 한 단계 업그레이드 되어 영혼이 은총을 입는 해가 되시길 바란다.

우리의 말 중에도 사람을 살리는 말이 있고, 사람을 죽이는 말이 있다. 우리는 종종 사람을 살리는 말보다는 사람을 힘들게 하거나 죽이는 말이 많이 하는 경향이 있다. 주님은 그러한 우리에게 사랑의 말, 살리는 말, 생명의 말을 하길 원하신다. 올 한 해에는 우리가 만나는 사람에게나 가족, 친지, 교우들에게 서로 사람을 살리는 말을 많이 할 수 있길 바란다. 여기서 에바다라는 말은 권능의 말이었음을 보게 된다. 명한 직후에 곧바로 회복의 역사가 일어났기 때문이다.

하나님께서 창조의 과정에서 "빛이 있으라 하시매 빛이 있었고"(창 1.3). 창조의 사건처럼 오늘 본문의 사건은 군더더기가 없는 명쾌한 말씀이 실체로 들어나는 사건이었다. 34절 하반절에서 "에바다 하셨다." 하나님의 통치가 임할지어다. 하나님 다스리소서. 이런 명령이 내포되어 있다. 하나님의 다스림이 있는 영혼의 삶은 새롭게 변화될 수 있다. 그 결과는 35절에서 "그러자 곧 그의 귀가 열리고 혀가 풀려서, 말을 똑바로 하였다." 귀가 열려야 혀가 열린다. 우리가 영적으로도 들을 귀를 가져야 우리의 혀가 바로 열린다. 우리의 혀가 풀리지 않은 것은 우리의 귀가 아직도 열려 있지 않았기 때문이다. 하나님의 말씀이 나의 일상의 삶을 살리지 못하고 있다면, 우리가 하나님의 말씀을 읽거나 들음으로써 보거나 듣지 못하기 때문이다. 영혼의 들음이 절실하다.

5. 주님을 만난 사람들이 하는 일: "…그들은 더욱더 널리 퍼뜨렸다."(36절 하) 사람들이 몹시 놀라서 말하였다. 당혹케 할 정도로 놀라는 사건이 펼쳐집니다.

주님과의 만남을 가지게 되면, 그들의 영혼이 새롭게 된다. 결국 주님을 처음 만난 사람들에 의해서 그들이 속한 영역에 복음이 들어가게 된다. 그들의 입술을 통해서 고백되어진 일로 인하여 주님이 영광을 거두시게 된다(37절). 기존의 크리스천들이 증거하던 일을 새롭게 주님을 만난 이들이 더욱 더 열정적으로 이어가게 된다.

제 29장 성숙한 기도인가 불완전한 기도인가

막 8.1-13

한 해의 소원을 두고 기도제목을 작성할 때마다, 소위 성숙한 크리스
천들의 경우에는 영적인 측면을 강조하여 기도제목을 올리는 경우가 많
다. 크리스천들 중에는 마치 이렇게 영적인 측면만을 놓고 기도하는 것
이 성숙한 크리스천의 기도인 것처럼 간주하는 경향이 있다. 이와 같이
우리는 종종 예수께서 우리의 영적인 부분에서의 치유와 회복만을 바라
시는 것으로 간주할 때가 있다. 이는 하나님의 나라와 의를 기도하는 것
의 우선성에 대한 이해를 오해하여 마치 이 기도만을 하는 것만이 바람
직한 기도의 항목인 것으로 기도의 범위를 축소하고 있음을 볼 수 있다.

그러나 엄밀한 의미에서 이는 예수께서 우리에게 주시는 메시지의
전부가 아님을 유념할 필요가 있다. 성경 가운데 드러난 인간관은 영육
을 구분하여 다루는 것이 바람직하지 않다는 것을 지적하고 있다. 이러
한 측면은 오늘 본문의 말씀을 통해서도 쉽게 포착할 수 있다. 오늘 본
문의 경우, 예수께서는 우리의 먹을 것이 없는 것에 대해서도 세밀한
관심을 기울이고 계심을 알 수 있다. 여기서 우리는 예수께서도 자신과
함께 있는 사람들의 모든 필요, 영육의 필요를 채워주시기 원하신다는
것을 볼 수 있다. 우리의 영적인 문제뿐만 아니라 육적인 문제에도 많
은 관심을 갖고 계심을 알 수 있다.

〈1-3〉 1 그 즈음에 또 큰 무리가 있어 먹을 것이 없는지라 예수께서 제자들을 불러 이르시되 2 내가 무리를 불쌍히 여기노라 저희가 나와 함께 있은지 이미 사흘이매 먹을 것이 없도다 3 만일 내가 저희를 굶겨 집으로 보내면 길에서 기진하리라 그 중에는 멀리서 온 사람도 있느니라

가. 예수에 대한 고정된 시각을 버리라

"예수께서는 우리의 영적인 부분의 필요만을 채워주시기 원하시는가?" 그렇지 않다. 예수께서는 우리의 영적인 부분뿐만 아니라 육적인 부분의 필요에 대해서도 매우 큰 관심을 갖고 계시다. 여러분의 삶의 의식주 부분과 여러분의 가족의 문제, 여러분의 친구관계 등 여러분의 모든 것에 관심을 가지시는 분이시다.

나. 예수와 함께 하는 시간을 더욱 많이 가지라

여러분이 스스로 생각하기를, 주님께 예배드리는 시간이나 주님께 기도드리는 시간, 주님께서 주시는 말씀을 배우는 공과공부 시간 등으로 인해서 우리의 육적인 성장이 지체되거나 정체되고 있다고 생각한다면 그것은 오산이다. 오늘 성경은 우리에게 말씀하신다. 너희의 육적인 필요를 너희가 먼저 걱정하지 말라. 너희의 육적인 필요를 걱정하시는 분은 바로 예수께서 하실 일이다. 여러분이 주님을 위해 헌신하며 주님을 위해 일하는 것으로 인하여 육으로 살아가는 이 땅의 삶에 어려움이 있다면 여러분보다 먼저 주님께서 반드시 해결해 주시리라.

예수의 말씀을 배우는 무리는 이미 사흘이나 예수와 함께 거하면서도 먹을 것을 걱정했다고 성경은 보도하고 있지 않다. 오히려 예수께서 그 무리들을 먼저 걱정하신다. 우리는 예수와 함께 거하는 것에 대해서 어떠한 생각을 하는가? 우리는 주일날 예배와 말씀을 배우는 시간 등으로 만나는 2-3시간의 시간조차도 제대로 유지하지 못하고 있다. 그 이유는 자신의 육적인 필요를 채워야 한다는 것 때문이다. 살아가기 위해서 돈을 마련해야하고, 살아가기 위해서 친구관계도 맺어야 하고, 살아가기 위해서 일도 더 많이 해야하고...등등. 이제는 여러분의 생활을 변경하라. 주의 날을 기억하여 주님께 그 날을 드리라. 여러분에게 묻고 싶다. 광야에 살아가는 개나 돼지의 생은 무엇을 말하는가? 먹고 살아가기 위해서 수단과 방법을 가리지 않고 인생을 살아가는 대상들이다. 여러분이 예수와 함께 거하는 시간을 전혀 갖지 못하고 지속하게 된다면 여러분의 인생은 광야에 선 개와 돼지와 같은 삶을 살아가게 될 것이다. 가릴 것 없이 먹어치우고 막무가내로 살아가는 인생이다. 여러분은 평일에 개인적으로 주님을 생각하며 보내는 날 수는 얼마나 되는가? 오늘 본문 말씀에 등장하는 무리들의 삼일을 능가할 수 있는가?

다. 예수께서도 여러분의 인생의 참된 성공을 원하심을 명심하라

주님은 우리에게 성공적인 인생을 위해 성경말씀을 주셨다. 성경은 말씀한다. 여러분이 이 땅에서 성공적인 삶을 살아가기 위해서는 예수와 함께 하는 시간이 얼마가 되느냐의 정도에 달려있다고 말씀한다. 여러분이 주님의 사랑을 사모하는 마음을 가진 자들이라면 여러분은 주님으로부터 삶의 모든 부분에서 긍휼하게 여김을 받게 될 것이다.

공부나 레저, 돈을 벌기 위해서 또는 그 무엇 때문에 주님과 함께 할 수 있는 시간, 예를 들어 주일에 예배를 드리지 않는다는 것은 하나님께 적합한 것이 아니다.

이제 우리의 삶이 바뀌어야 한다. 여러분의 삶을 전환하라. 주님은 여러분이 광야와 같은 세상에 외롭게 서 있다는 것을 잘 알고 있다. 그러나 먼저 우리가 무엇 때문에 광야에 서 있는가를 살펴보는 것이 필요하다. 여러분이 자신의 사리 사욕을 채우기 위해서 광야에 서 있다면 그것은 별 볼일 없는 인생을 말하는 것이다. 하지만, 여러분이 주님을 사랑하고 주님의 말씀을 사모하며 주님과 동행하는 삶을 살아가고자 광야에라도 기꺼이 설 수 있는 용기를 가진 자라면 여러분의 인생에는 희망이 있다. 여러분의 생을 주님 앞에 던지라. 여러분의 생을 주님께 맡기라. 주님께서 여러분의 인생을 멋진 희생, 복된 인생으로 인도하시리라!

라. 자신과 자신이 속한 공동체 내의 잠재된 가능성들을 예수께 드리라

때로는 우리가 할 수 없는 것이 있다고 인정하자. 이와 아울러 우리가 할 수 없는 것을 주님은 하실 수 있다는 것을 기억하자. 각자가 자신의 가진 것은 너무나 부족하다고 느낄지 모른다. 그러나 우리는 보았다. 사천명을 위해 떡 일곱 개만으로도 충분하고도 남았다면 나 하나, 우리 가족은 떡 하나의 수준이 되지 못하더라도 그 정도만으로도 충분하다는 것을... 더 나아가 우리가 가진 것을 나누며 살자. 우리가 모두 사는 길은 서로 서로 도우며 살아가는 길뿐이다. 우리의 작은 나눔이 주님의 역사를 가능케 한다. 우리의 작은 헌신과 희생이 놀라운 하나님의 기적을 태동시킨다. 주님은 직접 세상을 말씀으로 창조하신 분이시지만, 우리를 통해서 일하시기를 원하신다. 우리는 잠재력이 있는 우리 공동체 내부의 가능성을 망각할 때가 많다. 그러나 우리는 다시금 우리 안에 있는 것들을 찾고 그러한 것들이 주님 안에서 다시금 만개할 수 있도록 하자.

〈4-5〉 4 제자들이 대답하되 이 광야에서 어디서 떡을 얻어 이 사람들로 배부르게 할 수 있으리이까 5 예수께서 물으시되 너희에게 떡 몇 개나 있느냐 가로되 일곱이로소이다 하거늘

마. 이 시대 예수의 기적의 역사를 이어가는 주인공이 되라

여러분은 아직 어리다고 아직 때가 아니라도 말하는가? 오병이어의 주인공은 누구였는가? 떡 5개와 물고기 2마리를 드린 어린 소년이었다. 우리 모두는 그 어떠한 연령에 있든지, 결코 부족하거나 미성숙한 대상이 아니다. 이미 여러분은 주님의 기적의 역사를 이어가는 주인공이 되어야할 때에 서 있다. 주님은 오병이어 역사 단번으로 끝내지 않으셨다. 위의 말씀에서도 보듯이 또 다시 칠병이어의 역사를 이루셨다. 앞으로도 자신과 동행하기를 원하는 대상들이 있는 곳에서는 진정으로 주님의 역사가 계속되리라. 계속된 주의 역사를 태동시키는 여러분의 생이 될 수 있기를 소망한다. 주님의 말씀을 사모하라. 주님의 사랑을 사모하라. 주님과 동행하라. 주님과 동행하는 삶을 살아가라. 그 때에만이 역사를 주의 기적의 역사를 이어갈 수 있다. 주님과 동행하지

않는 삶은 소망이 없다. 주님께 예배드리는 시간, 기도드리는 시간, 주님의 말씀을 배우는 시간을 다시 세우라. 매일 주님께 나아가는 시간을 마련하라. 그렇게 한다면, 여러분의 인생은 주 안에서 진정한 성공적 삶이 될 것이다.

〈6-10〉 6 예수께서 무리를 명하사 땅에 앉게 하시고 떡 일곱 개를 가지사 축사하시고 떼어 제자들에게 주어 그 앞에 놓게 하시니 제자들이 무리 앞에 놓더라 7 또 작은 생선 두어 마리가 있는지라 이에 축복하시고 명하사 이것도 그 앞에 놓게 하시니 8 배불리 먹고 남은 조각 일곱 광주리를 거두었으며 9 사람은 약 사천 명이었더라 예수께서 저희를 흩어 보내시고 10 곧 제자들과 함께 배에 오르사 달마누다 지방으로 가시니라

바. 하나님의 백성을 살리는 사역, 생명을 공급하는 일에 헌신하라

종종 우리들은 자신을 드러내기 위해서, 자신을 많은 사람의 칭송을 얻기 위하거나 인정받기 위해서 사역을 할 때가 있다. 그러나 주님은 그러한 우리의 생을 기뻐하지 않으신다. 주님은 자신을 드러내기 위해서 어떠한 일을 한 것이 아니다. 주님은 하나님의 말씀을 사모하는 자들을 긍휼히 여기시고 그들을 진정으로 살리고자 어떠한 일을 하셨다. 여러분의 생도 그렇게 되어야 한다. 여러분의 미래의 비전이 무엇인가? 여러분은 어떠한 직무를 가지고서라도 다른 사람을 살릴 수 있다. 여러분의 직무가 무엇인가도 중요하지만, 더욱 중요한 것은 여러분이 어떠한 사람으로 변화되었느냐가 더욱 더 중요하다. 이를 명심하라.

〈11-13〉 11 바리새인들이 나와서 예수께 힐난하며 그를 시험하여 하늘로서 오는 표적을 구하거늘 12 예수께서 마음속에 깊이 탄식하시며 가라사대 어찌하여 이 세대가 표적을 구하느냐 내가 진실로 너희에게 이르노니 이 세대에게 표적을 주시지 아니하리라 하시고 13 저희를 떠나 다시 배에 올라 건너편으로 가시니라

제 30장 참된 제자, 바디매오

막 10.46-52; 14.51-52

46 그들은 여리고에 갔다. 예수께서 제자들과 큰 무리와 함께 여리고를 떠나실 때에, 디매오의 아들 바디매오라는 눈먼 거지가 길 가에 앉아 있다가 47 나사렛 사람 예수께서 지나가신다는 말을 듣고 "다윗의 자손 예수님, 나를 불쌍히 여겨 주십시오" 하고 외치며 말하기 시작하였다. 48 그래서 많은 사람이 조용히 하라고 그를 꾸짖었으나, 그는 더욱더 큰소리로 외쳤다. "다윗의 자손님, 나를 불쌍히 여겨 주십시오." 49 예수께서 걸음을 멈추시고, 그를 불러오라고 말씀하셨다. 그리하여 그들은 그 눈먼 사람을 불러서 그에게 말하였다. "용기를 내어 일어나시오. 예수께서 당신을 부르시오." 50 그는 자기의 겉옷을 벗어 던지고, 벌떡 일어나서 예수께로 왔다. 51예수께서 그에게 말씀하셨다. "내가 너에게 무엇을 하여 주기를 바라느냐?" 그 눈먼 사람이 예수께 말하였다. "선생님, 내가 다시 볼 수 있게 하여 주십시오." 52예수께서 그에게 말씀하셨다. "가거라. 네 믿음이 너를 구원하였다." 그러자 그 눈먼 사람은 곧 다시 보게 되었다. 그리고 그는 예수께서 가시는 길을 따라 나섰다.

마가가 본 예수께서는 예루살렘에 입성할 즈음에 여리고를 방문한다 (10.46;11.1). 예수께서 자신의 제자들과 허다한 무리와 함께 여리고에서 떠나려 했다. 그 때, 길가에 앉아있던 한 시각 장애인인 '바디매오'라는 걸인이 예수를 찾는다. 당시 시각장애인이나 전통적인 직업에 종사하지 못한 사람들은 사람들이 많이 오가는 길가에서 구걸을 해야만 먹고 살 수 있었다. 여리고는 날씨가 좋고 번화한 성읍이었으며 디매오의 아들은 분명 거기서 먹고 살만큼 벌이를 할 수 있었다. 여기서 등장하는 '바디매오'는 헬라어로 바르티마이오스, bartimaios 이다. 이 명칭에 대해서 살펴보면, 먼저 '바르'(bar)는 '아들'이라는 의미를 갖는다. 따라서, '바르 디매오'란 명칭은 '디매오의 아들'이란 의미가 담긴 명칭이다. 따라서 엄밀한 의미에서, 여기서 등장하는 바디매오는 그 자신의 이름도 없는 〈익명의 사람〉이라고 말할 수 있다. 만약 그 때, 그 순간을 놓쳐버렸다면, 바디매오는 그의 일생 동안 예수를 만나지 못했을지도 모른다. 그런데 바디매오는 그 기회를 적시에 붙잡았다. 한 익명의 사람이 여리고라는 땅을 의미있는 하나님의 역사의 자리로 만들었다. 오늘날 우리에게도 전해지는 역사적 사건을 일으킨 장본인이다. 우리의 교회나 교우들의 가정, 사업터를 지나가실 때, 그 주님의 발자취가 의미있는 자리가 되도록 하는 것은 바디매오처럼 누군가 주님을 간절하게 요청할 때, 그곳이 의미가 담긴 자리, 놀라운 은총의 자리로 변화될 것이다.

참된 제자의 삶: 1. 어떠한 상황에서도 주님을 포기하지 않는 삶 - 끊임없는 부르짖음

"47 나사렛 사람 예수께서 지나가신다는 말을 듣고 "다윗의 자손 예수님, 나를 불쌍히 여겨 주십시오" 하고 외치며 말하기 시작하였다."

여기서 바디매오는 '나사렛 사람 예수께서 지나가신다' 는 말만 듣고 소리질러 다윗의 자손 예수를 찾았던 것을 알 수 있다(10.47). "당시 시작장애인은 다른 사람이 낭독되는 것을 듣고 배운 것을 빼고는 율법에 대해 무지했다. 브라유식 점자가 아직 발명되지 않았으므로, 그들은 읽을 수 없었다. 따라서 그들은 종교적인 사람으로 대접받지는 못했다. 또한 사회적으로 무력했다". 우리가 유추할 수 있는 것은, 바디매오가 여러 차례에 걸쳐서 나사렛 예수께서 어떤 분이신가를 듣게 되면서 자신이 꼭 만나야 할 분이라는 것을 마음속에 품고 있었다는 것이다. 여기서 간과해서는 안될 중요한 측면이 있다. 그것은 바로 우리가 어려움과 위기에 직면한 때일수록 보다 더 주님에 대해서 잘 알고 있어야 한다는 것이다. "그 주님이 어떤 분이신가?" 를 바로 알고 있을 때만이 우리가 우리의 상황 가운데서 주님을 만날 수 있게 된다. 바디매오처럼 간절한 부르짖음이 나올 수 있다.

혹시 여러분의 삶 속에서 간절한 부르짖음이 필요할 때인데도 불구하고, 그러한 부르짖음이 없다면 셋 중에 하나일 가능성이 크다. 하나는 모든 것을 주님께 의뢰하는 마음이 있기에 맡기고 산다는 차원에서 부르짖음이 없는 경우이다. 또 하나는 부르짖어야 할 대상인 주님에 대해서 잘 모르기 때문에 진정 자신이 부르짖고 간청해야 할 대상을 떠나서 전혀 엉뚱한 대상을 향하여 부르짖는 경우이다. 또 다른 하나는 부르짖어야 할 대상이 주님이라는 것을 이성적으로, 지식적으로는 알면서도 그것이 자신의 삶에 어떤 변화나 영향을 주리라고 생각하지 않는 것이다. 그래서 그러한 사람들은 상황이 여의치 않거나 부르짖기에 적절치 않다고 판단하게 될 때, 쉽게 포기하거나 유보하게 된다.

48절에서는 바디매오의 이러한 부르짖음에 대해서 주변 사람들의 반응은 어떠했는가? 48절에 그 반응이 구체적으로 나와 있다. "48 그래서 많은 사람이 조용히 하라고 그를 꾸짖었으나, 그는 더욱더 큰소리로 외쳤다. '다윗의 자손님, 나를 불쌍히 여겨 주십시오.'"

마가는 이러한 '부르짖음'에 대해서 예수의 반응이 있었는지, 없었는지 아무 것도 보도하지 않고, 다만 많은 사람들의 '꾸짖음'이라는 반응만을 보도하고 있다. 이 시각 장애인의 큰 소리로 부르짖는 호소를 방해거리로 생각했다. 예루살렘 입성이라는 〈왕의 행진〉을 방해하는 것은, 무모하고 뻔뻔스러운 것이라고까지 생각하는 이들이 있었다. 비록 많은 사람들의 꾸짖음에도 불구하고, 바디매오는 더욱 심히 소리질러 '다윗의 자손'을 불렀다.

만약 바디매오가 여기서 주변 사람들의 만류 때문에, 그가 처한 적절치 않은 상황 때문에 부르짖지 않았다면, 그의 남은 여생은 시각 장애인으로 평생을 살아가게 되었을 것이다. 그리고 여리고에서 발생한 이 위대한 사건은 성경에 기록되지 못했을 것이다.

마가는 바디매오의 두 번째의 부르짖음에 대한 예수의 반응을 49절에서 보도하고 있다. 49 "예수께서 걸음을 멈추시고, 그를 불러오라고 말씀하셨다. 그리하여 그들은 그 눈먼 사람을 불러서 그에게 말하였다. '용기를 내어 일어나시오. 예수께서 당신을 부르시오.'"

바디매오의 두 번 부르짖음이 있은 다음에서야 예수께서 반응을 보이신 것으로 보도한다. 보통 공개적으로 드러난 자리에서 한 번의 부르짖음은 쉽다. 그러나 두 번의 부르짖음은 쉽지 않다. 그러나 바디매오는 그 어려운 부르짖음을 기꺼이 하고 있다. 그의 절박한 심정과 결단을 엿볼 수 있는 부분이다. 마가는 두 번째의 그 부르짖음 이후에 예수께서 발걸음을 멈추어 서서 저를 부르셨던 것으로 보도한다. 저와 여러분의 삶 속에서 두 번의 부르짖음으로 늘 주님의 응답을 받는 분들이 되시길 기원한다.

그런데 여기서 주목할만한 부분이 있다. 이 단락에서 예수의 부름은 '그들'(they)을 통하여 바디매오에게 전달되었다. 그렇다면 여기서 '그들'는 누구인가? '그들'은 본문의 흐름에서 볼 때, 바디매오가 처음 예수를 부를 때 꾸짖었던 '많은 사람들'임이 분명하다. 여기서 놀랄만한 점은 많은 사람들의 바디매오에 대한 반응의 변화라고 할 수 있다. 즉 그들이 처음에는 바디매오에게 '조용히 하라'고 꾸짖었지만, 나중에는 "용기를 내어 일어나시오. 예수께서 당신을 부르시오."라고 예수의 말씀을 전달하고 있다(10.49). 49절의 말씀이 우리에게 시사하는 바는, 우리가 하나님을 향하여 참된 열정과 헌신의 마음을 갖고 있다면, 포기하지 않는다면, 때로는 우리를 반대했던 그들도 돌아와서 우리의 협력자가 될 수 있다는 것을 말한다. 그러나 반대 앞에서 서로 적대시하고 하나님을 향한 우리의 열정을 접어버리거나 포기하게 될 때, 우리는 우리의 관계의 문제를 해결할 수 없게 된다. 그렇다, 이 시대에 주님은 우리가 끝까지 포기하지 않고 하나님을 향한 지속적인 열정을 갖기를 기대하신다.

이에 대해 바디매오는 겉옷을 내어버리고 뛰어 일어나 예수께 나아갔다. 이 때 예수께서는 바디매오에게 "(너의 길을/ RSV) 가라. 네 믿음이 너를 구원하였느니라"고 말함으로 저가 곧 보게 되었고, 또한 예수를 길에서 좇았다.

여기서 우리는 10장 46-52절 본문의 의미를 포착하기 위해 전혀 다른 상황들을 가정할 필요가 있다. 만약 바디매오가 많은 사람들의 꾸짖음에 좌절하고 말았다면, 그의 인생은 아마도 달라질 수 없었을 것이다. 그러나, 바디매오는 많은 사람들의 꾸짖음이라는 핍박의 상황을 초극함으로, 이겨냄으로 예수를 만났다.

또한 바디매오는 예수로부터 직접 말을 듣지 못하고, 다른 사람들도 아닌, 자신을 꾸짖던 '많은 사람들'을 통하여 초청의 말을 들었을 때, 지체없이 나아감으로 예수를 만났다. 만약 바디매오가 바로 전에 자신을 꾸짖었던 자들에 대한 적대감이나 편견에 머물러 있었다면, '그들'의 말을 제대로 듣거나 믿지도 못했을 것이고, 결국 예수를 만나지 못했을 것이다.

그러나 그는 최초의 자신의 비전(시력회복)이 무엇인지를 인식하였다. 단 한번의 기회를 붙잡았다. 주변의 환경에 굴하지 않고 겉옷을 벗어 던지고 즉각적으로 뛰어 일어나 나아갈 정도로 결단이 분명했다. 주님의 반응은 아무 때나 일어나지 않는다. 우리의 분명한 의지와 결단이 수반될 때, 드러나게 된다. 하나님의 위대한 사건은 바로 우리의 분명한 의지와 결단, 그리고 철저한 순종을 요구한다.

참된 제자의 삶: 2. 주를 위해 모든 것을 포기하는 삶-소유포기, 길 포기

참된 제자는 주를 위해 모든 것을 포기할 수 있는 삶을 살아간다. 어떠한 상황에서도 주님을 포기하지 않는 삶을 살아가는 사람은, 자신의 많은 것을 포기할 수 있는 용기의 사람이다. 바디매오가 자신의 비전(시력회복/ 제자됨)을 이루기 위해 무엇을 포기했는가를 주목할 필요가 있다.

"그는 자기의 겉옷을 벗어 던지고, 벌떡 일어나서 예수께로 왔다."

먼저 바디매오는 자신의 마지막 남은 '자존심'을 포기했다. 또한 마지막 남은 소유를 포기했다. 곧 '그(자신)의 겉옷'(to himation autou)을 포기했다. 분명히 바디매오가 예수를 만나기 위해서 겉옷을 벗어 던지고 무리들 속으로 들어갔다면, 그 남겨진 겉옷은 나중에 다시 찾기란 거의 불가능했을 것이다. 요즈음 우리 세대에서는 누가 걸인의 옷을 가져가겠는가라고 반문할 수도 있다. 그러나 당시에는 부자들조차도 겉옷의 가치를 소중하게 여길 정도로 값비싼 것이었다. 혹자는 걸인에게 남은 자존심이 무엇이며, 남은 소유가 무엇이 있겠는가 라는 반문을 할지도 모른다. 따라서 유대 사회의 상황 가운데서 다른 사람도 아닌 걸인이 겉옷을 포기한다는 것은 자신의 '모든 소유'를 포기한 것과 다르지 않다는 것을 알 수 있다. 걸인에게 겉옷은 추운 날씨에서는 외투, 밤엔 이불로, 구걸할 때는 주머니로 사용하기도 했던 매우 소중한 것이었다.

또한 바디매오는 자신의 길을 포기했다. 그는 이전에 소경으로서 다른 일을 할 수 없었던 과거와는 달리, 이제는 시력을 회복하게 되었음

으로 새로운 자신의 길을 갈 수 있었지만, 스스로 자신의 영광의 길을 포기하고 예수의 수난의 길을 좇는다. 여기서 바디매오가 예수의 수난의 길을 좇았다는 것은 마가가 사용하는 단어 사용에 근거한다. 곧 마가는 예수의 제자의 길, 곧 수난의 길을 좇는다는 표지로 "도상에서 예수를 좇았다"(ekolouthei auto en te hodo)는 용어를 사용한다는 것에서 찾아볼 수 있다.

10장 51절에서, 예수께서 "내가 너에게 무엇을 하여 주기를 원하느냐?그 사람은 말하였다. "내가 다시 볼 수 있게 하여 주십시오." 어떤 분은 이러한 바디매오의 요청과 같은 기도를 기복적인 것이라고 비판한다. 그러나 이것을 단편적으로 기복신앙이라고 규정짓고 모든 요구를 부정하는 것은 잘못된 판단이다. 기복신앙과 우리의 참된 기도의 차이는, 그 이후의 우리의 태도에 달려 있다. 무엇 때문에 그것을 요구하느냐에 달려 있다. 시력을 회복해서 그가 무엇을 하느냐가 중요한 것이다.

그렇다면, 바디매오는 계속해서 예수의 제자의 길을 좇았다고 볼 수 있는가? 이에 대해 혹자는 바디매오가 10장 이후에는 등장하지 않기 때문에 알 수 없다고 말하기도 한다. 그러나, 바디매오가 예수의 수난의 길을 계속 좇았다는 증거는 크게 두 가지 점에서 추정할 수 있다.

먼저 마가가 바디매오의 추종을 말할 때, 미완료 시제의 동사인 '좇았다' (에코루데이, ekolouthei)를 사용한 것이다. 또 하나는 바디매오로 추정되는 한 청년의 베 홑이불까지 포기하는 예수의 추종의 근거를 들 수 있다.

51그런데 어떤 젊은이가 맨몸에 홑이불을 두르고, 예수를 따라가고 있었다. 그들이 그를 잡으려고 하니, 52그는 홑이불을 버리고, 맨몸으로 달아났다.

여기서 14장 51절의 '한 청년'(네아니스코스, neaniskos)을 바디매오로 추정할 수 있는 근거로는 먼저 바디매오가 디매오의 아들이라는 명칭으로서 익명의 사람이었다는 점에서, 10장의 바디매오와 14장의 한 청년의 공통점이 있다. 또한 "예수를 좇는다"(10.52; 14.51-두 동사 모두 미완료시제사용)는 점이다.

무엇보다도 두드러지는 공통점으로는 10장의 바디매오와 14장의 한 청년이 모두 다 '겉옷'(히마티온, himation)이 없다는 특징이다. 달리 표현하면, 바디매오는 예수께 나아갈 때 겉옷을 버렸기에 겉옷이 없고, 14장의 한 청년은 알몸에 베 홑이불만을 두르고 있다는 점에서 겉옷이 없다는 공통점이 있다.

만일 14장의 '한 청년'을 바디매오로 상정하는 것이 받아들여진다면, 바디매오는 모든 제자들이 다 예수를 버리고 도망한 그 이후에도 붙잡힐 때까지 예수와 함께 동행한 자가 된다. 왜냐하면, 마가는 '한 청년'이 예수를 따르는 것을 보도할 때, "따라 오다가"(쉰에코루데이, Synekolouthei)라는 동사를 사용하고 있기 때문이다. 즉 '좇는다'(ekolouthei)라는 동사에 합성어인 '함께'(Syn=with)를 덧붙여 그를 동행하며, 철저하게 추종을 하는 자로 제시하고 있다.

따라서 바디매오는 예수께서 붙들린 것처럼 함께 '붙들린' (크라테오, krateo) 유일한 제자가 된다(14,51). 또한 바디매오는 10장의 최초의 소유 포기와 더불어 다시 한번 '베 홑이불 '(신도나, Sindona=linen cloth)이라는 마지막 소유를 포기함으로, 결국 두 번이나 소유를 포기한 유일한 제자가 된다(14,52). 여기서 마가는 제자들이 "예수를 버리고" 피하는[개역성경이 "도망하다"로 번역한, 퓨고, pheugo 용어는 여기서는 "피하다"로 사용하는 것이 적절하게 보인다] 것으로 보도하지만, 바디매오로 추정되는 한 청년은 "베 홑이불을 버리고" 피하는 것으로 보도한다.

바디매오는 이 시대에 기성 크리스천들로서 새롭게 제자의 길을 다짐하는 자들의 표본이라고 해도 과언이 아니다. 기존 크리스천들 중 상당수가, 최초의 신앙생활을 시작할 때 예수와 복음을 위하여 자신의 일부 또는 많은 부분을 포기했던 기억을 갖고 있다. 그러나 우리는 어느 때부터인가 종종 과거에 포기했던 것을 나와 그 무엇을 위하여 다시 소유하려고 애쓰는 모습을 발견한다.

이 시대에 다시 한번 예수와 복음을 위하여 우리의 소중한 것들을 포기하고 나아가자! 주님을 포기해야 하는 상황이라면, 자신의 알몸 (gumnos=naked) 외에는 모든 것을 포기할 수 있는 용기로 나아갈 수 있기를 바란다. 물론 이 땅에서 우리가 가난하게 살아가야 한다는 것을 의미하는 것이 아니다. 다만, 세상의 부를 더 얻기 위해서 우리가 주님을 저버리는 일이 없어야 한다는 말이다. 자신의 길을 주장하기 위해서 주님을 따르는 일을 저버려서는 아니 된다는 것을 말한다. 주님을 위해서 우리가 헌신할 때, 주님은 우리를 그냥 그대로 내버려 두시지 않는다.

제 31장 "나귀 새끼를 풀어 무엇하려느냐"

막 11.1-10

1 저희가 예루살렘에 가까이 와서 감람산 벳바게와 베다니에 이르렀을 때에 예수께서 제자 중 둘을 보내시며 2 이르시되 너희 맞은편 마을로 가라 그리로 들어가면 곧 아직 아무 사람도 타 보지 않은 나귀 새끼의 매여 있는 것을 보리니 풀어 끌고 오너라 3 만일 누가 너희에게 왜 이리 하느냐 묻거든 주가 쓰시겠다 하라 그리하면 즉시 이리로 보내리라 하시니 4 제자들이 가서 본즉 나귀 새끼가 문 앞 거리에 매여 있는지라 그것을 푸니 5 거기 섰는 사람 중 어떤 이들이 가로되 나귀 새끼를 풀어 무엇하려느냐 하매 6 제자들이 예수의 이르신대로 말한대 이에 허락하는지라 7 나귀 새끼를 예수께로 끌고 와서 자기들의 겉옷을 그 위에 걸쳐두매 예수께서 타시니 8 많은 사람은 자기 겉옷과 다른 이들은 밭에서 벤 나무 가지를 길에 펴며 9 앞에서 가고 뒤에서 따르는 자들이 소리 지르되 호산나 찬송하리로다 주의 이름으로 오시는 이여 10 찬송하리로다 오는 우리 조상 다윗의 나라여 가장 높은 곳에서 호산나 하더라

승리의 입성 이야기는 예수께서 나귀새끼를 얻는 것에 대한 그의 가르침으로 주시는 하나의 예언으로 시작한다(1-3절). 그 예언이 성취되는 것으로 전개된다(4-6절). 많은 환호 속에서 예수의 나귀 새끼에 앉으신 채로 그것의 목적지에 도달한다(7-10절)

"여리고 평지(예루살렘으로부터 약 29km 정도 떨어져 있다)로부터 긴 오르막길을 오르면 여행자는 감람산 동편 기슭에 도착한다. 가장 동편에 있는 마을이 벳바게인데, 그 가까이에 베다니가 있다. 베다니는 예루살렘으로부터 약 2km 떨어진 감람산 동편 기슭에 자리잡고 있었다. 그래서 이 순례자들은 여기까지 약 27km를 여행해 온 것이다

2천 여 년 전에 예수께서 예루살렘 입성을 위하여 제자 중 둘을 통하여 어린 나귀를 준비케 하셨다(마가와 누가는 '나귀새끼'에 해당되는 단어를 사용하고 있지만, 마태는 21장 2절에서 '나귀'에 해당하는 onon을 사용한다).

이 시대에도 주님께서는 당신의 사역을 위해 일꾼을 찾고 계신다.

"사람들은 보통 아무도 타 보지 않은 나귀 새끼가 아니라 다 자란 나귀를 탔습니다."

일반적인 시각에서 살펴보면, 그 나귀새끼는 아직은 여러 면에서 능력이나 실력이 부족함이 많다고 생각되는 사람, 아직은 연소하거나 성숙의 시간이 필요하다고 자타가 인정하는 사람일지도 모른다. 어떻게 보면 경험이나 지식이 부족한 사람, 연약한 사람일 수도 있다. 말을 바꾸면, 주님께서 당신의 위대한 사역에 부르시는 대상은, 오히려 자타가 인정할 만큼의 능력이나 실력이 충분하다고 검증된 사람, 여러모로 완전하다고 생각되는 사람이 아닐 수도 있다. 오히려 주님께서는 당신의 특별한 사역을 위해서 우리 가운데서 경험이 부족한 사람, 연약한 사

람, 겸손한 사람을 찾아 세우실 때가 있다는 것이다. 더 나아가 아직 세상의 죄악과 그 무엇에도 노출시키거나 머물러 있으려고 하지 않는 대상, 거룩함을 추구하는 대상이라 할 수 있다. 주님은 우리 가운데서 우리가 사용하기에 적합한 대상이 아니라 주님께서 사용하시기에 적합한 대상을 부르신다. 이 부르심에는 우리의 고정관념이나 예측을 넘어설 때가 많다.

역사상 가장 어리석은 발언들로 알려진 것으로는 다음과 같은 것이 있다.

⇨ 1981년 빌 게이츠는 이런 말을 했다. "메모리 640KB이면 모든 사람에게 충분한 용량이다." 그리고 20년이 흐른 지금 대부분의 컴퓨터 사용자들은 당시 빌 게이츠가 '호언' 한 메모리의 100배가 넘는 용량을 사용 중이다. '컴퓨터황제' 의 '무식한' 발언에 놀랄 수도 있지만 사실 동서고금을 막론하고 미래에 대한 빗나간 예견은 무수히 많다.

⇨ 1992년 모 TV 프로그램에서 서태지와 아이들 데뷔곡을 들은 한 유명 가수가 "멜로디가 부족하군요. 음도불안하고. 가요계는 만만한 곳이 아닙니다."

⇨ 1950년께 맥아더 장군이 6 · 25로 폐허가 된 서울을 돌아보며 "이걸 복구하는데 100년은 걸릴 것이다."

⇨ 1982년 멕 라이언이 영화 〈귀여운 여인〉 캐스팅을 거부하며 "너무 진부하고 상투적이군요(이런영화는 얼마든지 있다구요)."

⇨ 1962년 카를로 리틀이 전설적 밴드롤링 스톤스의 드러머 제의를 거절하며 "너희는 미래가 없어."

⇨ 1888년 존 펨버턴 의사 겸 코카콜라발명가가 자신의 코카콜라 제조법을 워커 챈들러사에 팔며 "이건 단지 소화제일 뿐이라구요."

⇨ 1994년 마이크로소프트가 짐 클락과 마크 앤드리슨이 공동 개발한 넷스케이프 1.0 무료 공개판을 보고
"정말 쓸 데 없는 짓이군. 지금 인터넷을 얼마나 이용한다고."

⇨ 1992년 킴 베이신저가 영화 〈원초적 본능〉 캐스팅을 거부하며 "너무 난잡해요. 이런 영화가 인기를 끌 것 같나요?"(이 영화에 출연한 샤론 스톤은 일약 할리우드 최고섹시 스타로 발돋움했다)

⇨ 1931년 한 출판업자가 펄 벅의 〈대지〉 원고를 거절하며 "미국의 여론은 중국 냄새가 나는 것은 관심 갖지 않아요."

⇨ 1912년 EJ 스미스 선장이 타이태닉호의 출항을 앞두고 "타이태닉은 얼마나 잘 만들어졌는지 하느님도 이 배는 침몰시킬 수 없다."

⇨ 1963년 한 미 과학처 관계자가 마우스 발명가인 더글러스 엔젤바트의 마우스 개념을 듣고 "무슨 소리인가. 그 누가 정보전달을 할 수 없는 마우스를 쓰겠는가. 여기에 투자하는 건 미친 짓이야."(전 세계 4억여 네티즌이 지금 이 순간도 마우스로 인터넷을 뒤지고 있다.물론 당신도...)

"자신의 경험이 부족하다고 생각하는 사람, 자신을 연약하다고 간주하는 사람, 그러나 겸손한 사람, 맑은 사람, 주께 신뢰하는 사람, 바로 그런 당신을 찾고 있습니다!'

4 제자들이 가서 본즉 나귀 새끼가 문앞 거리에 매여 있는지라 그것을 푸니 5 거기 섰는 사람 중 어떤 이들이 가로되 나귀 새끼를 풀어 무엇하려느냐 하매 6 제자들이 예수의 이르신대로 말한대 이에 허락하는지라

제자들이 이 짐승을 빌린 주인으로 보인 사람에 관해서는 지금까지 온갖 추측들이 제기되었다. 그러나 여기서 주목해야 할 현저한 사실은 주께서 제자들에게 답변으로 사용하라고 하신 단순한 몇 마디를 하자마자 그 주인이 즉각 행동으로 동의한 점이다. 그 주인이라고 하는 사람을 제자들이 전혀 모르거나 혹은 주께서도 전혀 모르는 사람이었다는 것은 중요하지 않았다. 주인으로서는 "주가 쓰시겠다"는 사실을 들은 것으로 충분했던 것 같다.

매튜 헨리는 "그리스도께서 빌린 배를 타고 바다를 건너시고 빌린 방에서 유월절 음식을 잡수시고 빌린 무덤에 장사되었으며 여기서는 빌린 나귀를 타셨다"는 사실에 주의를 기울이기도 한다. 우리네 인생도 이 땅에서 호흡하는 동안, 지금 모든 것이 내 소유라고 생각하는 것들조차도 언젠가는 세상에 돌려주고 떠나가야 한다. 혹시 여러분이 가지고 갈 수 있는 것이 있다면, 그것이 무엇이 있을까? 우리는 두 종류의 사람을 만난다. 세월이 흐를수록 자기의 것을 챙기려는 부류와 자기의 것을 나누려는 부류이다.

우리들은 시간이 흐를수록 자신의 것이 많아지는 은총과 복이 가득하시길 바라고, 다른 한편으로는 시간이 흐를수록 자신의 것이 아니라고 인정하는 것들이 더욱 더 많아지시기를 바란다.

주께서 먼저 우리를 당신의 일꾼으로 사용하실 때는 먼저 우리가 매여 있는 모든 것을 풀어놓게 하심을 볼 수 있다. 우리가 전혀 모르는 대상, 제삼자를 통해서라도 지금 우리 각자가 매여 있는 그 무엇을 풀도록 만든다.

우리가 지금 매여 있는 것이 있다면, 그것이 무엇인가? 당신이 이 항목만 언급되면 매이게 되는 것이 무엇인가? 무엇이 당신의 희로애락을 주장하게 하는가? 기쁘게도 하고, 노하게도 하고, 슬프게도 하고, 즐겁게도 만드는 것이 있다면, 그것이 무엇인가?

주께서 여러분을 일꾼으로 부르실 때, 주의 사람들을 통해서 여러분이 지금 매여 있는 것을 풀게 하실 것이다. 당신은 제삼자를 통해서 여러분의 매여 있는 것을 풀고자 다가서는 이들로 놀랄 수 있다. 때로는 우리 각자에게 지금 매여 있는 것이 가장 안전하고 우선되는 일이라고 생각하는 그 모든 것을, 당신에게 어느 시기 동안에 필요하여 매어 놓은 그 모든 것을 풀어낼 수도 있다. 이를 통해 우리 각자가 매여 있는 것을 발견할 수 있어야 한다. 오히려 안정된 삶 때문에 그대로 머물고 싶어 할지도 모른다.

그러나 우리는 여기서 주님께서 보내신 사람들을 알아보고 우리로 하여금 지금 그 매여 있는 것으로부터 풀게 하실 때, 이를 수락하고 따르는 여러분 또는 여러분의 주변 분들의 소중한 충고를 듣고 그 분들의 말씀을 신뢰하고 자신을 맡기는 것이 필요할 때가 있다. 우리 각자가 할 수 있는 것은 너무나도 작고 보잘 것 없다. 단지 우리의 있는 모습 그대로 우리 각자 자신을, 자신의 행보를 맡기는 것이다. 바로 그것이 주께 쓰임받을 대상이 갖추어야 할 가장 중요한 면 중 하나라고 할 수 있다. 주께서 우리를 부르실 때 그 부르심에 순종해야 한다.

우리 각자의 상황을 인식하고 더 나아가 그 매여 있는 것을 우리 스스로 풀 수 없다는 것을 인정하고 주님께 맡겨드리는 것이 필요하다. 주님의 사역을 대신하여 수행하시는 분들의 도움을 받는 것이 필요하다. 주께서 우리를 사용하시기 위해 우리가 지금 매여 있는 것을 풀거나 끊게 하시고 우리를 인도하실 것이다.

주께서 쓰실 대상은 주께서 지정하신다. 주의 일꾼을 지목할 수 있는 권한은, 인간의 권한밖에 놓여있다. 이는 우리의 권한 밖의 일이라고 할 수 있다. 거의 대부분 주께서 당신의 일꾼을 세우실 때 당신의 또 다른 일꾼들을 통해서 부르신다. 주께서 당신의 일꾼을 부르실 때, 막힐 수 있는 여러 조건들을 미리 아시고 피할 길을 내시며 부르신다. 주께서 일꾼을 세우시려는 계획을 말씀하실 때, 우리의 직무는 오직 순종하여 이행하는 것뿐이다. 주님은 우리가 예기치 못할 때, 명하셔서 우리가 모르는 대상, 우리가 가히 상상조차 할 수 없는 대상을 부르셔서 그 사명을 감당케 하신다. 여기 본문의 말씀처럼 어린 나귀새끼와 같은 우리를 부르신다. 그러나 그 부르심은 다른 대상을 통해서 이루심을 알 수 있다. 주께서 일꾼을 부르실 때는 우리의 고정관념을 깨뜨리심을 알 수 있다. 우리가 일꾼을 찾거나 세울 때는, 언제나 이미 성장한 대상, 원숙한 대상만을 찾는 경향이 많지만, 우리의 기대와는 달리, 주님께서는 아직 성장이 필요한 대상, 아직 미숙하게 보이는 대상, 아무도 그 대상이 충분한 자격을 갖추었다고 생각하지 못하는 대상을 부르심을 알 수 있다. 예수께서 바로 연약한 대상, 부족한 대상, 그러나 아무도 사용하지 않은 대상을 당신의 종으로 부르신다. 명확한 것은 주께서 사용하실 일꾼을 주께서만 알고 계시다는 것을 인정하는 것이 우리에게 필요하다. 또한 주께서 일꾼을 세우실 때, 그 일꾼과 연관된 대상들은 주님께서 사용하시려는 움직임에 순종함이 필요함을 알 수 있다. 만약 그 어린 나귀새끼를 데려오는 일에 대해서 제자들이 자신들의 판단에 기초해서 행동했다면 어떻게 되었을까? 아마도 예수께서 말씀을 잘못하신 것 같으니 그냥 우리가 알아서 어미 나귀를 데리고 가자고 서로 논의했을 수도 있다.

이 시대에도 주님은 당신께서 예비하신 일꾼만을 부르신다. 그러한 대상을 부르셔서 준비시켜 주신다. 이것이 무엇을 뜻하는가? 이는 바로 주의 사명을 위해 당신의 종들을 부르실 때 그들이 완전한 대상이라서 부르신 것이 아니라는 것이다. 주님은 부름을 받을 대상이 스스로 전혀 자랑할 근거가 없다고 생각할 때 부르신다. 어찌 주 예수의 존귀하신 영광을 비교할 수 있겠는가? 아무도 가히 상상할 수 없을 때조차도 필요로 하시는 대상을 찾으신다. 무엇보다도 예수께서 어린 나귀를 부르신 경우는 구속 사역을 위해 예루살렘에 입성하실 때이다. 어린 나귀를 통해서 입성하시는 것은, 예언을 성취하시기 위함이며, 일반인들의 시각에서 정치적인 메시아의 입성이 아니라는 것을 일깨워 주시기 위함이라고 볼 수 있다. 주께서 당신의 참된 구원사역의 실현을 위하여 부르신 대상은 잘 달리는 말도 아니고 든든한 나귀도 아니며 오직 연약한 어린 나귀였다. 구원사역의 절박함을 우리에게 보여주시는 것이며, 그 누구도 구원사역의 열외 대상이 될 수 없음을 확인시켜 주시는 부분이다.

팔레스틴의 정황 속에서, "겉옷을 펴는 행위는 왕에 대한 충성을 나타낸다(왕하 9:13). 나뭇가지를 흔드는 것 역시 통치자에 대한 충성을 나타내는 표시이다. 마가복음을 읽은 고대의 독자들은 이 단락을 읽어가면서 왕의 입성 행진 모습으로 인식했을 가능성이 크다. 그들이 어떠한 연유에서 겉옷을 내어 놓았든지 간에 그들은 주님께 대한 충성을 보냈다.

7나귀 새끼를 예수께로 끌고 와서 자기들의 겉옷을 그 위에 걸쳐두매 예수께서 타시니 8 많은 사람은 자기 겉옷과 다른이들은 밭에서 벤 나무가지를 길에 펴며 9 앞에서 가고 뒤에서 따르는 자들이 소리지르되 호산나 찬송하리로다 주의 이름으로 오시는이여 10 찬송하리로다 오는 우리 조상 다윗의 나라여 가장 높은 곳에서 호산나 하더라
예수에 대한 기사 가운데 예수께서 이 나귀새끼 말고 다른 어떤 짐승을 타셨다는 기록은 없다. 모든 짐승 가운데 이 나귀 새끼는 틀림없이 혼란스런 행렬에 사용하기에 가장 까다로운 짐승이었을 것이다. 마가와 누가는 이 나귀 새끼가 한 번도 매여본 적이 없고 이전에 한 번도 사람을 태운 적이 없다고 밝힌다. 마태는 그 나귀 새끼가 너무 어려서 어미와 함께 있었다고 덧붙이며 스가랴 선지자는 이 나귀를 "짐승의 새

끼"라고 불렀다. 무리들의 떠들썩한 환호성과 아이들의 높은 노랫소리, 종려나무와 화려한 의복, 주변을 온통 둘러싸고 있는 열광적인 흥분을 생각할 때, 전혀 통제할 수 없고 제멋대로 구는 짐승의 가장 대표적이라고 할 수 있는 이 나귀 새끼가 마치 즉각 길들여져서 주님을 위해 든든하게 봉사하고 있는 것처럼 놀라운 사실은 없을 것이다.

주님은 우리의 염려와 걱정을 넘어서서 오히려 훌륭하게 그 일을 감당하고 수행하도록 우리를 도우신다.

주의 일꾼이 세워지기 위해서는 부름을 받는 이들의 수고와 헌신이 요청됨을 볼 수 있다. 마가복음 11장 7절-8절에 근거하여 볼 때, 나귀 새끼가 예수께 사용되어질 수 있도록 보통 사람들의 재산 목록 1순위에 놓인 것, 겉옷을 잠시나마 주님을 위해 사용할 수 있는 사람들이다. 우리에게 재산 목록 1순위는 무엇인가? 그것을 당신은 주님을 위해 잠시나마 내려놓을 수 있는가? 특히 매 해 사순절을 보낼 때마다 우리가 가장 소중하게 간주하는 것을 주님 앞에 잠시나마 내려놓는 훈련이 필요하다. 우리가 좇는 쾌락조차도 잠시 내려놓는 훈련이 필요하다. 만약한 해에 단 한번이라도 그런 기회를 갖지 않게 될 때, 우리는 그것에 중독될 수 있다. 그것에 탐닉할 수 있다. 그것이 모든 것보다 우선순위에 놓일 수 있다. 심지어 주님조차도 그것보다 뒷전으로 놓일 수 있다. 그렇다면 그것은 죄가 된다. 주님보다 더 사랑하는 것이 있다면 그것이 무엇이든지 간에 그것은 우상이 되기 때문이다. 그 우상의 자리에 놓여 있던 것을 잠시 내려놓을 때, 우리는 그 우상은 더 이상 쓸모없는 우상, 해로운 우상, 무익한 우상이 아니라 오히려 우리에게 값진 보물, 소중한 유산이 된다. 당신에게 진정한 행복을 안겨줄 수 있다. 주님보다 더 귀한 것은 없다는 고백이 일년에 단 한번이라도 우리의 입가에서 고백되어져야 한다.

사순절을 비롯한 중요한 교회의 절기를 보낼 때마다 우리가 다음과 같은 마음을 위한 기도를 드릴 수 있다.

〈마음을 위한 기도〉 - 이해인

♣ 늘 푸른 소나무처럼 한결같은 마음을 지니게 해주십사고 기도합니다.

자신이 맡은 일에 정성을 다하는 성실함, 어떤 모양으로든지 관계를 맺는 이들에게는 변덕스럽지 않은 진실함을 지니고 매일을 살고 싶습니다. 힘겨운 시련이 닥치더라도 쉽게 좌절하지 않고 견디어내는 참을 성으로 한 번 밖에 없는 삶의 길을 끝까지 충실히 걷게 해 주십시오.

♣ 숲속의 호수처럼 고요한 마음을 지니게 해주십사고 기도합니다.
시끄럽고 복잡하게 바삐 돌아가는 숨찬 나날들에도 방해를 받지 않고 중심을 잡을 수 있는 마음의 고요를 키우고 싶습니다. 바쁜 것을 핑계로 자주 들여다보지 못해 왠지 낯설고 서먹해진 제자신과도 화해할 수 있는 고요함, 밖으로 흩어진 마음을 안으로 모아 들이는 맑고 깊은 고요함을 지니게 해 주십시오. 고요한 기다림 속에 익어가는 고요한 예술로서의 삶을 기대해 봅니다. 마음이 소란하고 산만해질 때마다 시성 타고르가 그리한 것처럼 저도 '내 마음이여, 조용히, 내 마음이여, 조용히' 하고 기도처럼 고백하고 싶습니다.

♣ 하늘을 담은 바다처럼 넓은 마음을 지니게 해주십사고 기도합니다.

지나친 편견과 선입견으로 남을 가차 없이 속단하기 보다는 폭넓게 이해하고 포용하는 너그러움을 지니고 싶습니다. 내 가족, 내 지역, 내 종교만의 좁은 울타리를 벗어나 마음을 넓히는 시원함으로 나라를, 겨레를, 세계를 좀 더 넓게 바라보고 좀 더 넓게 사랑하게 해 주십시오.

♣ 밤새 내린 첫눈처럼 순결한 마음을 지니게 해주십사고 기도합니다.

어떤 일이 있더라도 악과 타협하지 않고 거짓과 위선을 배격하는 정직한 마음, 탐욕에 눈이 멀어 함부로 헛된 맹세를 하지 않으며, 작은 약속도 소홀히 하지 않는 진지함을 지니고 싶습니다. 감각적인 쾌락에 영혼을 팔지 않으며, 자유와 방종을 혼돈하지 않는 지혜로움, 어린이 같은 천진함으로 하느님과 이웃을 전적으로 믿고 신뢰하는 용기를 지니게 해주십시오.
♣ 사랑의 심지를 깊이 묻어둔 등불처럼 따뜻한 마음을 지니게 해주십사고 기도합니다.

기뻐하는 이와 함께 기뻐하고 슬퍼하는 이와 함께 슬퍼할 수 있는 부드럽고 자비로운 마음, 다른 이의 아픔을 값싼 동정이 아니라 진정 나의 것으로 느끼고 눈물 흘릴 수 있는 연민의 마음을 지니고 싶습니다.

남에 대한 사소한 배려를 잊지 않으며, 칭찬과 격려를 아끼지 않는 따뜻한 마음, 주변에 우울함 보다는 기쁨을 퍼뜨리는 밝은 마음, 아무리 속상해도 모진 말로 상처를 주지 않는 온유한 마음으로 하루하루가 평화의 선물이 되게 해 주십시오.

♣ 가을들녘의 볏단처럼 익을수록 고개 숙이는 겸손한 마음을 주십사고 기도합니다.

부끄러운 약점과 실수를 억지로 감추기보다는 오히려 자연스럽게 인정하는 마음, 자신의 잘못을 비겁하게 남의 탓으로 미루지 않는 겸허함을 지니고 싶습니다. 다른 이의 평판 때문에 근심하고 불안해하거나 초조해 하지 않는 의연함을 잃지 않게 해 주십시오. '내일은 내가 이 세상에 없을지도 몰라' 하는 깨어있음으로 삶의 유한성을 받아들이며, 오늘 해야 할 용서를 내일로 미루지 않는 겸손함을 지니게 해 주십시오.
♣ 살아있는 동안은 나이에 상관없이 능금처럼 풋풋하고 설래이는 마음을 주십사고 기도합니다.

사람과 자연과 사물에 대해 창을 닫지 않는 열린 마음, 삶의 경이로움에 자주 감동할 수 있는 시인의 마음을 지니고 싶습니다. 타성에 젖어 무디고 둔하고 메마른 삶을 적셔줄 수 있는 예리한 감성을 항상 기도로 갈고 닦게 해 주십시오.

제 32장 하나님의 것을 가이사에게 돌리는 자들에게

막 12.13-17

지금까지 막 12장 13-17절 본문은 납세의 의무에 대한 정당성을 결정 짓거나, 납세와 관련된 교회와 국가의 관계에서 역할분담의 측면에서 제기되는 사항에 대한 정당성을 확보할 때에만 중요한 의미를 갖는 단락 정도로 다루어져 왔다. 그러나 그들의 기대와는 달리, 이 본문의 주된 논점은 납세의 문제만을 이야기하지는 않는다. 본문에서 등장하는 질문자들의 관심(12.13, 15)이라는 측면에서만 보더라도, 그 질문자들은 실질적으로 납세에 대한 부분에 대해 주된 관심을 갖지 않는 것으로 보도된다. 따라서 막 12장 13-17절의 본문을 납세의 의무에 대한 정당성을 확보하려는 목적 등으로 그 근거를 삼으려는 태도는 적어도 유보할 필요가 있다. 만일 여전히 그렇게 보려고 할 경우에는, 성서의 본문에 자신의 생각이나, 기존의 고정관념을 강요하는(read into) 방식의 성서 읽기를 한다는 비난을 금할 길이 없을 것이다. 이와 같은 견지에서 13-17절은 재검토될 필요가 있다.

본문을 살펴보면, 산헤드린의 멤버들이 보낸 일군의 질문자들과 마가의 예수께서 논쟁을 하고 있는 상황을 볼 수 있다. 마가의 예수께서는 자신을 책잡으려하는 그 질문자들의 기대(12.13-14)와는 달리, 그들의 외식함을 간파하고 있으며(15절), 결국 그들이 예수께 대해 심히 기이히 여기게 되는 상황으로 인도한다. 결과적으로 그 상황에서 예수를 책잡으려 했던 질문자들은 예수께 책잡히는 결과를 낳고, 오히려 마가의 예수께서 질문자들의 마음의 중심을 사로잡는 '승리'의 깃발을 올린다(17절).

이 단락의 서두인 13절에서, 보냄을 받은 자들이 예수께 "당신은 사람들의 외관을 보지 않으시기 때문에"(ou gar blepeis eis prosopon anthropon) 정직하고, 어떤 사람도 꺼리지 않는다는 말로서 다가오는 것을 볼 수 있다(14절). 그들의 첫 말처럼, 마가의 예수께서는 보냄을 받은 자들의 외관으로 보이는 태도를 보지 않고, 그들의 마음을 본다(15절). 여기서 주목되는 부분은 '보냄을 받은 자들'의 〈예수께 대한 평가〉와 '마가의 예수'의 〈보냄을 받은 자들에 대한 평가〉가 대조적으로 제시되는 점이다. 그들에게 데나리온 하나를 가져다가 자신에게 보이도록 요구하고, 그들은 예수께 가져왔다(15-16절). 여기서 마가의 예수께서 질문자들에게 가져오도록 요구한 품목은 마태 22장 19절의 '세금내는 돈'(to nomisma tou kensou; tax coin)이 아닌, 데나리온 은전이었다. 이에 대해 예수께서는 "이 화상과 이 글이 뉘 것이냐"고 질문하며, 직접 '가이사'(Caesar Tiberius, A.D. 14-37)의 것이라고 답변한다. '화상'과 '글'을 보고 곧이어 황제의 것(ta kaisaros)이라고 대답한 것이다. 이러한 질문자들과의 대화 후에 마가의 예수께서는 12장 13-17절 단락의 핵심적인 진술인 "가이사의 것은 가이사에게, 하나님의 것은 하나님에게" 바치라고 답한다. 17절에서 마가의 예수께서 사용한 '바치라"(apodote)는 동사와 14절에서 보냄을 받은 자들의 "바치는"(dounai)에 해당되는 동사가 서로 다르게 사용되었다. 여기서 17절의 동사의 사전적 의미는, '정당하게 치러야할 '로, 14절의 동사의 의미는, '선물' 이라는 의미가 담겨 있다. 먼저 두 동사들에 대한 사전적 의미가 정확하다면, 마가의 예수의 바치라는 요구는 보냄을 받은 자들의 바친다는 개념과 서로 다르다. 산헤드린의 멤버들로부터 보냄을 받은 자들은 정당하게 치러야 할 대가로서의 납세가 아니라, 그 이상의 납세의 행위를 일삼는 측면을 부각시키는 것이라고 할 수 있다. 전후 문맥을 고려할 때, 산헤드린이라는 종교기관에 속한 자들이 필요 이상의 세를 낸다면, '뇌물' 의 용도로 사용되는 것으로 보이며, 그 돈은 성전의 연보 궤에 한 고드란트를 내는 과부와 같은 이들의 헌금(12.41)을 거두어 임의로 뇌물로 사용하는 것은 아닐까라는 추정도 가능하다. 자신이 정당하게 받아야 할 대가나 그 무엇의 그 이상을 챙기려는 서기관들처럼, 과부의 가산을 삼키는 짓을 일삼는 행태를 고발하는 것일 수 있다(이 단락의 논쟁 이후 또 다른 논쟁이 이어지고, 12장 35절에 이르러 성전에서 가르치는 단락이 소개된다. 이 성전에서 가르치는 중에 마가의 예수께서는 자신에게 다가온 서기관들에게 "회당의 상좌와 잔치의 상석을 원하는 서기관들을 삼가라, 저희는 과부의 가산을 삼키며 외식으로 길게 기도하는 자니 그 받는 판결이 더욱 중하리라"(12.39-40)는 가르침을 준다).

보냄을 받은 자들은 데나리온 은전의 외관을 보고 가이사의 것으로 결정했다. 그들의 결정의 근거는 누구의 화상이 새겨져 있는가 라는 마가의 예수의 질문에 의거한 것일 수 있다. 여기에 제시된 진술들을 근거로 유추할 수 있는 것은, 어떤 것이 누구의 것인가를 결정하는 척도는 어떠한 것에 누구의 화상이 새겨져 있느냐라는 것이다. 더 나아가 마가의 예수께서는 가이사의 것만을 언급하지 않고, 하나님의 것을 말하고 있다. 그렇다면, 하나님의 것은 무엇인가? 하나님의 화상이 새겨져 있는 것은 무엇인가? 본문의 보도를 통해서 가늠할 수 있는 것은, 마가의 예수께서는 질문자들이 하나님의 화상이 새겨져 있는 것이 무엇인지를 당연히 알고 있는 것으로 보았다는 점이다. 당시 산헤드린에 소속한 자라면, 토라인 창세기 1장 27절의 '하나님의 형상대로' 인간이 창조되었다는 문구를 충분히 감지할 수 있었던 것으로 보인다. 마가의 예수께서는 질문자들이 데나리온의 외관을 보고 가이사의 것이라고 결정한 것과 달리, 사람의 내면을 보고 하나님의 것이라고 결정하고 있는 것이다. 여기서 인간은 하나님의 형상이 새겨져 있기 때문에 하나님의 것이라는 것이다. 한편, 소유라는 측면에서 데나리온을 볼 때, 데나리온은 사람에게 속하게 된다. 그러므로, 데나리온은 사람의 것이며, 사람은 하나님의 것으로 볼 수 있다. 결국 가이사의 것으로 간주하는 것조차도 하나님의 것이 될 수 있다는 논리가 성립된다. 이것은 12장 17절의 가이사의 것이 의미하는 바가 다양하다고 볼 수 있다. 이러한 관점에서 볼 때, 본문이 말하는 '가이사의 것은 가이사에게' 라는 말을 납세의 의미로 고정시키는 것은 타당하지 않는 것으로 보인다. 오히려 마가의 예수의 측면에서 질문자들이 가이사의 것으로 간주하던 것도 하나님의 것으로 드릴 수 있다는 여지를 제공한 것일 수 있다. '하나님의 것' 에 해당되는 범주는 가이사의 것조차도 포함하는 것으로 볼 수도 있다. 요컨대, 인간은 하나님의 것이며, 인간의 모든 것 곧, 가이사의 것조차도 하나님의 것으로 볼 수 있다는 것이다.

인간의 모든 것이 하나님의 것이라는 관점은 마가복음서의 제자도에서도 엿볼 수 있다. 마가복음서에서 요구되는 제자도는 자신의 소유에 대한 전적인 포기가 요구되는 것을 볼 수 있다. 이와 같은 제자도는 마가복음서에서 가난한 과부가 자신의 생활비 전부를 연보궤에 넣는 단락에서 확증된다. 마가는 한 고드란트를 드린 가난한 과부가 다른 모든 사람이 드린 것보다도 많은 것을 연보궤에 넣은 것으로 보도한다. 이와 같은 보도에서 마가공동체의 정황의 일면을 엿볼 수 있다. 마가공동체 당시, 공동체 내부에 속한 사람들의 경우, 생활비 전부가 그들의 모든 소유였다고 볼 수 있다. 즉 생활비 전부를 드리는 것이 당시 그들이 포기할 수 있는 모든 것이었다고 볼 수 있다. 따라서 이 가난한 과부는 마가공동체의 이상적인 제자상임을 알 수 있다. 이 과부는 단지 자신의 생활비의 일부가 아니라 모든 것을 드리는 헌신적인 사람이었다. 요컨대 가난한 과부의 행동에서 헌신을 말하는 것은 주후 70년경 유대 전쟁 상황 속에서 현존하는 마가공동체 멤버들로서는 생활비의 전부를 헌금한다는 것은 그들이 실천할 수 있는 최선의 것일 수 있기 때문이다.

　　현대 크리스천들 중에는 신앙생활을 바로 한다는 개념을 단지 주일날 교회에 십일조 생활 등 각종의 헌금을 헌신적으로 납부하는 것만으로 생각하고 살아가는 자들이 많다. 그러나 이러한 생각을 가지고 살아가는 크리스천들 중에는 이중적인 삶을 살아가는 자들이 많다. 여기서 이중적인 삶을 산다는 것은, 주일날 교회에 나올 때나 주중 공 예배에 출석할 때는 경건하고 신앙인 답지만, 그 외의 시간 때에는 비 신앙인과 다를 바 없는 삶, 비 신앙인보다도 못한 삶을 살아간다는 것을 말한다. 이러한 이중적인 삶을 살아가는 크리스천들은 자신의 모든 것이 하나님이라는 것을 모르고 살아 가기에 자기 본위적이고 이기적인 기준에서 어떤 것을 가이사의 것으로 분류하기 쉬울 것이다. 이들은 하나님의 것인 자신과 자신의 모든 삶도 가이사의 것으로 간주하며 살아가는 자들이다. 이들은 단지 헌금이라는 명목으로 자신의 가진 것의 작은 일부만을 하나님의 것으로 간주하고, 그것만을 하나님께 드리는 자들로서, 단지 그것만으로 최고의 신앙인의 삶을 살아간다고 교만과 위선을 떠는 자들일 수 있다. 그러나, 마가의 예수께서 말하는 하나님의 것은 우리가 우리 각자 자신과 자신의 것 모두를 하나님의 것으로 여기고 겸허하게 청지기적인 삶을 살아가도록 촉구하고 있는 것으로 보인다.

크리스천들은 매일 다음과 같은 질문을 스스로 하는 것이 필요할 것 같다. 나는 나 자신을 하나님의 것으로 알고 있는가? 하나님의 것인 나 자신을 마음을 다하고 지혜를 다하고 힘을 다하여(막 12.33) 하나님께 드리고 있는가? 오늘을 살아가는 우리에게 마가의 예수께서는 말한다: 〈가이사의 것은 가이사에게, 하나님의 것은 하나님에게!〉